DESINFORMAÇÃO

DESINFORMAÇÃO

O que faz pessoas racionais acreditarem em fake news,
teorias da conspiração e outras coisas irracionais

DAN ARIELY

SEXTANTE

Título original: *Misbelief – What Makes Rational People Believe Irrational Things*
Copyright © 2023 por Dan Ariely
Copyright da tradução © 2024 por GMT Editores Ltda.

Todos os direitos reservados. Nenhuma parte deste livro pode ser utilizada ou reproduzida sob quaisquer meios existentes sem autorização por escrito dos editores.

coordenação editorial: Alice Dias
produção editorial: Livia Cabrini
tradução: Carolina Simmer
preparo de originais: Priscila Cerqueira
revisão: Juliana Souza e Luis Américo Costa
diagramação: DTPhoenix Editorial
capa: Milan Bozic
imagem de capa: Guillem Casasús
adaptação de capa: Ana Paula Daudt Brandão
impressão e acabamento: Lis Gráfica e Editora Ltda.

"All My Friends Are Finding New Beliefs", de SURVIVAL IS A STYLE, Christian Wiman. Copyright © por Christian Wiman.

CIP-BRASIL. CATALOGAÇÃO NA PUBLICAÇÃO
SINDICATO NACIONAL DOS EDITORES DE LIVROS, RJ

A746d Ariely, Dan
   Desinformação / Dan Ariely; tradução Carolina Simmer. – 1. ed. – Rio de Janeiro: Sextante, 2024.
   288 p.; 23 cm.

   Tradução de: *Misbelief*
   ISBN 978-65-5564-844-7

   1. Comunicação de massa – Aspectos sociais. 2. Comunicação de massa – Aspectos psicológicos. 3. Comunicação de massa – Influência. 4. Desinformação. 5. Veracidade e falsidade. I. Simmer, Carolina. II. Título.

24-88075
CDD: 302.231019
CDU: 159.922.27:316.77

Meri Gleice Rodrigues de Souza – Bibliotecária – CRB-7/6439

Todos os direitos reservados, no Brasil, por
GMT Editores Ltda.
Rua Voluntários da Pátria, 45 – 14º andar – Botafogo
22270-000 – Rio de Janeiro – RJ
Tel.: (21) 2538-4100
E-mail: atendimento@sextante.com.br
www.sextante.com.br

Este livro é dedicado aos negacionistas que me ajudaram a compreender sua visão de mundo e, no processo, a entender melhor a sociedade em que vivemos. Muitos começaram como antagonistas, mas acabaram se tornando meus guias antropológicos. Alguns, de um jeito estranho, meio que se tornaram meus amigos, ou quase isso. Agradeço de verdade por seu tempo e sua orientação.

SUMÁRIO

COMO VIREI O DIABO
Uma introdução que você deve ler mesmo que tenha o hábito de pular introduções — 9

PARTE I – O FUNIL DA FALÁCIA

1 COMO AQUELA PESSOA ACREDITA NAQUILO? — 29
2 O FUNIL EM AÇÃO — 40

PARTE II – OS ELEMENTOS EMOCIONAIS E O ESTRESSE

3 PRESSÃO, ESTRESSE E LADEIRA ABAIXO — 49
4 A BUSCA POR UM VILÃO COMO FORMA DE RECUPERAR O CONTROLE — 79

PARTE III – OS ELEMENTOS COGNITIVOS E NOSSO SISTEMA DISFUNCIONAL DE PROCESSAMENTO DE INFORMAÇÕES

5 A BUSCA PELA VERDADE EM QUE DESEJAMOS ACREDITAR — 109
6 O ESFORÇO PARA ACREDITAR NAQUILO EM QUE JÁ ACREDITAMOS — 136

PARTE IV – OS ELEMENTOS DE PERSONALIDADE E NOSSAS DIFERENÇAS INDIVIDUAIS

7 O QUE NOS ENSINAM OS ABDUZIDOS POR ALIENÍGENAS ... 169

8 UMA TENTATIVA DE CLASSIFICAR O PAPEL DA PERSONALIDADE NO FUNIL DA FALÁCIA ... 193

PARTE V – OS ELEMENTOS SOCIAIS E O TRIBALISMO

9 OSTRACISMO, PERTENCIMENTO E O APELO SOCIAL DO NEGACIONISMO ... 219

10 O ACELERADOR SOCIAL ... 237

PARTE VI – NEGACIONISMO, CONFIANÇA E NOSSO FUTURO

11 É POSSÍVEL CONFIAR DE NOVO – OU DESCONFIAR PARA SEMPRE? ... 261

12 POR QUE O SUPER-HOMEM ME DÁ ESPERANÇA: UMA PALAVRA FINAL (MENTIRA) ... 272

Agradecimentos ... 279

Bibliografia ... 281

COMO VIREI O DIABO

*Uma introdução que você deve ler mesmo
que tenha o hábito de pular introduções*

> Nunca imagine que não ser diferente daquilo que pode parecer
> para os outros que você foi ou poderia ter sido não seja diferente
> daquilo que tendo sido poderia ter parecido para eles ser diferente.
>
> — LEWIS CARROLL, *Alice no País das Maravilhas*

"Dan, não acredito no que você se tornou. Uma pessoa tão gananciosa... Como você pôde mudar tanto assim?"

Reconheci o nome no e-mail: Sharon, uma mulher que muitos anos antes me pedira ajuda para elaborar um workshop sobre mudanças comportamentais no ambiente de trabalho. Na época, passei três horas ajudando Sharon a montar sua apresentação e não cobrei nada por isso. Após o workshop, ela me ligou para agradecer e nossa relação parou por aí – até julho de 2020, quando recebi essa mensagem estranha e enigmática.

Respondi no mesmo instante: "De que exatamente você está falando?"

Sua resposta veio com vários links e, quando cliquei neles, embarquei numa das jornadas mais desconcertantes, perturbadoras e fascinantes da minha vida. Foi como se eu tivesse ido até a fronteira da realidade conhecida e puxado uma cortina para revelar um universo paralelo em que alguém com meu rosto, minha voz e meu nome cometia perversidades que ameaçavam a humanidade em escala global – e fazia isso havia um bom tempo. Parecia o primeiro capítulo de um livro de ficção científica. Os links de Sharon me levaram para uma série de sites que me retratavam como "o grande articulador" da "fraude da covid-19" e um líder da "trama da Agenda 21". Nesse universo paralelo, eu e meus amigos Illuminati estávamos conspirando com Bill Gates, bolando um plano maligno para injetar nas mulheres vacinas que as tornariam inférteis e reduziriam a população mundial, ao mesmo tempo que criávamos um sistema internacional de passaporte de vacinas que permitiria aos mandachuvas (supostamente Bill, os Illuminati e inclusive eu mesmo) rastrear o movimento de todas as pessoas pelo planeta. Colaboradores do site elaboravam ainda mais essas ideias e alegavam que eu estava trabalhando com vários governos pelo mundo para controlar e manipular os cidadãos.

Fiquei sem saber o que pensar, mas li aquilo com um sorriso no rosto. Afinal, era absurdo – e, só para deixar claro, uma mentira completa. Minha principal conexão com Bill Gates tinha sido um rápido trabalho alguns anos antes para a Fundação Bill & Melinda Gates sobre nutrição na primeira infância na África. Eu definitivamente nunca tinha feito parte dos Illuminati (e não saberia me juntar ao grupo nem se eu quisesse). Nenhuma vacina para a covid-19 tinha sido aprovada até então e eu não tive qualquer participação no desenvolvimento de nenhuma delas. Trabalhei, sim, com governos de outros países, mas em pequena escala: meus conselhos se limitavam a questões como incentivo ao distanciamento social e ao uso de máscaras durante a pandemia; distribuição mais eficiente de auxílios financeiros; políticas para motivar professores e alunos; combate à violência doméstica. Eu pensava em mim mesmo como alguém que trabalha incansavelmente para melhorar as coisas, e havia gente me comparando a Joseph Goebbels, o lacaio de Adolf Hitler e maior divulgador do nazismo. Seria aquilo uma piada de mau gosto? Ou talvez um mal-entendido bizarro? Não era possível que alguém levasse aquelas insanidades a sério.

Fui pulando de link em link até chegar às entranhas da internet e descobrir que, sim, muita gente levava aquilo muito a sério. As publicações sobre mim reuniam milhares de comentários. Meu "irmão gêmeo do mal" aparecia em vídeos mal editados, às vezes usando um uniforme nazista e sempre com intenções desprezíveis. Um júri virtual debatia meus desvios de caráter e minhas motivações nefastas. Havia pedidos para um "julgamento de Nuremberg 2.0" para me condenar e me sentenciar a execução em praça pública.

Após várias horas lendo aqueles textos e assistindo àqueles vídeos, parei de achar graça. Na verdade, aquilo tudo era doloroso e confuso, especialmente quando descobri que as pessoas que acreditavam nas mentiras sobre mim não eram apenas desconhecidas; eram também pessoas que antes estudavam e respeitavam meu trabalho, e até algumas que me conheciam havia anos. Como elas podiam estar tão enganadas a meu respeito? Imaginei que, se conversássemos, elas com certeza cairiam em si. Talvez até me pedissem desculpas.

Vi que uma das líderes da discussão, Sara, tinha disponibilizado seu número de telefone. Era ela quem dizia que eu deveria ser julgado. Ela estava certa de que, quando meus crimes contra a humanidade se tornassem públicos, eu seria um dos primeiros a ser enforcados enquanto todo mundo assistiria numa comemoração catártica. Resolvi ligar para ela e explicar a situação. O que poderia dar errado?

Muita coisa, na verdade. A ligação não correu nada bem – por motivos provavelmente óbvios para qualquer um que já tenha cogitado convencer alguém a mudar de ideia com uma ligação-surpresa. Só que eu não estava pensando direito; estava profundamente ofendido e abalado. Depois de me apresentar, expliquei que eu queria esclarecer as coisas e que ela poderia me perguntar tudo que quisesse. Suas primeiras indagações me surpreenderam. Ela queria saber minha opinião sobre tudo que estava acontecendo. Quando comecei a falar sobre a covid-19, ela me interrompeu no mesmo instante:

– Não, não, não! O que você sabe sobre a relação da covid-19 com a Agenda 21 e os globalistas?

– Eu nem sei o que é Agenda 21 – respondi – e não tenho a menor ideia de quem sejam esses globalistas.

– Não banque o inocente comigo – rebateu ela. – Eu sei quem você é e o que faz.

Então ela mudou de assunto e quis saber sobre os projetos que eu tocava com governos no mundo todo. Na época, eu estava imerso em projetos relacionados à covid-19 com o governo israelense e um pouco com os governos da Grã-Bretanha, da Holanda e do Brasil. Diante das perguntas incisivas de Sara, eu era o réu e ela, a promotora. Expliquei que eu tentava instaurar uma política de recompensas para incentivar o uso responsável de máscaras e o cumprimento do distanciamento social. Eu também queria encontrar um método mais eficiente de educação a distância e calcular o apoio financeiro que o governo deveria oferecer para quem tinha sido obrigado a fechar o próprio negócio.

Sara não engoliu nada disso. Nem por um instante.

– E você não está separando famílias, dizendo para netos não visitarem os avós? Não está aumentando a solidão e o estresse, causando mais mortes? Não está obrigando crianças a usar máscaras que diminuem o suprimento de oxigênio para o cérebro?

Minhas fracas tentativas de negar todas essas acusações não funcionaram.

– Como você explica os milhões que recebeu por serviços de consultoria para diversos governos? – questionou ela.

Aqui, na minha ingenuidade, tive um vislumbre de esperança. Até então, todas as acusações tinham sido tão absurdas que eu não sabia nem como começar a rebatê-las. Existe uma frase em hebraico cuja tradução é mais ou menos assim: "Como você vai provar que a sua irmã não é prostituta se você nem tem uma irmã?" Mas... dinheiro? Isso eu poderia desmentir. Apesar de ajudar muitos governos, encaro isso como parte da minha missão acadêmica, então nunca cobro pelos meus serviços. Além disso, como todos os outros cidadãos americanos, pago meu imposto de renda todo ano e todas as minhas fontes de renda são declaradas.

– E se eu lhe mostrar minha declaração de imposto de renda – sugeri – para você ver que não recebi pagamentos de governo algum? Isso mudaria sua opinião?

Ela resmungou qualquer coisa e subitamente me perguntou se poderia publicar uma gravação da nossa conversa na internet. Fiquei surpreso. Eu nem imaginava que ela estava gravando a conversa. (Depois descobri que pessoas que trabalham na "área" dela gravam tudo.)

– Não, não pode – respondi.

– Você está escondendo alguma coisa? – desafiou ela.

– Não, não estou escondendo nada, mas, se eu soubesse que esta seria uma conversa pública, teria me preparado melhor. – Fiz uma pausa, sem saber o que mais poderia dizer. Tínhamos chegado a um impasse. Após mais algumas tentativas em vão, falei para ela: – Que pena que não conseguimos superar nossas diferenças.

E desliguei.

Alguns minutos depois, Sara fez outra publicação no Facebook, contando que o professor Dan Ariely – "o Professor", como agora me chamava – havia telefonado para ela numa tentativa de se inocentar. Mas seus seguidores não precisavam se preocupar, porque ela não tinha deixado o

Professor enganá-la. A conversa deixara claro para ela que, se os governos contratavam consultores como eu, era apenas para fazer lavagem cerebral nos cidadãos. Afinal, por que outro motivo os governos precisariam dos meus serviços se houvesse uma pandemia de verdade? A análise de Sara foi concluída assim: "O Professor foi muito insistente ao dizer que não recebeu nada por seu trabalho, e essa insistência aumentou minha desconfiança de que há muito mais acontecendo por baixo dos panos. Vamos revelar tudo no dia em que ele for levado a julgamento público."

Obviamente, a conversa com Sara não foi muito útil. Sabe aquelas pessoas que demoram a aprender? Sou uma delas. Mesmo depois disso tudo, continuei tentando. Fui parar no Telegram, a plataforma social preferida dos meus críticos. O aplicativo desenvolvido por russos foi projetado para pessoas desconfiadas. O código-fonte é aberto, para garantir que nada suspeito aconteça nos bastidores, e a plataforma facilita a gravação e o envio de vídeos de um minuto. Mergulhei de cabeça e enviei uma série de vídeos respondendo a acusações variadas: de que eu era responsável pelas quarentenas; de que eu era responsável pelo uso obrigatório de máscaras, que fazem mal ao cérebro por limitar o oxigênio; de que eu era responsável pela ausência de liberdade humana básica, pelo medo, pelos conflitos familiares, por distanciar netos e avós e pela solidão das pessoas por todo o mundo.

Para cada ponto, ofereci esclarecimentos racionais sobre o que eu estava fazendo ou não na minha cooperação com governos. Combate à violência doméstica, sim. Quarentenas, não. Incentivo ao ensino infantil a distância, sim. Cultura do medo, não. Apresentei evidências que obviamente desmentiam as preocupações sobre o uso de máscaras. Se as máscaras limitassem o oxigênio que vai para o cérebro, não teríamos visto exemplos de declínio cognitivo em cirurgiões e dentistas muito antes da covid-19? Expliquei quanto eu lamentava que as pessoas se sentissem sozinhas e as crianças se sentissem reclusas. Também afirmei que não concordava com tudo que os governos estavam fazendo, mas que muitas decisões eram complexas e tinham seus prós e contras.

Cada vídeo que eu publicava era atacado com comentários e vídeos contendo várias outras acusações voando pela minha tela como um enxame crescente de vespas raivosas. Eu não conseguia acompanhar tudo, não conseguia responder rápido o bastante. Só conseguia irritar as vespas ainda mais. Não demorou muito para eu sentir que eram mil contra um e que nenhuma daquelas pessoas desejava de fato dialogar. Elas pegavam minhas palavras e as distorciam para justificar suas narrativas. Lançavam novas acusações mais rápido do que eu conseguia rebatê-las. Em certo momento, entendi que eu só estava fornecendo mais material para editores sem escrúpulos. Desisti e apaguei meus vídeos, um ato que foi interpretado como outra prova da minha falta de caráter e uma admissão de culpa. Enquanto saía do Telegram, refleti que talvez fosse impossível argumentar com pessoas que querem acreditar no que já acreditam e estão tomadas pelo ódio. O ódio não permite conversas.

Não demorou muito para a negatividade vazar do universo paralelo e chegar ao meu mundo. Minhas redes sociais foram inundadas por comentários maldosos. As pessoas diziam que estavam queimando meus livros. Ligavam para meus sócios e falavam mal de mim e até da minha família. Comecei a receber ameaças de morte quase todos os dias.

Se você já foi alvo de algum tipo de ódio – dentro ou fora da internet – ou foi vítima de um engano, talvez entenda um pouco como me senti: às vezes impotente, às vezes furioso, às vezes assustado, sempre injustiçado. Também fiquei intrigado. Por que aquilo estava acontecendo justo comigo? Como eu tinha me tornado um pária? Tudo bem, dá para entender atacarem Bill Gates. Ele é rico e famoso e tem uma fundação que trabalha com saúde pública. É claro que isso não faz dele um gênio do mal, mas justifica ele virar um alvo. E quanto ao Dr. Anthony Fauci? Bem, ele vive aparecendo na TV e faz declarações impopulares sobre máscaras e quarentenas. Isso também não faz dele um gênio do mal, mas, de novo, dá para entender a atenção que recebe. Os Illuminati? Se eles realmente existem, são uma sociedade secreta bem esquisita que talvez mereça ser tema de teorias da conspiração. Mas um cientista social vagamente conhecido que escreveu alguns livros sobre por que as pessoas são irracionais? Eu não fazia ideia de como tinha ido parar num grupo de alvos tão ilustres.

Por que eu?

Comecei a analisar com mais cuidado as "evidências" que levavam tantas pessoas a me odiar. O conteúdo mais compartilhado, ao que parecia, era um vídeo meu sugerindo que, para reduzir os custos médicos, deveríamos reduzir a velocidade das ambulâncias, incentivar o tabagismo e aumentar o estresse de toda a população. O rosto realmente era meu, a meia barba era minha (daqui a pouco explico a história dessa barba), as palavras eram minhas e eu me lembrava de ter falado aquelas coisas. Mas eu nunca tinha feito aquele discurso específico. Como assim? Para entender melhor, voltemos à Irlanda de 1729.

Jonathan Swift, mais conhecido por escrever *As viagens de Gulliver*, também escreveu uma sátira fantástica, porém um pouco menos popular, chamada "Uma proposta modesta". Na verdade, o título completo é muito maior e basicamente entrega todo o conteúdo do texto: "Uma proposta modesta para impedir que os filhos das pessoas pobres da Irlanda sejam um fardo para seus progenitores ou para o país e para torná-los proveitosos ao interesse público." Na obra, Swift sugere que os irlandeses pobres poderiam amenizar seus problemas econômicos se vendessem os filhos como comida para cavalheiros e damas da aristocracia. E Swift não parou por aí; ele entrou em detalhes: "Uma criança saudável e bem-nutrida com 1 ano de idade é o alimento mais nutritivo e saboroso, seja ela *ensopada*, *tostada*, *assada* ou *cozida*, e não tenho dúvida de que será igualmente adequada para um fricassê ou ragu", escreveu ele. O texto, hoje muito usado como um exemplo de arte satírica, apresenta um argumento chocante – e eficiente – sobre comportamentos em relação aos pobres.

Talvez você esteja se perguntando o que isso tem a ver com nossa história. Bem, em 2017 decidi fazer minha própria proposta modesta. Eu tinha sido convidado para me apresentar numa conferência médica sobre o futuro da medicina. É óbvio que não sou médico, então meu papel era refletir sobre os desafios da medicina sob a perspectiva da economia comportamental. "O problema da medicina moderna", falei, "é obviamente um problema de oferta e demanda. As pessoas querem muita assistência médica, mas a capacidade do sistema é limitada. Hoje, a maioria dos especialistas que abordam essa questão tenta entender de que maneira o sistema de saúde pode oferecer mais. Quero propor uma abordagem diferente: que as pessoas exijam menos. Essa seria claramente uma forma bem mais barata de equilibrar a diferença entre oferta e demanda. Então como podemos fazer com que as pessoas exijam menos assistência médica?" Sugeri, segurando o riso, que ambulâncias mais lentas poderiam mitigar a necessidade de hospitalizações caras, assim como o aumento do tabagismo e do estresse (acaba que, de uma perspectiva apenas financeira, o cigarro e o estresse matam pessoas doentes mais rápido e, no fim das contas, reduzem gastos com a saúde). Minha piada, caso alguém não tenha entendido, queria dizer: "Opa! Espera um pouco... Já estamos fazendo tudo isso."

Era óbvio que eu pretendia enfatizar que o sistema de saúde não se preocupa com as pessoas até elas darem entrada num hospital (ou numa ambulância, na minha história) e que não investimos o suficiente na saúde preventiva, no combate ao fumo e na redução do estresse. Durante a palestra, eu me esforcei muito para permanecer sério, mas, se você prestasse atenção, notaria um sorrisinho escapar de vez em quando. E a descrição no YouTube deixava claro que se tratava de um discurso de humor recebido com risadas e aplausos pela plateia.

Infelizmente, parte alguma desse contexto foi preservada pelas mãos dos editores do vídeo, que manipularam o discurso para criar provas das minhas intenções nefastas. Eles misturaram trechos com imagens de campos de concentração nazistas e uma trilha sonora de risadas malignas. O vídeo terminava com uma narração ameaçadora: "E é essa pessoa que está ditando as prioridades no nosso país." O texto que acompanhava o vídeo fazia parecer que o incrível trabalho de pesquisa dos produtores tinha descoberto uma série de fatos sobre meu verdadeiro caráter, apresentando aquilo tudo como o suprassumo do jornalismo investigativo.

Outra "prova" muito compartilhada foi um trecho de um programa de TV do qual eu participara. Eu parecia declarar que tinha trabalhado com Bill Gates em assuntos relacionados a vacinação. No entanto, se você prestasse bastante atenção, notaria uma pequena falha na frase, porque os editores pegaram a declaração em que eu explicava o projeto da Fundação Gates sobre fome e nutrição na primeira infância na África e a juntaram com uma frase diferente em que eu falava de vacinas. E *voilà*: o Professor Dan Ariely admite trabalhar com Bill Gates num "esquema de vacinação".

Outro vídeo com ares de reportagem começava com fotos minhas no hospital durante a adolescência, após um acidente que causou queimaduras em 70% do meu corpo (isso de fato aconteceu). Ele mostrava closes do meu rosto queimado e imagens de curativos pelo meu corpo inteiro. Então vinha a grande revelação: minha desfiguração e meu sofrimento tinham me transformado em alguém ressentido que odiava pessoas saudáveis, e agora o que eu queria era que todo mundo sofresse tanto quanto eu. Na realidade, o acidente teve o efeito oposto: foi algo que me despertou compaixão e me fez querer aliviar o sofrimento alheio. Mais uma vez, o vídeo terminava com um comentário dramático sobre meu papel na destruição do nosso mundo.

Havia muitas outras "provas", algumas em vídeo, outras em texto, seguidas por declarações maldosas sobre minhas cicatrizes, com pessoas falando que eu deveria ter morrido queimado e que minha meia barba me fazia parecer o diabo.

Considerando a edição que propositalmente tirou minha fala de contexto e colocou palavras na minha boca, talvez o mais óbvio fosse eu concluir que havia alguém mal-intencionado por trás daquilo tudo. Só que, apesar de a possibilidade ter passado pela minha cabeça, logo deixei de lado a ideia de que eu pudesse ter um arqui-inimigo. Primeiro, a edição dos vídeos não era lá muito boa. Segundo, por que alguém teria interesse em me prejudicar? Não que eu tenha complexo de inferioridade, mas era difícil me imaginar como alguém tão importante a ponto de quererem me destruir. Meu palpite era que as pessoas por trás dos vídeos eram bons samaritanos (pelo menos se viam assim) que depararam com os trechos sem edição, juntaram os pontos, chegaram às próprias conclusões, confiaram nelas, editaram as partes relevantes para destacar as conexões para outras pessoas e então disseminaram sua obra para ajudar o mundo a ver a luz. De quebra, ainda ganhariam curtidas e comentários nas redes sociais – ao mesmo tempo uma recompensa e uma motivação para continuar.

Fiquei especialmente triste com as pessoas que diziam que estavam queimando meus livros (algumas até prometiam compartilhar vídeos das fogueiras). Teoricamente elas tinham comprado e lido os livros, então conheciam minha história, minha motivação, a maneira como penso e os resultados da minha pesquisa. Como podiam descartar tudo que sabiam sobre mim por causa de um vídeo de três minutos? Mesmo que achassem que as "evidências" deveriam ser levadas em consideração, como poderiam usá-las para avaliar tudo que sabiam a meu respeito e terminar sentindo tanto ódio? Nas redes sociais, muitas diziam que fariam "a própria pesquisa" e convocavam seus colegas a fazer o mesmo. Só que era óbvio que ninguém fazia pesquisa alguma além de assistir a alguns vídeos extremamente editados, engolir tudo que diziam e então tirar conclusões precipitadas. A famosa frase (de autoria duvidosa) "Não há esforço que o ser humano não faça para fugir do trabalho real de pensar" me ocorria como uma verdade que se aplicava especialmente às redes sociais.

Ainda não sei ao certo como me tornei vilão. Mas acho que tem algo a ver com o fato de eu publicar muito material na internet para as pessoas analisarem; com o meu senso de humor esquisito; com a minha aparência peculiar cheia de cicatrizes e uma barba pela metade; e com os muitos projetos que toco em parceria com governos ao redor do mundo. Também existe um elemento de puro azar: alguém começou a me ver com maus olhos, fez alguns vídeos e eles se tornaram uma avalanche irrefreável de desinformação e ódio. Essa não é uma resposta satisfatória, mas foi a melhor que encontrei. Agora estou pronto para me aprofundar no assunto, e você também deve estar. Mas, primeiro, uma breve explicação sobre minha meia barba.

Que meia barba é essa?

A principal explicação para meu estilo alternativo de barba é que, por causa das minhas cicatrizes de queimadura, não tenho pelos no lado direito do rosto. É claro que eu poderia raspar o outro lado e ficar menos assimétrico, algo que fiz por muitos anos. A história um pouco mais complexa por trás da meia barba começou após meu aniversário de 50 anos, quando passei um mês fazendo trilha sem me barbear nem dar atenção à minha aparência. Quando a trilha terminou, não gostei do que vi no espelho. Só que aqueles pelos eram um lembrete da viagem, então decidi passar mais algumas semanas sem fazer a barba.

E foi aí que algo inesperado aconteceu: comecei a receber e-mails e mensagens em redes sociais de pessoas que me agradeciam pela meia barba. Elas me explicavam que também tinham lesões e que a maneira como eu lidava abertamente com minhas cicatrizes lhes dava coragem de expor as suas. Essas mensagens me fizeram lembrar o início de tudo, quando eu ainda tinha cicatrizes muito visíveis. As pessoas apontavam para mim, às vezes, rindo. Pais diziam aos filhos: "É isso que acontece quando você brinca com fogo." Foi bem horrível.

Então resolvi manter a meia barba. Isso me tornava alvo de olhares curiosos e do escárnio de crianças, mas senti que voltar a me barbear esconderia minhas lesões, quando eu queria aceitá-las de modo mais sincero e aberto.

Nos meses seguintes, algo ainda mais inesperado aconteceu: a estranheza da meia barba me ajudou a me aceitar por completo. E não apenas minhas cicatrizes no rosto. Tenho várias outras assimetrias por causa das queimaduras e, por algum motivo, manter a meia barba me ajudou a pensar nelas de um jeito diferente, tanto que agora as considero parte de quem sou. Elas simplesmente documentam um capítulo da história da minha vida.

Essa nova autoaceitação me fez perceber algo sobre a rotina de me barbear, algo que fiz por tantos anos. Eu não fazia a barba simplesmente; todo dia eu reiniciava um processo para me tornar menos assimétrico e disfarçar um pouco meus ferimentos. Qual tinha sido o impacto dessa auto-ocultação diária sobre a maneira como eu pensava sobre mim mesmo e minhas cicatrizes? Finalmente entendi que me barbear (ou me esconder) me impedia de aceitar minha versão ferida. Quando parei com isso, as coisas melhoraram muito para mim.

Como um cientista social que deveria compreender a natureza humana, fico um pouco envergonhado de admitir que as vantagens da minha meia barba me pegaram desprevenido. Eu nem imaginava que parar de me barbear transformaria tanto minha perspectiva. (E nem imaginava que, nos cantos obscuros da internet, acabaria ganhando o apelido hogwartiano de "Professor Meia Barba".) Talvez esse seja outro lembrete de que nossas intuições são limitadas e de que precisamos estar mais dispostos a aceitar novas possibilidades, mesmo que de início não acreditemos muito nelas.

O que eu faço agora?

Passei horas e mais horas lendo publicações e assistindo a vídeos sobre minha versão imaginária a ponto de achar que estava perdendo a cabeça. E falo isso no sentido literal. Parte do meu cérebro parecia estar constantemente atenta ao ódio que eu recebia, deixando menos energia para o trabalho de verdade. Imagine um computador que dedica uma parte excessivamente grande de sua capacidade de processamento a uma função rodando em segundo plano. Era assim que eu me sentia. Só que, ao contrário de um computador, eu tinha plena noção de que estava mais lento que o normal. E suspeitava que uma reinicialização não seria suficiente para me fazer recuperar a velocidade. Eu estava demorando mais para tomar decisões e me sentia menos confiante sobre elas. Será que meu QI estava sendo destruído pela minha preocupação com a desinformação dos outros? Por que eu estava tão obcecado com aquelas inverdades?

Ao contemplar minha lentidão, vi com outros olhos um tema de pesquisa pelo qual eu me interessava muito, mas que até então não compreendia: a **mentalidade de escassez**. Pesquisas sobre o assunto mostram que os participantes tiram notas muito mais baixas em testes de QI quando sua situação financeira é relativamente pior (fazendeiros que ainda precisavam esperar algumas semanas para a temporada de colheita, por exemplo) do que quando têm algum dinheiro (fazendeiros que tinham acabado de colher e vender suas safras). E as diferenças são grandes em termos de habilidade mental (inteligência fluida e controle executivo) quando estavam estressados por causa de dinheiro. A minha crise não era financeira, mas as consequências de passar o tempo todo preocupado eram parecidas. Estudei mais e mais pesquisas sobre a mentalidade de escassez – a noção de que a falta de recursos inibe a capacidade cognitiva ao ocupar parte da capacidade cerebral, que é limitada – e comecei a compreender esse efeito de maneira mais profunda, me solidarizando com os participantes dos estudos. Passar o tempo todo assombrado por preocupações é um fardo enorme. Algum grau de preocupação pode ser útil, já que aumenta a probabilidade de prestarmos atenção nas coisas e tomarmos decisões melhores. Só que a preocupação constante, a preocupação que devora boa parte do nosso foco e da nossa capacidade intelectual, essa é inútil de todas as formas.

Reconhecer que minha cognição estava prejudicada e comparar isso à mentalidade de escassez não foi uma epifania extraordinária, mas mudou meu estado emocional. A sensação de desamparo diminuiu um pouco. Em seu lugar, como um brilho de luz, surgiu uma velha amiga: a curiosidade. Afinal de contas, sou um cientista social. Minha vida foi dedicada à compreensão do comportamento humano, em toda a sua linda irracionalidade, e minhas aventuras intelectuais costumam ter como ponto de partida minhas próprias experiências. Talvez eu não conseguisse argumentar com aquele grupo, que dirá silenciá-lo, mas poderia tentar entender a lógica por trás das histórias criadas sobre mim. De quebra, poderia me tornar um cientista social melhor e recuperar certo controle sobre a narrativa. Decidi ver aonde as pesquisas me levariam.

Ao saber do meu plano, minha mãe temeu pela minha segurança. Ela me pediu para, antes de tudo, consultar especialistas em redes sociais e relações públicas, e fiz isso. Não foi surpresa o conselho que todos me deram: *Não faça nada*. Esse é o conselho-padrão na nossa era de fake news, polarizações cada vez mais acirradas, debates explosivos e meios de comunicação imparciais: *Ignore. Não dê corda!* (São bons conselhos, aliás, e, se minha cabeça funcionasse de outro jeito, eu talvez os tivesse seguido.) Um especialista até me disse que ser associado a Bill Gates e aos Illuminati pelos negacionistas da covid poderia melhorar minha reputação.

Então tentei parar de interagir com meus detratores. Durante o dia eu me ocupava com pesquisas para lidar com as consequências sociais da pandemia, então era fácil ficar fora das redes sociais e me concentrar no trabalho. Só que à noite a coisa mudava de figura. Os pesadelos não paravam, sonhos apavorantes em que eu era caçado e assombrado. Eu também tinha um sonho recorrente em que viajava pelo mundo, indo de cidade em cidade, buscando um lugar com menos ódio para chamar de lar. Após algumas semanas, percebi que não conseguiria continuar assim. Eu estava muito magoado e confuso, o que só aumentou minha curiosidade. Para mim, a melhor maneira de lidar com o problema era tentar entender aquele fenômeno e usar tudo que eu sabia sobre ciências sociais para dar sentido ao que estava acontecendo comigo. Eu nunca tinha imaginado que seria transformado em vilão por dezenas de milhares de pessoas, e, quando isso aconteceu, parecia que minha sanidade dependia de entender como – e por quê. Foi assim que nasceu este livro.

Como escrevi este livro

A jornada deste livro começou com minha própria experiência, mas logo se voltou para um fenômeno que afeta todos nós. Acabei me aventurando por áreas de pesquisa novas para mim, como personalidade, psicologia clínica e antropologia. Desinformação e teorias da conspiração são desafios que vão além do campo das ciências sociais, ultrapassam o escopo da minha especialidade e não cabem num só livro. Tecnologia, política, economia e outros fatores impulsionam e aceleram esses problemas. Com o advento de tecnologias avançadas de inteligência artificial (como ChatGPT e companhia) e a polarização contínua sobre tudo, é difícil entender sob uma perspectiva social e estrutural como podemos solucionar esses problemas de forma rápida. O que me fascina – e onde vejo chance de uma mudança positiva – é compreender por que as pessoas são tão influenciáveis. Por que será que acreditamos em informações erradas e, mais que isso, as buscamos e espalhamos? O que acontece quando uma pessoa aparentemente racional começa a cogitar, adotar e então defender crenças irracionais? Abordar essas questões com empatia, e não com zombaria e julgamento, é ao mesmo tempo esclarecedor e desconcertante.

Neste livro usarei o termo **negacionismo** para descrever o fenômeno que abordamos. O negacionismo é uma lente distorcida pela qual as pessoas começam a enxergar o mundo, refletir sobre ele e, a partir daí, descrevê-lo para os outros. Também é um processo – um tipo de funil que vai puxando as pessoas cada vez mais para o fundo, que chamo de funil da falácia. Meu objetivo aqui é mostrar como qualquer um, sob determinadas circunstâncias, pode acabar caindo nessa armadilha. É claro que é mais fácil pensar no assunto como algo que acontece com outras pessoas. Mas este livro também fala sobre cada um de nós. Sobre como formamos nossas certezas e as consolidamos, defendemos e difundimos. Minha esperança é que, em vez de apenas olhar ao redor e se perguntar "Como é que alguém pode ser tão louco assim?", a gente comece a entender e ter empatia com as necessidades emocionais e as forças sociais e psicológicas que levam cada um de nós a acreditar no que acaba acreditando.

As ciências sociais oferecem ferramentas valiosas para compreender os vários elementos desse processo e para contê-lo. Boa parte das pesquisas que apresento aqui não é nova. Na minha busca por elucidar os elementos emocionais, cognitivos, sociais e de personalidade que levam as pessoas ao negacionismo, peguei-me recorrendo várias vezes a alguns alicerces das ciências sociais. Isso não é surpreendente. Afinal de contas, a propensão para distorcer a realidade faz parte da natureza humana.

De muitas formas, este livro aprofunda meus trabalhos anteriores, especialmente minha pesquisa sobre a irracionalidade humana. Afinal, o que poderia ser mais irracional e mais humano do que negar a realidade e adotar uma série de crenças sobre as quais há pouquíssima ou nenhuma evidência? E insistir nessas crenças mesmo quando elas nos distanciam de familiares e amigos e nos levam a viver num estado doloroso de desconfiança e suspeita?

Por outro lado, este é um livro muito diferente de todos que já escrevi. Primeiro, ele é mais pessoal. As experiências que o inspiraram foram desafiadoras e desgastantes, e precisei passar um bom tempo imerso nessas experiências para poder conduzir minha pesquisa, o que as tornou ainda mais desconfortáveis. Em segundo lugar, este livro examina um fenômeno que é muito mais complexo e multifacetado do que qualquer coisa que já pesquisei antes. Os estudos que conduzi e apresentei nos meus outros livros giravam em torno de assuntos específicos como procrastinação, motivação no ambiente de trabalho, relacionamentos virtuais e concepções erradas sobre dinheiro. Minhas hipóteses eram precisas e minhas pesquisas respondiam a perguntas práticas e relevantes (pelo menos gosto de pensar assim). Só que, agora, o problema que me dispus a compreender bebe de várias fontes e inclui muitos elementos que se cruzam. Desde o começo eu sabia que não encontraria uma resposta simples. Mesmo assim, minha esperança era conseguir oferecer uma base útil para entender o que acontece quando se cruza a fronteira da crença e se começa a distorcer a realidade.

Minha abordagem, como não poderia deixar de ser, foi uma mistura de reflexão pessoal, conversas, pesquisas antropológicas e uma revisão abrangente da literatura das ciências sociais que pode ajudar a elucidar diferentes aspectos sobre o assunto. Para escrever este livro, recorri não apenas à minha memória, mas também a pesquisas e outras pessoas. Guiado pela minha própria experiência, dediquei horas a analisar fontes diferentes de informação e desinformação; a ouvir e às vezes participar de discussões virtuais; a ler textos acadêmicos; e a conduzir minha própria pesquisa (e "pesquisa", aqui, não significa ver vídeos no YouTube).

Para minha surpresa, acabei mantendo contato e até desenvolvendo uma espécie de amizade com alguns negacionistas – justo as pessoas que propagavam ódio contra mim na internet. Você vai conhecer muitas dessas pessoas nos próximos capítulos. Elas começaram como minhas arqui-inimigas, mas se tornaram objetos de estudo antropológico, essenciais para minha pesquisa mais ampla. Tentei conhecê-las, ter empatia, compreender o que as levou a passar pelo funil da falácia, e então usei a lentes das ciências sociais para teorizar sobre o que descobri. Alterei nomes, descrições físicas, nacionalidades e ocupações para resguardar a privacidade dessas pessoas, sempre mantendo a essência dos relatos. Reproduzi conversas da melhor forma que consegui e me baseei em mensagens de texto, e-mails e publicações nas redes sociais (ora resumidas, ora traduzidas). Minha intenção não foi fazer uma transcrição exata, mas transmitir o significado do que foi dito e o clima da interação.

Espero que, por meio dessas histórias e reflexões, possamos compreender um pouco melhor o que está acontecendo no mundo e debater como nós – indivíduos, famílias e sociedades – podemos melhorar a situação. À medida que o problema se agrava, talvez o caminho mais imediato para a mudança seja um foco no elemento humano: compreender e combater as crenças falsas que os outros e nós mesmos propagamos. Sei que não é fácil. No entanto, há muitas pequenas atitudes que podemos tomar para não cair em falácias, para impedir que os outros adotem falsas narrativas e para diminuir ou reverter o processo do negacionismo em alguém que conhecemos e amamos. Ao longo do livro você vai encontrar minhas sugestões sob o título "Talvez seja útil", uma seção com várias ferramentas e ideias oriundas das ciências sociais que podem ser úteis para encararmos esse desafio. Sinceramente espero que as sugestões ajudem e reconheço que todos temos muito a aprender sobre como desemaranhar a teia de falácias e desinformação que capturou nossos discursos na política e na vida pessoal.

Talvez seja mais útil – e inspirador – começarmos pela compreensão e pela empatia. Sim, o conteúdo das fake news que encontramos é bem variado: engraçado, estranho, ridículo, ofensivo e até perigoso. Parte dessas fake news merece o rótulo pejorativo de "teoria da conspiração". Mas o que leva as pessoas a interagir com esses conteúdos pode ser mais compreensível do que gostaríamos de admitir. Tentei tratar os negacionistas que encontrei com curiosidade genuína, reconhecendo que eu não ganharia nada ao desmerecer, ridicularizar ou cancelar as pessoas cujas crenças parecem ser incompatíveis com a minha realidade. Esse foi um dos motivos pelos quais escolhi o termo *negacionistas* em vez de "teóricos da conspiração". Espero que essa abordagem nos ajude a entender melhor as pessoas que enxergam o mundo de um jeito incompreensível para nós. E pode ser que, no processo, passemos a questionar algumas das nossas crenças e as razões pelas quais as adotamos. Afinal de contas, de certa forma, todos temos nossa própria realidade.

PARTE I

O FUNIL DA FALÁCIA

1

COMO AQUELA PESSOA ACREDITA NAQUILO?

Sei que a maioria dos homens – não apenas os considerados inteligentes, mas até os muito inteligentes e capazes de compreender os problemas científicos, matemáticos ou filosóficos mais difíceis – raramente enxerga as verdades mais simples e óbvias se para isso for necessário admitir a falsidade de conclusões que formaram, conclusões das quais têm orgulho, que ensinaram a outras pessoas e sobre as quais construíram sua vida.

– LIEV TOLSTÓI, *O que é arte?* (1897)

"A gente conversa sobre o clima", me contou uma amiga com um sorriso triste, referindo-se aos sogros. A maioria dos outros assuntos – trabalho, saúde, política, até os filhos dela – tinha se tornado um campo minado, capaz de expor abismos ideológicos entre ela e as pessoas que, no começo, a receberam na família como uma filha.

Hoje em dia, parece que todos nos acostumamos a ter pessoas assim por perto – amigos, parentes ou colegas de trabalho com quem restringimos cuidadosamente nossas conversas. Talvez sejam apenas conhecidos em redes sociais, mas também podem ser pessoas com quem temos intimidade. Eu apostaria que quase todo mundo que me lê agora conhece *alguém* que transformou profundamente as próprias crenças sobre saúde, a imprensa, o governo, a indústria farmacêutica e muito mais nos últimos anos. Talvez essas pessoas não tenham passado a acreditar que a Terra é plana (embora gente à beça acredite), mas pode ser que neguem a existência da covid-19 ou achem que ela é uma arma biológica. Pode ser que se recusem a aceitar o resultado das eleições presidenciais ou achem que a invasão das sedes do governo americano foi organizada pela esquerda radical. Que insistam em contar a história *verdadeira* por trás do assassinato de John F. Kennedy, da mudança climática, dos atentados do 11 de Setembro ou da morte da princesa Diana. Algumas podem declarar com certeza que vacinas fazem mal. Outras acreditam que as pessoas que são contra vacinas na verdade são reptilianos que bolaram um plano engenhoso para destruir a humanidade. (Tudo bem, este último foi inventado pelo pessoal do ScienceSaves para promover vacinas. Mas você entendeu o que eu quis dizer.)

Às vezes parece que a maré crescente de desinformação e crenças equivocadas não deixou nenhuma comunidade ou família ilesa. E, apesar das piadas sobre reptilianos, não vemos mais graça nenhuma nisso. Quando ouvimos alguém falar em "teoria da conspiração", provavelmente não pensamos mais em chapéus de papel-alumínio e homenzinhos verdes; trata-se de algo que se tornou bem mais sério e pessoal. Sempre que entro nesse assunto, deparo com expressões tristes. As pessoas balançam a cabeça e me contam sobre um amigo, primo, pai, sogro, filho. Gente que elas têm medo de convidar para festas ou eventos de família. Gente com quem não conseguem conversar de jeito nenhum. Elas simplesmente não conseguem entender como *aquela* pessoa acabou acreditando *naquele tipo de coisa*.

Conheço muito bem essa sensação. Para mim, um dos momentos mais perturbadores na minha jornada pelo universo paralelo foi uma conversa que tive com uma mulher que eu conhecia desde que ela tinha 8 anos e que eu considerava parte da família. Não apenas ela havia aceitado a história de que a covid-19 era uma conspiração mundial para promover vacinas do mal e matar pessoas como acreditava que eu era um dos instigadores por trás de tudo. Mesmo nossa proximidade de décadas não a convenceu do contrário, e nada do que eu disse foi capaz de mudar sua opinião.

É confuso, frustrante, doloroso e até assustador sentir de repente o abismo do negacionismo se abrindo entre você e uma pessoa querida; alguém que você achava que era... bem... igual a você. E então você começa a se perguntar: Como ela foi parar num universo alternativo? Como essa pessoa aparentemente racional, normal, passou a adotar narrativas irracionais e falsas sobre a realidade? E por que justo agora?

Com frequência me pergunto se esse problema está piorando. Segundo os relatos, parece que sim. É como se as teorias da conspiração se propagassem de forma exponencial, impulsionadas pela internet, pela pandemia da covid-19, pela polarização política e, mais recentemente, pelos avanços na tecnologia da IA. Elas não estão mais relegadas às margens da sociedade, a vídeos caseiros mal editados e a salas de bate-papo particulares. Agora são anunciadas num tom confiante por políticos eleitos, celebridades e âncoras de telejornal. E atingem nossa vida de maneira perigosa em eventos como a invasão do Capitólio americano no dia 6 de janeiro de 2021 e crimes de ódio motivados pela desinformação. Porém apenas o tempo e as pesquisas revelarão até que ponto elas se tornaram mais comuns ou se apenas são mais visíveis hoje em dia.

Sabemos que o negacionismo antecede nossa era atual e provavelmente persistirá pelo futuro. Só para você ter uma noção histórica da força do problema, aqui vão alguns exemplos antigos. No ano 68, alguns romanos acreditavam que o infame imperador Nero havia fingido a própria morte e fazia planos para recuperar seu trono. Ao longo dos anos seguintes, Roma foi assolada por uma multidão de impostores que alegavam ser o imperador. Algumas pessoas acreditavam que a rainha Elizabeth I tinha morrido na infância e fora substituída por um menino (por que outro motivo a rainha nunca se casaria e sempre usaria peruca?). Por falar em substitutos, Paul McCartney, hoje com mais de 80 anos, teve que se esforçar muito nos anos 1960 para convencer certos fãs de que ele não havia morrido e sido substituído por um sósia. Talvez você tenha ouvido falar sobre a teoria de que a Terra é plana, mas sabia que há quem acredite que ela é oca? Sem falar nas teorias da conspiração que insistem na ideia de que certos eventos históricos e atuais nunca aconteceram: o Holocausto, o assassinato de Martin Luther King Jr., a viagem à Lua, os atentados do 11 de Setembro, o massacre da escola primária de Sandy Hook. Há até uma teoria da conspiração sobre a origem do termo *teoria da conspiração* (supostamente a CIA o criou para desacreditar as pessoas que questionavam a versão oficial sobre o assassinato de JFK).

Também é difícil determinar onde uma teoria da conspiração termina e outra começa. Parte da natureza das teorias da conspiração tem a ver com conexões – redes ocultas de causa e efeito, relacionamentos secretos e alianças dedicadas a causas obscuras. Então não é de surpreender que as próprias teorias tenham tendência a se misturar e se entrelaçar (como observado na crença de que a vacina da covid-19 contém um chip 5G: duas teorias pelo preço de uma!). A safra de teorias da conspiração que surgiram ao redor da covid-19 se aproveitava de temas estabelecidos muito antes de qualquer um ter ouvido falar do vírus e, apesar de um novo elenco de vilões ter sido escalado (pessoas como o Dr. Fauci, Bill Gates e eu), elas também trouxeram de volta velhos favoritos (os Illuminati, o Estado paralelo e elites misteriosas). Narrativas antigas e novas se reforçavam mutuamente.

Um exemplo: enquanto escrevia este livro, viajei para Toronto, no Canadá. Meus voos, tanto na ida quanto na volta, faziam escala no Aeroporto Internacional de Denver, Colorado. Por mim não havia problema nenhum nisso – é um bom aeroporto contanto que sua chegada não aconteça junto com as tempestades que costumam ocorrer nas tardes de verão. Apreciei a vista das montanhas enquanto aterrissávamos e encontrei um restaurante razoável onde comer. Só que, se meus detratores virtuais soubessem daquilo, talvez achassem estranho, se não obviamente incriminatório, o fato de minha viagem ter me levado àquele lugar específico. Coincidência? Eles achariam que não. Pois saiba que uma quantidade surpreendente de pessoas acredita que o Aeroporto Internacional de Denver é, na verdade, a sede secreta dos Illuminati. Reza a lenda que a versão moderna dessa antiga sociedade se reúne nos túneis subterrâneos embaixo dos terminais. Tenho certeza de que seria fácil juntar os pontos e concluir que eu estava ali para ter um encontro secreto com meus amigos Illuminati sobre nosso plano para diminuir a população mundial com vacinas. E isso bastaria para que um monte de teorias da conspiração que circulam desde meados da década de 1990, quando o aeroporto foi inaugurado, se misturasse com as fake news mais recentes sobre a covid-19.

Falando sobre esse aeroporto específico, as teorias não param nos Illuminati. Há quem diga que esses túneis subterrâneos são o covil de uma colônia de reptilianos (será que os mesmos por trás da campanha antivacina?). Ou talvez alienígenas. Outros acreditam que os túneis na verdade são um bunker que abrigará as elites do mundo quando tudo for para o beleléu. Ou que existe toda uma cidade subterrânea construída pela Nova Ordem Mundial. Se você acha que tudo isso parece uma viagem, fique à vontade para buscar pistas ocultas na coleção de arte do aeroporto, que inclui algumas gárgulas horrorosas e um impressionante cavalo azul empinado com olhos vermelhos brilhantes – que supostamente seria uma representação demoníaca do futuro apocalipse. Duvida? Então por que o artista que criou o cavalo morreu durante sua produção? (Essa parte até é verdade – o escultor, Luis Jiménez, faleceu de forma prematura após parte do cavalo cair sobre ele em seu ateliê e romper uma artéria. Os filhos de Jiménez tiveram que terminar o projeto, que já estava atrasado.)

Enfim, isso tudo é só para mostrar que podemos encontrar teorias da conspiração em qualquer lugar. E, apesar de muitas das histórias pessoais que compartilho neste livro apresentarem crenças deturpadas sobre a covid-19 – com as quais tive mais experiência –, minha intenção é mais abrangente: elucidar os componentes psicológicos que geram o negacionismo de modo geral.

Outro motivo pelo qual a covid-19 é um foco específico deste livro é que a pandemia criou condições extremas para nos ajudar a compreender o problema geral do negacionismo. Em que outro momento depararíamos com uma mistura tão intensa de estresse e medo em grande escala; isolamento social e perda de sistemas de apoio; mensagens confusas; desconfiança em relação às instituições; polarização política; tempo livre para passar na internet...? Tudo isso contribuiu para uma situação em que uma grande quantidade de pessoas adotou narrativas novas e falsas sobre o mundo num intervalo de tempo relativamente curto.

Mudanças tão drásticas e em grande escala são uma raridade ao longo da história. De fato, se tem uma coisa que já está muito clara para os cientistas sociais, é que é muito difícil mudar as opiniões e crenças das pessoas. Quer ver só? Da próxima vez que estiver num jantar chato, peça às pessoas à mesa que compartilhem uma opinião que elas tenham mudado antes da pandemia. Aposto que o silêncio vai reinar. É reveladora a quantidade de gente que não consegue responder a essa pergunta ou não tem uma resposta interessante a oferecer. Seja sincero: como você responderia? E pense nas pessoas que você conhece. Quantas passaram a torcer para um time diferente? Quantas mudaram de posicionamento político na vida adulta? Pesquisas mostram que até mudanças na liderança dos partidos e nas questões debatidas têm pouquíssimo efeito sobre a vasta maioria das pessoas.

Tudo isso enfatiza como é incomum o fato de tanta gente ter mudado significativamente de opiniões e crenças a partir de 2020. De quanta gente estamos falando? É difícil calcular. Mas evidências sugerem que, se contabilizarmos as pessoas que mudaram de opinião – desde aquelas que agora confiam um pouco menos na Organização Mundial da Saúde até as que passaram a achar que o "grande reset" já começou –, a porcentagem é bem grande. Basta pensar nas pessoas com quem você convive. Acho que posso afirmar que todo mundo conhece alguém que se perdeu em falácias nos últimos anos.

Muitas forças se uniram neste início de década para criar condições favoráveis à mudança de opinião. São condições exclusivas deste momento da história? Não. Mas foram difundidas simultaneamente de um jeito muito peculiar? Sim. E esse é um dos motivos pelos quais é tão importante compreender a nossa época.

Torço com todas as forças para que as condições exatas da pandemia da covid-19, assim como o imperador Nero, não voltem tão cedo. Mas, ainda assim, é importante entender a situação básica e os componentes psicológicos que podem facilitar mudanças drásticas de opinião. É claro que opiniões e crenças também podem mudar para melhor, mas o que temos testemunhado são pessoas deixando de confiar nas outras, na sociedade, na ciência e nas instituições.

Uma análise mais atenta sobre o negacionismo

Poderíamos definir "negacionismo" como a simples recusa em aceitar a realidade. Mas não é assim que o termo é usado nestas páginas. Em vez disso, pensaremos em negacionismo como uma perspectiva ou uma mentalidade psicológica que age como uma lente distorcida pela qual as pessoas observam o mundo, pensam sobre ele e o descrevem para os outros. Mais do que um estado, o negacionismo será abordado aqui como um processo.

Como discutiremos no Capítulo 2, esse processo lembra um funil. Ao entrar nesse funil, a pessoa talvez questione algumas verdades populares e fontes de informação estabelecidas sobre ciência, saúde, política, imprensa e assim por diante. Quando sai do funil, ela passa a repudiar todas as fontes "convencionais" e mergulha de cabeça na aceitação de verdades alternativas ou teorias da conspiração. E é claro que existem muitas etapas no caminho.

Quando falamos em negacionismo, não estamos tratando apenas dos *outros* – das pessoas que acreditam num monte de coisas esquisitas. Até certo ponto, todos nós somos um pouco negacionistas. Muitos duvidam de tudo que a indústria farmacêutica diz, buscando informações de saúde fora da medicina convencional. Muitos questionam a maneira como governos e autoridades lidaram com a pandemia da covid-19 e discordam de algumas decisões que tomaram. A maioria de nós sabe muito bem que a imprensa pode ser tendenciosa e ter objetivos ocultos, apesar de não necessariamente maliciosos. Só que tendemos a achar que as informações vindas do governo, das instituições científicas ou da imprensa são verdadeiras – o que não significa, porém, que não possamos checá-las. O ceticismo é saudável, e é bom fazer perguntas e até conduzir a própria pesquisa e verificação dos fatos, especialmente numa época em que a desinformação corre solta.

No entanto, à medida que vão descendo pelo funil da falácia, as pessoas chegam a um ponto em que o ceticismo saudável se transforma numa desconfiança automática de tudo que é "mainstream", e a mente se fecha em questionamentos disfuncionais. Existe uma virada de chave quando as pessoas deixam de apenas duvidar de narrativas estabelecidas e passam a aceitar um novo conjunto de crenças. Nessa fase, elas começam a encarar qualquer informação fornecida pelo governo, pelas instituições científicas e pela imprensa com uma lente de suspeita e desconfiança. Buscam maneiras de provar que essas informações são falsas e enganosas. As pessoas que já estão profundamente imersas no negacionismo já terão certeza de que aquilo faz parte de um plano nefasto – um esquema ardiloso, malévolo, instaurado pelas elites diabólicas. Nesse sentido, negacionismo significa tanto uma mentalidade geral de desconfiança e suspeita quanto a adoção de crenças equivocadas.

Uma analogia útil é pensar no negacionismo como uma doença autoimune. Um sistema imunológico saudável fica atento a infecções e vírus ameaçadores e toma providências para nos proteger de doenças. Só que, às vezes, a resposta imunológica se torna hiperativa ou desorientada e começa a atacar justo o organismo que deveria proteger. Quando uma condição autoimune se torna crônica, ela pode afetar vários sistemas e basicamente prejudicar nossa capacidade de funcionar direito. O negacionismo crônico é parecido. Nossos instintos saudáveis que nos impelem ao ceticismo e ao pensamento independente se tornam hiperativos e se voltam contra nós de maneira autodestrutiva e debilitante.

Não é questão de esquerda ou direita

É fácil apontar o dedo e colocar a culpa da desinformação em quem pensa diferente de nós. Ao mesmo tempo, costumamos encarar as pessoas que compartilham da nossa opinião política como escrupulosamente atentas aos fatos. Só que isso está longe de ser verdade. A distorção da realidade não é um problema exclusivo da direita ou da esquerda; é um problema humano.

Estudos mostram que tanto progressistas quanto conservadores consomem e divulgam fake news, apesar de nem sempre na mesma proporção, e que alas radicais dos dois lados são especialmente mais influenciáveis. O interessante é que, se acompanharmos os extremos do negacionismo por tempo suficiente, veremos que eles às vezes dão meia-volta, encontram-se pelo caminho e criam alianças estranhas, como o atual movimento contra vacinas ou até o QAnon, um conjunto de teorias infundadas que junta hippies ultraprogressistas contrários à medicina moderna com ultraconservadores que desconfiam dos altos escalões do governo. Apesar de o conteúdo das fake news específicas mudar um pouco dependendo das inclinações políticas (como ilustrado na Figura 1), o fenômeno do negacionismo em si é um enigma da humanidade, não uma característica progressista ou conservadora.

Negacionistas para todos os gostos

É preciso reconhecer que os agentes da desinformação não são todos iguais; eles variam, indo de ingênuos a mal-intencionados. No lado extremamente maldoso estão as forças estrangeiras que usam a desinformação como uma ferramenta estratégica contra seus oponentes. Por exemplo, em 2016 uma garota russo-alemã passou 24 horas desaparecida e alegou ter sido estuprada por imigrantes árabes. Organizações russas logo acusaram o governo alemão de abafar o caso e esconder evidências de que a crise dos refugiados estava saindo de controle. Mais tarde a garota confessou ter

Figura 1. Exemplos de fake news e suas correlações com posicionamento político

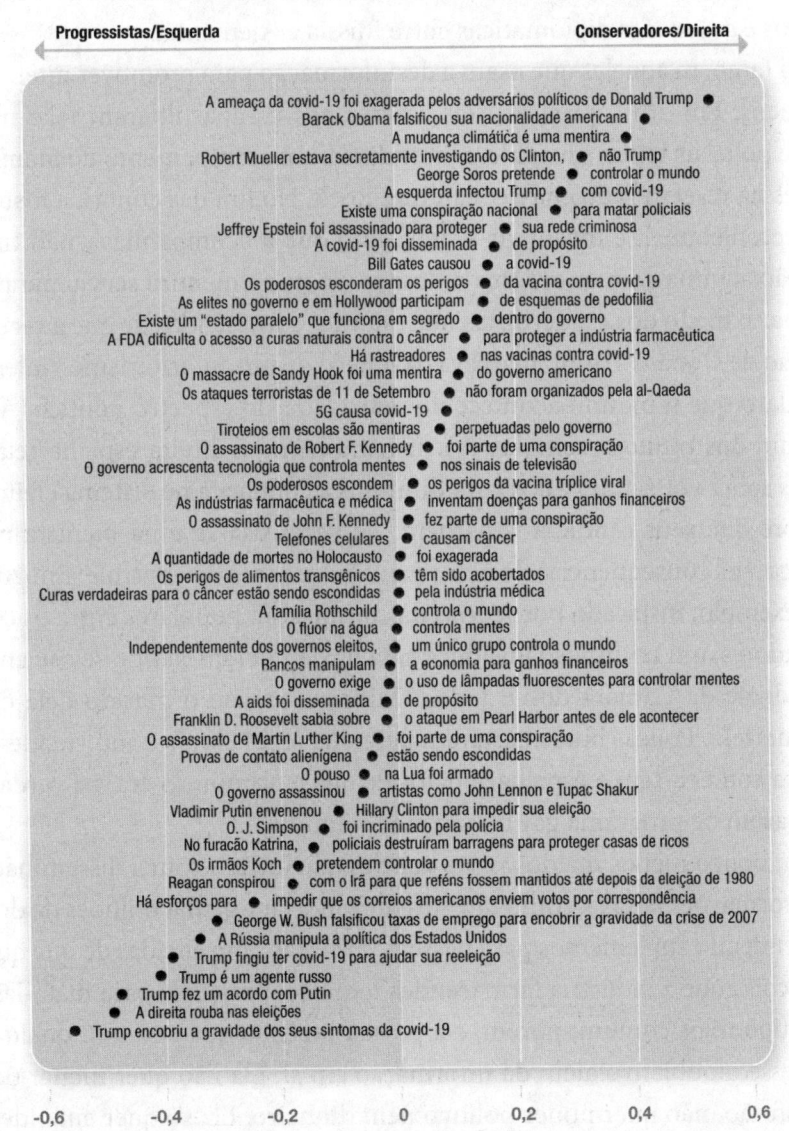

◄ Progressistas/Esquerda │ Conservadores/Direita ►

A ameaça da covid-19 foi exagerada pelos adversários políticos de Donald Trump
Barack Obama falsificou sua nacionalidade americana
A mudança climática é uma mentira
Robert Mueller estava secretamente investigando os Clinton, ● não Trump
George Soros pretende ● controlar o mundo
A esquerda infectou Trump ● com covid-19
Existe uma conspiração nacional ● para matar policiais
Jeffrey Epstein foi assassinado para proteger ● sua rede criminosa
A covid-19 foi disseminada ● de propósito
Bill Gates causou ● a covid-19
Os poderosos esconderam os perigos ● da vacina contra covid-19
As elites no governo e em Hollywood participam ● de esquemas de pedofilia
Existe um "estado paralelo" que funciona em segredo ● dentro do governo
A FDA dificulta o acesso a curas naturais contra o câncer ● para proteger a indústria farmacêutica
Há rastreadores ● nas vacinas contra covid-19
O massacre de Sandy Hook foi uma mentira ● do governo americano
Os ataques terroristas de 11 de Setembro ● não foram organizados pela al-Qaeda
5G causa covid-19 ●
Tiroteios em escolas são mentiras ● perpetuadas pelo governo
O assassinato de Robert F. Kennedy ● foi parte de uma conspiração
O governo acrescenta tecnologia que controla mentes ● nos sinais de televisão
Os poderosos escondem ● os perigos da vacina tríplice viral
As indústrias farmacêutica e médica ● inventam doenças para ganhos financeiros
O assassinato de John F. Kennedy ● fez parte de uma conspiração
Telefones celulares ● causam câncer
A quantidade de mortes no Holocausto ● foi exagerada
Os perigos de alimentos transgênicos ● têm sido acobertados
Curas verdadeiras para o câncer estão sendo escondidas ● pela indústria médica
A família Rothschild ● controla o mundo
O flúor na água ● controla mentes
Independentemente dos governos eleitos, ● um único grupo controla o mundo
Bancos manipulam ● a economia para ganhos financeiros
O governo exige ● o uso de lâmpadas fluorescentes para controlar mentes
A aids foi disseminada ● de propósito
Franklin D. Roosevelt sabia sobre ● o ataque em Pearl Harbor antes de ele acontecer
O assassinato de Martin Luther King ● foi parte de uma conspiração
Provas de contato alienígena ● estão sendo escondidas
O pouso ● na Lua foi armado
O governo assassinou ● artistas como John Lennon e Tupac Shakur
Vladimir Putin envenenou ● Hillary Clinton para impedir sua eleição
O. J. Simpson ● foi incriminado pela polícia
No furacão Katrina, ● policiais destruíram barragens para proteger casas de ricos
Os irmãos Koch ● pretendem controlar o mundo
Reagan conspirou ● com o Irã para que reféns fossem mantidos até depois da eleição de 1980
Há esforços para ● impedir que os correios americanos enviem votos por correspondência
● George W. Bush falsificou taxas de emprego para encobrir a gravidade da crise de 2007
● A Rússia manipula a política dos Estados Unidos
● Trump fingiu ter covid-19 para ajudar sua reeleição
● Trump é um agente russo
● Trump fez um acordo com Putin
● A direita rouba nas eleições
● Trump encobriu a gravidade dos seus sintomas da covid-19

-0,6   -0,4   -0,2   0   0,2   0,4   0,6

Se uma crença tiver pontuação "positiva" (lado direito do gráfico), conservadores serão mais convictos sobre ela. Se uma crença tiver pontuação "negativa" (lado esquerdo do gráfico), progressistas serão mais convictos sobre ela. Tendemos a pensar que as pessoas do outro lado do espectro político, as que não são da "nossa turma", são mais propensas a crenças disparatadas, porém a imagem sugere que o problema pode estar distribuído de forma mais igualitária. (Figura adaptada do trabalho de Adam Enders e equipe.)

inventado a história, mas não antes de a mentira ser usada para incitar atos contra imigrantes, aumentando as tensões étnicas entre alemães e muçulmanos e as tensões diplomáticas entre Rússia e Alemanha.

Há também aqueles que usam a desinformação para promover interesses políticos. Em 2017, progressistas americanos compartilharam fake news sobre policiais terem invadido e incendiado um acampamento de manifestantes na reserva indígena de Standing Rock. No fim das contas, a história era completamente inventada e até a foto que a acompanhava não tinha relação alguma com os eventos descritos. Só que a mentira serviu para alimentar o medo dos esquerdistas que estavam convencidos de que a recente eleição de Donald Trump marcava o começo de um autoritarismo violento. E é claro que o mesmo acontece do outro lado do espectro político. Apenas um dos muitos exemplos é a maneira como a direita espalha relatos falsos sobre votos fraudados para diminuir a confiança no sistema eleitoral sempre que seus candidatos perdem. Às vezes usa-se uma mentira para encobrir as consequências de outra mentira que saiu do controle. Em 2022, por exemplo, inspirado por teorias da conspiração populares entre os conservadores, um criminoso invadiu a casa da democrata Nancy Pelosi, então presidente da Câmara dos Estados Unidos, e atacou o marido dela com um martelo. Poucas horas bastaram para que legisladores e autoridades da direita começassem a espalhar boatos de que o criminoso era, na verdade, um garoto de programa gay ou um ator contratado.

Um pouco menos maldosos são aqueles que lucram com a disseminação de informações falsas – como um guru de saúde que ganha milhões de dólares vendendo suplementos para pessoas que estão convencidas de que qualquer coisa que a indústria farmacêutica toque foi projetada para matá-las.

O tipo mais comum, porém, é a pessoa ingênua que não tem qualquer interesse ou objetivo além da informação em si. Ela não quer incitar ódio e confusão, não quer poder político nem dinheiro. Ela só quer entender o mundo ao seu redor. Nesse sentido, essa pessoa é muito semelhante a todos nós, só que por algum motivo sua busca pela compreensão a faz entrar no funil da falácia, o que muda fundamentalmente toda a sua visão de mundo. Depois que isso acontece, ela se sente na obrigação de compartilhar suas novas descobertas. À primeira vista, não fica claro o que a motiva nem o que ela tem a ganhar disseminando fake news.

É fácil pensar nessas pessoas como "os outros", mas a realidade é que elas são basicamente como todo mundo. Todos nós consumimos informações e tentamos usá-las para entender o que acontece ao nosso redor. Às vezes chegamos a encruzilhadas estranhas, entramos pelo caminho errado e nos perdemos. Para que nós e nossos entes queridos não tenhamos esse destino, precisamos reconhecer que isso é uma possibilidade. É preciso entender, com empatia, o que nos leva pelo caminho errado, quais são os fatores psicológicos por trás disso e quais são as consequências dessa jornada.

2

O FUNIL EM AÇÃO

Todos os meus amigos estão encontrando novas crenças.
Um se converteu ao catolicismo e outro se converteu às árvores.
Para um judeu extremamente erudito e até então religiosamente
indiferente,
Deus trabalha feito um gerador genético.
Paleo, keto, zona, South Beach, uísque.
Um treino tão intenso que ele se funde aos aparelhos.
Um homem se casa com uma mulher vinte anos mais jovem
e duas vezes num brunch usa a palavra "verdejante";
no outro a agressividade implacável se amansa
em demência; e o outro, após uma década de cansativos ataques
fingidos e provocações,
como um pássaro à beira-mar,
decide morrer.
Sacerdócios e monstrócios, melancolias e alegrias,
renúncias em grande estilo e hobbies com terra,
sobriedades, saciedades, peregrinações para o âmago do ser...
Todos os meus amigos estão encontrando novas crenças,
e eu acho cada vez mais difícil acompanhar
os novos deuses e os novos amores,
e os velhos deuses e os velhos amores,
e os dias carregam punhais; e os espelhos, razões;
e o planeta gira mais e mais rápido em meio à escuridão,
e minhas noites, e minhas dúvidas, e meus amigos,
meus lindos e crédulos amigos.

— **CHRISTIAN WIMAN**, *"All My Friends Are Finding New Beliefs"*

Quando o segundo avião acertou o World Trade Center no dia 11 de setembro de 2001, milhões de pessoas assistiram horrorizadas ao desenrolar da tragédia ao vivo pela televisão. Entre elas estava Brad, um rapaz com 20 e poucos anos que morava na Nova Zelândia. Sem conseguir dormir, ele cambaleou até a sala de casa, ligou a TV no noticiário e ficou tão chocado com a cena na tela que se perguntou se não estaria preso num pesadelo. Nos dias e semanas seguintes, ele não conseguiu parar de pensar no que tinha visto: silhuetas minúsculas pulando do prédio em chamas; pessoas cobertas de cinzas correndo pelas ruas de Manhattan; familiares desesperados buscando informações sobre os desaparecidos. Na sua cabeça, ele repassava o momento da colisão dos aviões: a bola de fogo explodindo no céu limpo da manhã e a nauseante queda em câmera lenta das torres. Sensível e reflexivo, ele teve dificuldade de entender aquilo tudo e ficou emocionalmente arrasado.

Alguns anos depois, quando precisou ir aos Estados Unidos a trabalho, Brad ainda se preocupava com os atentados. Passou meses num país desconhecido, sem o apoio de seus parentes e amigos, o que deu a ele tempo de sobra para pensar e ler. Em algum momento, deparou com alguns documentários sobre os atentados que questionavam as versões oficiais e ofereciam explicações alternativas para os eventos. Isso abriu seus olhos para outras possibilidades. Brad buscou mais informações e as compartilhou com qualquer um que estivesse disposto a ouvi-las. Ele não apenas encontrou mais teorias sobre os ataques contra o World Trade Center; sua pesquisa o levou ao trabalho de David Icke, um britânico que foi jogador de futebol antes de se tornar famoso nas redes sociais e que, entre várias alegações, defendia a ideia de que a Terra havia sido dominada por uma sinistra raça reptiliana. Não demorou muito para Brad adotar essa crença, junto com várias outras teorias sobre óvnis, alienígenas e muito mais. Hoje, vários anos depois, sua principal crença é a de que o mundo é comandado por uma quadrilha malvada de pedófilos e que os atentados do 11 de Setembro foram conduzidos pelo governo americano. Além do seu emprego de corretor de imóveis e de passar tempo com a esposa e os dois filhos, Brad dedica cada segundo livre às suas "pesquisas", de modo a mostrar para os outros o que está acontecendo "de verdade" no mundo. Ao longo das últimas duas décadas, ele passou por uma jornada e tanto, mergulhando de cabeça no funil da falácia. Hoje ele tem todo um novo grupo de amigos que conheceu nas suas aventuras virtuais e perdeu contato com muitas pessoas de quem era próximo.

O funil da falácia é um fenômeno incrível e complexo. As pessoas começam com um conjunto de opiniões e crenças, entram no funil e saem com outro conjunto bem diferente. Parentes e amigos costumam ficar embasbacados, sem conseguir entender como a pessoa que achavam que conheciam tão bem pôde passar por uma transformação tão radical.

Os elementos básicos do funil

Acredito que o funil da falácia possa ser dividido em elementos emocionais, cognitivos, de personalidade e sociais (Figura 2, p. 44). Uso o termo *elementos* porque sugere vários blocos de construção, cada um com seu papel na criação da estrutura. É claro que a distinção entre eles é imperfeita e o processo não é linear, como se A + B + C + D = negacionista. Não são quatro estágios distintos num processo, apesar de alguns elementos terem um papel mais proeminente no começo do funil e outros ganharem importância depois. Também não estou falando sobre um processo determinista. Podemos juntar todas as partes que estou prestes a descrever sem que isso garanta que alguém se tornará negacionista. No entanto, é algo que aumenta a probabilidade de isso acontecer.

Nossa exploração começa com os elementos emocionais, com foco no estresse, porque essa é a condição que prepara o terreno, e termina com os elementos sociais, porque são eles que, de muitas formas, selam o acordo. À medida que examinarmos cada elemento, falaremos sobre seu papel em todas as etapas da jornada pelo funil. Isso pode ser muito útil quando quisermos ser ouvidos por alguém que está sendo seduzido pelo negacionismo. Por exemplo, se elementos emocionais como estresse e medo parecem predominantes na experiência de uma pessoa, é provável que a jornada esteja apenas começando, e existem várias maneiras de alertá-la e diminuir ou até reverter seu progresso. No entanto, se os elementos dominantes forem sociais, como o desejo de se autoafirmar ou ganhar crédito com um novo grupo social de negacionistas, é provável que a pessoa já tenha se aprofundado demais no funil. Tirar alguém desse estágio, apesar de não ser impossível, é bem mais difícil, porque a pessoa já se entranhou socialmente em círculos negacionistas e se distanciou de seus antigos sistemas de apoio social.

Dito isso, é importante lembrar que elementos emocionais, cognitivos, de personalidade e sociais influenciam todo o processo. Imagine quatro líquidos de cores diferentes girando num funil, ocasionalmente se misturando uns com os outros. Ainda vamos nos aprofundar em cada um deles ao longo do livro. Espero que você faça uma pausa para refletir e para digerir cada sessão antes de seguir para a próxima. Pense que o que descrevo aqui se aplica tanto a pessoas que você conhece quanto, talvez, a si mesmo. Comecemos com um breve resumo.

Elementos emocionais: Os seres humanos são criaturas emotivas e, como já foi demonstrado várias vezes pelas ciências sociais, as emoções tendem a preceder as crenças e costumam ser as principais impulsionadoras das nossas ações. Como bem afirmou o psicólogo social Jonathan Haidt: "As intuições vêm em primeiro lugar, e o raciocínio estratégico, em segundo." Em outras palavras, começamos com uma reação emocional intensa e só depois encontramos uma explicação cognitiva para ela. No funil da falácia, os elementos emocionais giram em torno do estresse e da necessidade de mantê-lo sob controle, o que cria as condições para que os outros elementos entrem em ação.

Elementos cognitivos: A mente humana tem uma capacidade imensa de raciocínio, mas isso não significa que ela é sempre racional. Quando somos motivados em uma ou outra direção, o viés de confirmação surge com tudo e nos leva a buscar informações que suprem essa necessidade, independentemente da sua exatidão. E então a história fica mais complexa: construímos narrativas para chegar às conclusões que queremos. E não é apenas a forma como pensamos que nos ajuda a deslizar pelo funil; é a forma como pensamos sobre nossos próprios pensamentos que nos causa problemas à medida que nos distanciamos da realidade.

Elementos de personalidade: Nem todos os seres humanos são igualmente predispostos ao negacionismo. Diferenças individuais têm um papel fundamental nesse processo. Certas personalidades são mais propensas do que outras a adotar falsas narrativas sobre o mundo. Apesar de nenhum traço de personalidade garantir que alguém se tornará negacionista, alguns traços aumentam a probabilidade desse resultado.

Elementos sociais: O negacionismo não se desenvolve nem prospera num ambiente isolado. Forças sociais poderosas incentivam as pessoas a mudar de opinião, as levam por caminhos específicos, as mantêm próximas a outros negacionistas e até aceleram o apego a uma crença. A sensação de pertencer a um grupo é muito atraente e especialmente importante nos casos em que as pessoas se sentem desconectadas ou excluídas da sociedade em geral. Isso vale ainda mais para os casos em que a exclusão ocorre em círculos familiares ou entre amigos – uma situação bem comum entre negacionistas. Redes sociais alimentam a bolha da informação, e a moeda social de curtidas e reações alimenta a sensação de ser um membro contribuinte da comunidade. No funil da falácia, os elementos sociais são os componentes que "selam o acordo" e fazem com que escapar seja muito difícil.

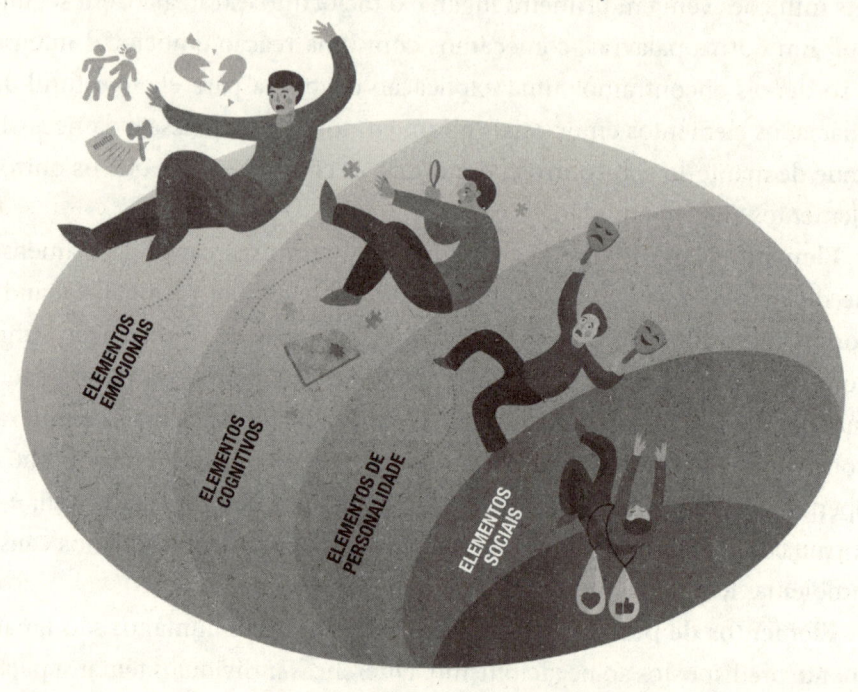

Figura 2. O funil da falácia e os elementos que o constituem

A espiral da desconfiança coletiva

Este livro aborda o processo psicológico de descer pelo funil da falácia especialmente como uma jornada pessoal em que indivíduos embarcam, por vontade própria ou não, motivados por forças interiores e exteriores.

Só que, se examinarmos essa jornada sob a perspectiva mais ampla da sociedade em geral, encontraremos uma situação diferente e mais preocupante. As jornadas individuais revelam uma jornada coletiva rumo à desconfiança. Não importa onde você se encontra no espectro político e onde está no mundo (com a possível exceção da Escandinávia), é difícil fugir da crescente desconfiança que acomete nossa sociedade, e as consequências disso são alarmantes.

Observar o negacionismo pela lente da desconfiança nos ajuda a entender como as pessoas se aprofundam cada vez mais em uma determinada distorção da realidade (por exemplo, a eleição americana de 2020 foi fraudada ou o assassinato de John F. Kennedy foi um complô da CIA). Também nos ajuda a compreender por que falácias atraem outras falácias – mesmo aquelas que parecem não ter qualquer conexão. Por que pessoas que acreditam numa inverdade têm mais chance de acreditar em outras? Desconfiança! O acúmulo de teorias disparatadas faz sentido quando entendemos que elas prosperam com a perda de confiança. Quando começamos a desconfiar de uma instituição, logo fica fácil desconfiar de outra. Na verdade, podemos rapidamente partir do princípio de que, talvez, todas as instituições sejam iguais: corruptas, gananciosas e malévolas. Se a indústria farmacêutica quer nos deixar mais doentes ou até nos matar, o que isso diz sobre os governos que as regulam? Talvez seja uma conspiração coletiva, concluímos. E se os governos estão deixando a indústria farmacêutica fazer o que quiser, talvez eles também sejam capazes de cometer seus próprios atos diabólicos. É tão absurdo assim pensar que eles organizaram um ataque contra seu próprio povo para justificar uma guerra no Iraque? Não é plausível que um governo belicoso que desejava intensificar o conflito no Vietnã tenha planejado o assassinato do presidente Kennedy? Assim, A leva a B, que leva a C, e teorias da conspiração sobre a covid-19 levam a teorias da conspiração sobre os atentados do 11 de Setembro e sobre JFK. O elo em comum é a desconfiança.

Desconfiança gera desconfiança, e é em parte por isso que a rede de desinformações tem tantos pontos inesperados de conexão. Na extremidade do funil encontramos o universo paralelo do QAnon, que entremeia vários fios de falácia numa tapeçaria complexa. As pessoas chegam ao QAnon de ambos os lados do espectro político e encontram um denominador comum ao desconfiar de praticamente tudo: dos governos, dos médicos, das organizações sem fins lucrativos, da imprensa e das elites.

Apesar de ser apenas uma faceta da perda de confiança pela qual passa nossa sociedade, o negacionismo é um tema central nessa história trágica. É um problema que devemos compreender e tentar mitigar se quisermos recuperar coletivamente a confiança. Então mãos à obra.

PARTE II

OS ELEMENTOS EMOCIONAIS E O ESTRESSE

3
PRESSÃO, ESTRESSE E LADEIRA ABAIXO

> *A principal coisa que aprendi sobre teorias da conspiração é que certas pessoas acreditam nelas porque isso é mais reconfortante. A verdade é que o mundo é caótico. A verdade é que quem está no controle não são os bancos judeus, os alienígenas cinzentos ou os reptilianos de três metros e meio de outra dimensão. A verdade é muito mais assustadora: ninguém está no comando. O mundo é desgovernado.*
>
> – ALAN MOORE, *The Mindscape of Alan Moore* (2003)

O negacionismo enraizado é resultado da junção de vários elementos, cada um deles colaborando para a mistura final. Como já vimos, esses elementos incluem emoções, vieses cognitivos, traços de personalidade e forças sociais. Porém a condição inicial e o ingrediente mais básico que todos nós conseguimos compreender é o estresse. Para entender por que o estresse é a condição que prepara o terreno, faremos um breve passeio por um momento especialmente estressante do passado recente e conheceremos Jenny, freelancer, mãe solo e negacionista em formação.

O estresse e a mãe solo

Você se lembra de maio de 2020? Após os primeiros meses de quarentena rígida por causa da covid-19, o clima mais quente no hemisfério norte trouxe um misto de esperança e apreensão. Talvez a pandemia estivesse terminando. Ou talvez outra onda estivesse se aproximando. As restrições começaram a ser amenizadas. Negócios voltaram a abrir com hesitação. Como criaturas saindo da hibernação, as pessoas começaram a se aventurar para fora dos lares em que tinham se confinado nos últimos meses. E, em alguns lugares, as crianças voltaram às aulas presenciais. Pais e mães como Jenny sentiam uma mistura de alívio e medo enquanto viam seus filhos irem para a escola de máscara.

Jenny estava feliz por seu filho, Mike, poder voltar a uma vida mais normal. Claro, ela estava preocupada com o vírus, mas sua preocupação maior àquela altura era com a saúde emocional da criança. Os últimos meses tinham sido difíceis para o garoto meio tímido que estava no quarto ano. Privado de interações sociais, ele tinha se tornado retraído e emburrado, entediado com as longas horas de aula por Zoom. A situação também era difícil para a mãe, que se esforçava para ajudá-lo com os estudos enquanto tentava sustentar a casa como designer gráfica freelancer que atendia pequenos negócios. Seus clientes também estavam lutando para permanecer na ativa, e era fácil cortar os serviços dela. Desde o começo da pandemia, o orgulho que ela sentia por ser uma freelancer independente tinha sido substituído pela inveja dos colegas que agora trabalhavam em home office mas continuavam recebendo um salário fixo. Ela precisava de tempo e espaço para prospectar novos clientes, mas era difícil fazer isso quando precisava compartilhar seu tempo de trabalho com Mike. Enquanto arrumava a lancheira dele e o preparava para voltar à escola naquela primeira manhã, ela se sentiu mais tranquila do que em muitos meses.

Só que, algumas horas depois, Mike voltou para casa aos prantos. Quando Jenny perguntou ao filho o que tinha acontecido, ele contou que, durante um intervalo, tinha ido ao banheiro e perdido sua máscara. Ele voltara de fininho para sua carteira no fundo da sala, tentando esconder o rosto exposto por trás de um livro. Mas os olhos da professora rapidamente o encontraram.

– Mike, cadê sua máscara?

Mike resmungou que a perdera. Olhando ao redor da sala, a professora perguntou se alguém tinha uma sobrando, mas ninguém tinha. Naquela época, o suprimento de máscaras era limitado. Para sua imensa vergonha, Mike foi convidado a se retirar da sala de aula. Enquanto juntava suas coisas e saía arrastando os pés, ele sentiu que todo mundo o encarava.

Ao ouvir a história do filho e sentindo seu sofrimento, algo explodiu dentro de Jenny. Furiosa, ela ligou para a professora, com raiva por ter humilhado um menino de 10 anos na frente de todos os amigos. A professora não teve paciência alguma com suas reclamações. Jenny argumentou que a covid-19 não era muito perigosa para crianças. Algumas pessoas diziam que o vírus oferecia menos riscos para crianças do que uma gripe normal, mas a professora nem cogitou a lógica de seu argumento. Ela havia recebido instruções muito claras da diretoria: sem máscara, sem aula; era simples assim. Todos os alunos precisavam cobrir o rosto para proteger a si mesmos e seus colegas. A discussão ficou mais acalorada. Quando Jenny desligou o telefone, estava ainda mais irritada do que antes. Parecia que o mundo inteiro tinha enlouquecido. Nada mais fazia sentido. Suas emoções já abaladas estavam chegando ao limite.

Naquela noite, após consolar Mike e colocá-lo na cama, ela se sentou diante do computador. Sua cabeça estava cheia de perguntas: Qual era o grande problema daquele vírus, afinal? Por que estavam sendo tão rigorosos com crianças quando estava claro que a doença afetava principalmente pessoas mais velhas? Jenny não conhecia ninguém que tivesse morrido daquilo, apesar de todas as histórias na televisão. E não havia relatos de jovens adoecendo. O que *realmente* estava acontecendo?, ela se perguntou. E quem estava por trás daquilo tudo? A necessidade de encontrar uma explicação a dominou.

Mais tarde naquela noite, com um clique do mouse, Jenny iniciou uma incursão pelo negacionismo que mudaria sua vida – uma jornada que faria com que ela se tornasse uma eloquente defensora das teorias da conspiração sobre a covid-19 e uma das líderes do movimento antivacinas. Ela começou a procurar vídeos que desmentissem a eficácia das máscaras e encontrou muitos. Até achou trabalhos aparentemente acadêmicos alegando que as máscaras não eram eficientes para a proteção contra um vírus tão pequeno. Esses mesmos trabalhos alegavam que o uso de máscaras impedia que as pessoas inalassem a quantidade necessária de oxigênio, e essa privação era especialmente ruim para crianças durante seus anos de desenvolvimento. Ela logo se convenceu de que o "farrapo" que seu filho era obrigado a usar não apenas era inútil para diminuir o risco de contrair covid-19 como também comprometia sua saúde. Ela também encontrou declarações de que, se usadas por tempo demais, as máscaras poderiam se tornar uma fonte de bactérias e piorar a acne em adolescentes. E uma máscara poderia fazer o ar exalado subir pelas laterais do nariz, deixando os olhos de seu filho mais ressecados.

Foi então que eu entrei na história dela. Enquanto Jenny mergulhava ainda mais fundo no conteúdo contra máscaras na internet, ela concluiu que era tudo culpa de Dan Ariely! Essa conclusão se baseou em dois fatos sobre mim. Os dois fatos eram verdadeiros, mas criavam uma inverdade quando conectados (uma receita comum para a falácia). O primeiro fato era que eu estava envolvido em consultorias para o Departamento de Educação dos Estados Unidos. Isso era verdade. De fato, eu tinha prestado consultoria sobre várias questões, principalmente sobre como as ciências sociais poderiam ajudar a motivar professores e alunos durante a difícil época de fechamento das escolas. O segundo fato era que, no meu papel de cientista social, eu tinha concluído que "Proteja os outros" era um incentivo melhor do que "Proteja a si mesmo" quando se tratava de convencer as pessoas a usar máscaras. Isso também era verdade. Eu havia expressado essa opinião na imprensa e em reuniões com funcionários do governo. A inverdade foi criada com a conexão desses dois fatos e com a conclusão de que eu era a pessoa responsável por convencer o Departamento de Educação a obrigar crianças a usar máscara na escola, gerando todos os problemas de saúde imaginários que acompanhavam a prática. Na verdade, eu nunca tinha conversado com o pessoal do Departamento de Educação sobre máscaras, e, por mais que eu queira acreditar que ofereci alguns conselhos úteis para muitos governos durante a pandemia, a realidade é que o impacto que causei foi pequeno, na melhor das hipóteses.

Para Jenny, no entanto, os dois fatos se somavam numa teoria clara e simples. Ela reconheceu meu nome, viu que eu estava associado de alguma forma ao Departamento de Educação e juntou isso à ideia de que eu recomendava usar forças sociais para incentivar as pessoas a usar máscara. E isso havia causado um impacto negativo no seu filho. Na cabeça dela, o mistério tinha sido resolvido: eu era responsável pelas máscaras. Conforme lia mais artigos e assistia a mais vídeos, ela entendeu que a situação era pior do que imaginava. Os efeitos nocivos das máscaras não eram um efeito colateral inesperado, mas uma tramoia proposital. Elas tinham sido projetadas para transformar as pessoas em servas obedientes ao limitar seu consumo de oxigênio e sua capacidade de pensar por conta própria.

Não demorou muito para Jenny começar a achar que a covid-19 em si era uma farsa, partindo então para uma série de outras teorias da conspiração relacionadas ou não a vacinas. À medida que sua jornada pelo negacionismo progredia, meu papel foi ganhando mais destaque na mente dela e eu me tornei o principal vilão de um plano maléfico para controlar as pessoas por todo o mundo.

Como alguém como Jenny – uma mãe competente e dedicada, uma empreendedora de sucesso, uma pessoa inteligente que entende a ciência – se tornou negacionista? E por quê? A história dela coloca em foco vários fatores essenciais para compreender as condições emocionais que iniciam o processo. Primeiro, temos o estresse geral; nesse caso, o nível de estresse sem precedentes que sentimos em graus variados durante a pandemia. Em segundo lugar, esse estresse gera a experiência muito difícil de perder o controle e ficar à mercê de forças que não compreendemos muito bem. Em terceiro, há um momento de virada em que a necessidade desesperada de uma explicação para algo que esclareça o que está acontecendo abre caminhos perigosos.

O estresse é uma força poderosa na vida de todo mundo, então é importante observar que, quando se trata de negacionismo, o estresse não determina tudo. O simples fato de sentir estresse não transforma ninguém em negacionista. Entretanto, ele é um dos elementos emocionais que, junto com outros, mais pode aumentar essa probabilidade.

> **POR QUE "PROTEJA OS OUTROS" PARECE SER UMA MENSAGEM MAIS EFICIENTE DO QUE "PROTEJA A SI MESMO"?**
>
> Mesmo que você não acredite que as máscaras faziam parte de um plano maléfico, talvez esteja se perguntando por que recomendei que os governos enfatizassem a proteção das outras pessoas nas campanhas durante a pandemia. Pesquisas de ciências sociais revelam três motivos básicos pelos quais a mensagem "Use máscara para proteger os outros" tem mais chance de funcionar do que "Use máscara para se proteger".
>
> Primeiro, os seres humanos têm uma motivação natural para aquilo que chamamos de **utilidade social**, que é basicamente nossa capacidade de nos importarmos com os outros. Pesquisas mostram que, apesar de o interesse próprio ter alguma força motivadora, a utilidade social pode ser

mais útil em certos momentos. Quando se trata de usar máscara, o componente da utilidade social tem mais chances de ser um incentivo maior.

Segundo, sabia-se que os jovens teriam menos riscos se contraíssem o vírus, apesar de transmiti-lo mesmo assim. Para essa população demográfica específica, a mensagem "Proteja os outros" era essencial, porque os jovens tinham menos razões para se preocupar com a própria proteção. Quando o interesse próprio é naturalmente baixo, a utilidade social ganha ainda mais importância.

Terceiro, todos nós tendemos a aprender lições erradas com eventos de baixa probabilidade. O que isso significa? Vejamos o caso de quem dirige mexendo no celular. Imagine que você acredita que sua chance de sofrer um acidente ao usar o celular enquanto dirige seja de 3%. (Estou inventando um valor. O risco exato depende de muitos fatores.) Certo dia, você está dirigindo pela rua e seu telefone vibra. Você é tomado pela curiosidade. Quem está mandando mensagem? Uma hora atrás você mandou uma mensagem importante para a pessoa amada e não recebeu resposta – será que é isso? Então você olha o telefone. Por sorte, não sofre um acidente. Isso não surpreende. Afinal de contas, é baixa a probabilidade de um acidente de trânsito ser causado por um motorista olhando o celular. Só que algo acontece do outro lado dessa experiência: você atualiza sua crença. Agora começa a achar que a probabilidade é menor que 3%. Talvez seja 2,8%. Então, da próxima vez, é ainda mais provável que você use o celular enquanto dirige. E ainda mais na próxima. Sempre que você *não* sofre um acidente, aprende a lição errada e acaba se baseando nisso para concluir erroneamente que os riscos de usar o celular no trânsito são menores do que pareciam. É um ciclo de aprendizado problemático que ocorre quando usamos nossas experiências para fazer inferências sobre eventos de baixa probabilidade.

Esse raciocínio equivocado acontece com vários tipos de evento de baixa probabilidade, incluindo a estimativa de nossas chances de contrair um vírus como o da covid-19. Se formos expostos por apenas alguns minutos, o risco de ficarmos doentes será muito baixo. Então, conforme temos comportamentos arriscados ocasionais e não pegamos o vírus, atualizamos nossas crenças para concluir que o risco é menor do que imaginávamos. Estimamos uma probabilidade cada vez menor e aumentamos nosso comportamento arriscado num ciclo que se perpetua e, ao mesmo tempo, acaba com nossa motivação para nos protegermos. É nesse ponto que a utilidade social é diferente. Quando se trata de cuidar dos outros, não seguimos o mesmo ciclo defeituoso de aprender com baixas probabilidades e, como consequência, nosso cuidado com os outros não diminui com o tempo. Continuamos a usar máscara para fazer a coisa certa e não recalculamos o risco com base em experiências anteriores sobre pegar ou não covid-19.

Nem todo estresse tem o mesmo peso

Paremos um pouco para entender o tipo de estresse de que estamos falando. A mesma palavra pode ser usada para se referir a uma sobrecarga de trabalho ou a um desastre mundial, então cabe fazer uma distinção entre o estresse previsível e o imprevisível. O estresse previsível tem a ver, por exemplo, com pagar impostos, fazer provas, cumprir prazos, lidar com uma criança malcriada ou passar o fim de ano com os sogros. Não são tarefas divertidas, mas fazem parte da vida, e a maioria de nós consegue lidar bem com elas. Claro, podemos ficar preocupados quando chega a época de declarar o imposto de renda, organizar pilhas de notas e pagar boletos. Podemos perder o sono no fim do mês, quando precisamos entregar relatórios. E diante da pirraça diária, podemos até nos perguntar de vez em quando por que tivemos filhos. E podemos nos sentir hesitantes ao tocar a campainha dos sogros com um empadão nas mãos, já prevendo os inevitáveis sermões e as brigas que estão por vir. Mas nenhum desses estresses nos faz perder as estribeiras (pelo menos não até nosso sogro se servir da terceira dose de uísque e começar a explicar como as coisas só estão piorando desde a década de 1960). Em grande parte, mesmo quando esse tipo de estresse está presente, continuamos tomando decisões claras e usando nossas faculdades cognitivas. Esse não é o tipo de estresse que leva as pessoas ao funil da falácia.

O estresse imprevisível, por outro lado, é uma questão diferente. Ele inclui traumas como a morte repentina de um ente querido, um diagnóstico médico chocante, um desastre natural, a perda inesperada do emprego ou uma crise financeira. Quando nossa amada irmã morre num acidente de carro; quando descobrimos que temos câncer; quando um incêndio florestal ou um furacão destrói nossa vizinhança e nos deixa sem lar; quando somos demitidos sem aviso-prévio... Quando coisas assim acontecem, passamos por um tipo de estresse que tem um impacto diferente. E a diferença não é apenas uma questão de intensidade. Esses fatores estressantes são especialmente desafiadores porque são inesperados. É claro que sabemos que essas coisas *podem* acontecer, mas não esperamos que de fato aconteçam com a gente. E quando acontecem, ainda mais quando acontecem repetidas vezes, elas criam uma sensação de desamparo. Em geral, seres humanos não lidam muito bem com o estresse imprevisível.

Descobri isso por conta própria durante um dos períodos mais estressantes e difíceis da minha vida: os três anos que passei no hospital, durante a adolescência, após o acidente que causou queimaduras em 70% do meu corpo. Precisei passar por tratamentos extremamente dolorosos todos os dias. Por muito tempo, achei que meu único desafio seria a dor causada pelas lesões e pelos tratamentos. Só que, com o tempo, me dei conta de que outro elemento tornava a experiência ainda mais difícil: o fato de que eu nunca sabia o que aconteceria a seguir. Outras pessoas constantemente tomavam por mim decisões que determinavam qual procedimento horrível eu teria que suportar no próximo minuto. Elas até decidiam quando eu acordaria, quando meus curativos seriam trocados e como aconteceria o tratamento de banho (um procedimento dolorosíssimo, mas necessário). Essa falta de controle sobre meu tratamento e meu destino fez com que aqueles anos fossem muito desafiadores no sentido psicológico, além da dor física e dos ferimentos em si. Esse é um dos motivos pelos quais muitos hospitais passaram a oferecer "analgesia controlada pelo paciente", na qual os pacientes podem determinar a dose de seus analgésicos até certo ponto. Ter esse pequeno mecanismo de controle pode ser muito útil, não apenas pelo seu fim específico (a redução da dor, nesse caso), mas para o bem-estar geral do enfermo.

Uma pandemia como a da covid-19 com certeza entra na categoria de estresse imprevisível. Claro, talvez até já tivéssemos ouvido falar que algo assim *poderia* acontecer, mas não esperávamos de verdade que acontecesse. Do dia para a noite, nossa vida virou de cabeça para baixo. Empresas e escolas fecharam as portas. Enquanto nos esforçávamos para entender mais sobre o vírus, regras e restrições pareciam mudar a cada dia, com frequência contradizendo as anteriores. Telejornais se transformaram nos arautos da nossa mortalidade comum, anunciando o aumento do número de mortos por hora. Tínhamos medo de contrair o vírus e de que nossos entes queridos adoecessem. E para muitas pessoas esse estresse foi exacerbado por instabilidade econômica, demissão ou falência.

Para algumas, o isolamento social era insuportável. Para outras, a intimidade forçada com outras pessoas dentro de casa foi difícil. Mulheres como Jenny tinham jornadas triplas como provedora, mãe e educadora. Casais testaram os limites da compatibilidade enquanto permaneciam confinados em casa, às vezes sem conseguir escapar nem para dar uma caminhada pela rua. Centenas de milhares de pessoas passaram pela perda arrasadora de um amigo ou parente e só puderam compartilhar seu luto pelo Zoom. E tudo isso aconteceu num clima de ansiedade acirrada, baixa confiança e polarização política cada vez maior. Mesmo quando fechávamos nossas portas e nos distanciávamos do mundo lá fora, nos tornávamos mais conectados do que nunca com as notícias da TV e com a cacofonia das redes sociais.

Estresse imprevisível e desamparo aprendido

Quais são os efeitos emocionais de um estresse imprevisível que não conseguimos controlar? Algumas respostas foram reveladas por uma série de experimentos conduzidos nas décadas de 1960 e 1970 por Martin Seligman e Steven Maier. Eles queriam investigar o que acontece com nossa capacidade de solucionar problemas e tomar decisões quando passamos por estresses incontroláveis. Como é mais difícil fazer esse experimento em humanos, eles se voltaram para cobaias de quatro patas. Um aviso: as descrições a seguir podem ser incômodas. Os estudos foram conduzidos numa época menos esclarecida.

Seligman e Maier fizeram uma série de experimentos em que sujeitaram cachorros a estresse na forma de choques elétricos. Imaginemos um desses pobres cães – nós o chamaremos de Charlie. Charlie é um vira-lata bem pequeno. Na primeira parte do experimento, Charlie é preso num arreio que não permite que ele saia do lugar. Há painéis em ambos os lados de sua cabeça. De repente, Charlie sente um choque elétrico nas patas traseiras. Confuso e sentindo dor, ele se remexe, tentando escapar. Após mais alguns choques e tentativas de fuga, ele acidentalmente pressiona o focinho em um dos painéis, e o choque imediatamente para. Da vez seguinte, ele faz a mesma coisa. Não demora muito para Charlie (que é um cão bem inteligente) aprender que consegue controlar a experiência desagradável do choque.

Agora imaginemos uma cadela. Vamos chamá-la de Dora. Ela é outra vira-lata pequena e azarada. Dora também é presa ao arreio e submetida a choques, mas, não importa o que ela faça, não consegue interromper a experiência dolorosa. Após vários ciclos assim, Dora aprende que está à mercê do choque e que não consegue controlá-lo.

Vinte e quatro horas depois, Charlie e Dora são levados para um novo aparato chamado caixa de movimento. É uma caixa dividida em duas câmaras, separadas por uma barreira baixa. Uma câmara tem um piso elétrico que transmite choques; a outra, não. Quando o animal sente o choque, ele pode pular a barreira para escapar e a sensação passa imediatamente. Quando Charlie é colocado na caixa e o choque é ativado, ele aprende rápido como fugir, pulando para o outro lado da caixa. No entanto, quando chega a vez de Dora, ela sente o choque e não se mexe. Com o tempo, ela se deita na caixa, ganindo. O que aconteceu? Segundo Seligman e Maier, a diferença entre os dois cachorros pode ser explicada por um fenômeno chamado **desamparo aprendido**. No primeiro experimento com o arreio, Charlie (*C* de controle) aprendeu que era capaz de controlar o choque; já Dora (*D* de desamparo aprendido) aprendeu que não tinha o poder de interrompê-lo. Ao ser colocado na caixa de movimento, Charlie procurou uma nova maneira de fugir. Dora, por outro lado, nem tentou. Ela poderia ter pulado a barreira, mas partiu do princípio de que estava desamparada. Parecia ter perdido toda a motivação para buscar uma escapatória, apesar de ter uma ao seu dispor.

No experimento de Seligman e Maier, dois terços dos cachorros como Dora, que receberam o choque inescapável no arreio, não conseguiram fugir da caixa de movimento, demonstrando o desamparo aprendido. Foi um contraste com os cachorros que não receberam choques na primeira fase ou com aqueles que, como Charlie, conseguiram escapar enquanto estavam no arreio; 90% deles descobriram como fugir da caixa de movimento.

Mais tarde, os pesquisadores conduziram experimentos semelhantes em ratos, com resultados parecidos. Eles também conduziram experimentos menos invasivos com humanos, envolvendo sons desagradáveis e até quebra-cabeças sem solução no lugar de choques elétricos. Com base nos resultados, os dois concluíram que a experiência de não conseguir controlar uma situação estressante causa três "déficits": motivacional, cognitivo e emocional. Em outras palavras, quando sofremos um estresse recorrente sobre o qual não temos controle, nos tornamos menos propensos a tomar uma atitude e menos capazes de pensar em soluções. Acabamos nos sentindo pior sobre a situação. Por esses motivos, o desamparo aprendido foi associado a maior risco de depressão.

Em meio à pandemia da covid-19, talvez você tenha notado sinais de desamparo aprendido em si mesmo ou nas pessoas ao seu redor. Na época, muita gente relatava se sentir cansada, derrotada, indefesa e sem motivação. Isso não deveria surpreender, levando em conta que todos nós passamos meses seguidos, até anos, convivendo com o estresse imprevisível e com a sensação de falta de controle. O déficit motivacional, cognitivo e emocional pode ter contribuído para que algumas pessoas caíssem no funil da falácia.

Como se os efeitos nocivos do estresse imprevisível não fossem suficientes, o estresse prolongado traz problemas adicionais. Por exemplo, o estresse se espalha para áreas da vida que não têm qualquer ligação com ele. Vejamos um estudo fascinante que comprova isso.

A natureza cumulativa do estresse

Conforme as teorias da conspiração sobre a covid-19 se espalhavam pelo mundo, um grupo de pesquisadores ficou curioso sobre o que impulsionava esse movimento e especificamente sobre o papel do estresse nesse processo. Já que o estresse associado à pandemia existia por todo canto, não ficava muito claro por que algumas pessoas adotavam narrativas falsas e irracionais, enquanto outras, não. Os pesquisadores precisavam examinar outro tipo de estresse que variava em intensidade em populações diferentes durante a pandemia e analisar se sua magnitude estava associada a uma probabilidade maior de crença em teorias da conspiração.

Imagine-se morando num país afetado pela pandemia no começo da década de 2020 (praticamente qualquer lugar no mundo). Você sente todos os estresses já descritos: preocupações com a saúde, dificuldades e incertezas financeiras, isolamento, restrições e assim por diante. Vou partir do princípio de que você se considera uma pessoa sensata e inteligente. Então lhe pergunto: na sua opinião, qual é a probabilidade de você começar a acreditar em alguma das teorias da conspiração mais comuns, como a alegação de que o vírus é uma farsa ou de que as vacinas contêm aparelhos de rastreamento? Suponho que seja difícil se imaginar acreditando nesse tipo de coisa.

Agora imaginemos elementos extras. O país em que você vive não apenas está passando por uma pandemia, mas está no meio de um conflito violento. Talvez seja uma longa guerra civil ou uma disputa de fronteiras com um país vizinho. Junto com o estresse da covid-19, você vivencia ameaças de violência e destruição da sua comunidade. Sirenes soam todas as noites. Você tem um abrigo antibombas improvisado no porão de casa. Até já deixou sua mala pronta ao lado da porta. Você perdeu amigos e parentes no conflito. Talvez você mesmo esteja ferido. Tem entes queridos lutando no front e arriscando a vida diariamente. Imagine-se vivendo toda essa complexidade e avalie se o estresse extra aumentaria sua probabilidade de acreditar em teorias da conspiração sobre o vírus. Mais uma vez, suponho que sua resposta seja não. Afinal de contas, que diferença faz o estresse de uma guerra na realidade de um vírus? São duas coisas completamente diferentes. Claro, ambas são estressantes e assustadoras, mas são independentes uma da outra. Acontece que existe uma relação maior do que poderíamos imaginar.

É isso que Shira Hebel-Sela e sua equipe decidiram estudar. Eles queriam saber se estar imerso num conflito aumentava a suscetibilidade a inverdades relacionadas à covid-19. A pesquisa revelou que a resposta é sim. Após conduzir uma análise por 66 países, eles conseguiram demonstrar que habitantes de regiões com maior intensidade de conflitos são mais propensos a acreditar em teorias da conspiração sobre a pandemia. Por que isso acontece? Porque o estresse causado por qualquer motivo, incluindo a certeza de viver num país em conflito, aumenta a sensação de descontrole. O estresse nos passa a sensação de que tudo está fora do eixo e de que não há como saber o que virá em seguida. São sentimentos extremamente desconfortáveis, então é claro que tentamos aplacá-los.

Esses resultados nos dão uma pista importante sobre a relação entre o estresse e o negacionismo. O estresse é cumulativo, e a pesquisa de Hebel-Sela e sua equipe deixou claro que a fonte do estresse não precisa ser diretamente associada ao tema da crença para moldar o raciocínio de uma pessoa sobre o assunto. Em outras palavras, o estresse não precisava ser causado pela pandemia para moldar o raciocínio de uma pessoa sobre a pandemia. Um detalhe interessante é que o estudo também mostrou que, nos Estados Unidos, a aceitação de teorias da conspiração é relativamente maior do que sugere o nível de conflitos. Minha teoria é que isso acontece devido à intensidade do conflito ideológico e da polarização política no país, pois isso acrescenta um nível de instabilidade que, sob a perspectiva do estresse, é semelhante aos efeitos da violência.

Como confundimos as emoções

Um dos motivos para o acúmulo do estresse é que não somos bons em identificar suas fontes. Na verdade, não somos bons em identificar a fonte das emoções em geral. Isso se chama **atribuição errônea de emoções** e é o tema de um dos melhores estudos de todos os tempos das ciências sociais, um experimento conduzido em 1974 por Donald Dutton e Arthur Aron. No estudo, participantes do sexo masculino foram abordados por uma pesquisadora que pediu a eles que cumprissem algumas tarefas, como escrever um pequeno conto dramático com base na foto de uma mulher. Concluída a tarefa, a pesquisadora rasgava uma ponta do papel, anotava seu número de telefone e dizia a cada participante que ele poderia ligar mais tarde para ela se tivesse interesse no resultado do estudo. É claro que ninguém estava interessado no resultado do estudo (que fora projetado para ser entediante), então o fato de eles ligarem ou não estava relacionado ao nível de interesse que tinham pela pesquisadora. Mais tarde, seus contos foram avaliados em termos de conteúdo erótico, oferecendo outra medida da atração sexual que sentiam. A principal manipulação no experimento era que, no caso do grupo de controle, a pesquisadora interagia com os participantes enquanto eles atravessavam uma ponte firme. Já os homens do grupo experimental foram abordados no meio de uma ponte suspensa relativamente assustadora, antiga, com 140 metros de comprimento. Dutton e Aron esperavam que os participantes na ponte suspensa estivessem bem mais ansiosos e queriam observar se eles atribuiriam erroneamente sua ansiedade à excitação sexual e, como consequência, se pensariam em histórias mais erotizadas e demonstrariam uma propensão maior a ligar para a pesquisadora após o estudo. A teoria deles se concretizou: os participantes da ponte suspensa apresentaram mais excitação sexual e atração pela pesquisadora.

Esse estudo confirmou que, quando vivenciamos uma emoção, não necessariamente sabemos de onde ela vem e podemos atribuí-la a coisas diferentes dependendo das circunstâncias – e às vezes erramos. Nesse exemplo, o estudo mostrou que podemos reinterpretar algo negativo (medo) como algo positivo (atração sexual).

Compreender esse mecanismo pode ser útil de várias formas. Primeiro, é útil saber que, quando sentimos estresse – especialmente um estresse acumulado de várias fontes –, podemos associá-lo ao motivo errado, o que pode nos levar a tentar aliviá-lo da maneira incorreta. Questionar nossas interpretações e conclusões é essencial. Em segundo lugar, podemos usar a atribuição errônea de emoções em benefício próprio. Por exemplo, pode ser interessante tentar reinterpretar o estresse imprevisível como algo menos negativo e mais calculável. Voltemos à história de Jenny para ver como isso funciona. O estresse dela vinha de diversas fontes, incluindo a pandemia, o trabalho, a escola do filho e assim por diante. Caso Jenny tivesse se concentrado em fatores mais previsíveis, como seu trabalho, e atribuído seus sentimentos a essas questões, ela poderia ter tido uma sensação maior de controle. Em vez disso, ela se concentrou nas restrições da pandemia e as culpou por tudo até se perder no negacionismo.

Reinterpretar algo negativo como algo positivo é mais desafiador, mas também possível. Por exemplo, digamos que você esteja sentindo muita ansiedade por não saber o que vai acontecer no futuro. Você pode tentar reformular esse futuro como um mundo de possibilidades e atribuir a ansiedade à empolgação. É importante lembrar que a atribuição errônea de emoções acontece quando deparamos com uma situação nova pela primeira vez. Depois que a interpretação se desenvolve, é difícil mudá-la. Por exemplo, se os participantes no experimento de Dutton e Aron se reencontrassem com a pesquisadora, a primeira interpretação deles provavelmente seria mantida e eles permaneceriam sentindo um nível de atração semelhante por ela. Isso significa que essa estratégia de reinterpretação é especialmente importante nos primeiros estágios de um novo estresse.

> **TALVEZ SEJA ÚTIL**
>
> **Reatribua o estresse**
>
> Você pode tentar reatribuir suas emoções por conta própria. Também pode tentar fazer isso conversando com alguém que se aventurou pelo negacionismo. Digamos que seu amigo Tim exiba sinais de estresse e tenha adotado narrativas amplas e catastróficas sobre o mundo, deixando você preocupado com a possibilidade de ele acreditar em mentiras destrutivas. As publicações que ele anda fazendo nas redes sociais só aumentam sua preocupação. Você também sabe que Tim se divorciou recentemente, que os filhos dele saíram de casa para fazer faculdade e que ele teme pelo futuro. Ao conversar com seu amigo, talvez você possa ajudá-lo a conectar os sentimentos dele a eventos mais específicos da vida em vez de atribuí-los a forças ocultas e tramoias abomináveis. Talvez possa até ajudá-lo a encarar as mudanças da vida como oportunidades para ter mais liberdade e autoconhecimento, e não como eventos tumultuosos e inesperados.

Como o estresse afeta a função cognitiva?

Não é fácil projetar experimentos para estudar algo como o estresse sem sujeitar as pessoas (ou cachorros inocentes) a experiências desagradáveis. É por isso que boa parte das pesquisas atuais usa uma abordagem diferente, estudando populações que já estão passando por circunstâncias estressantes, como conflitos sociais violentos. Outra forma de estresse que pesquisadores podem estudar com facilidade são dificuldades financeiras. Lembra o que aprendemos na introdução sobre a mentalidade de escassez – sobre como a falta de recursos afeta negativamente o funcionamento cognitivo? Voltemos a essa pesquisa para entender melhor o que leva alguém a adotar crenças irracionais ou se basear em teorias da conspiração.

Por que estou associando mentalidade de escassez a negacionismo? Talvez você pense que estou tentando defender uma relação entre dificuldades financeiras e desinformação sobre o mundo. Embora existam evidências de correlação entre desigualdade econômica e teorias da conspiração, não é esse meu principal argumento. Nem todos os negacionistas vivem na pobreza; muitos estão financeiramente confortáveis. Porém, como vimos nas pesquisas sobre sociedades que passaram ao mesmo tempo pela covid-19 e por conflitos violentos, o estresse é cumulativo e generalizável, assim como a mentalidade de escassez. O que torna a escassez mais interessante – e relevante para nossa compreensão do negacionismo – é o fato de ela ser outra forma de estresse que reduz a capacidade de raciocinar, pensar, planejar e tomar boas decisões. E é uma forma de estresse que pode ser estudada com relativa facilidade.

Apesar de boa parte das pesquisas sobre escassez se concentrar na escassez financeira e oferecer dados importantes e poderosos para o combate à pobreza, os mesmos efeitos devastadores da escassez também podem surgir da falta de tempo, da sobrecarga física, da dor, da falta de comida, das más condições de saúde... Em essência, a mentalidade de escassez acontece quando reduzimos nossos recursos mentais até então disponíveis porque eles precisam ser dedicados a outras tarefas. Portanto, um mergulho mais profundo na mentalidade de escassez pode nos ajudar a compreender como pensamos e tomamos decisões sob forte estresse mental.

Vejamos algumas das pesquisas sobre o assunto, começando com um estudo especialmente elucidativo que foi conduzido por Anandi Mani, Sendhil Mullainathan, Eldar Shafir e Jiaying Zhao.

A equipe começou conduzindo uma série de experimentos em pequena escala com voluntários num shopping para determinar como a escassez reduz aquilo que cientistas sociais costumam chamar de **capacidade cognitiva** – a carga geral de pensamento que uma pessoa consegue utilizar. No entanto, os cientistas não se contentaram com esse ambiente limitado. Eles queriam testar suas teorias no mundo real, com pessoas que de fato vivenciavam escassez em sua rotina e não apenas passavam por uma simulação por poucas horas. Eles precisavam de uma população que enfrentasse uma escassez considerável.

Mas também precisavam de outra coisa: de um grupo de controle, um grupo que poderiam avaliar e comparar com o que enfrentava a escassez considerável. Poderiam, por exemplo, comparar pessoas pobres com ricas.

O problema é que haveria muitos fatores diferenciando os dois grupos, o que poderia justificar as divergências na mentalidade entre ricos e pobres. As conclusões observadas pela pesquisa seriam, portanto, limitadas.

Uma abordagem experimental útil nesses casos é buscar por mudanças circunstanciais nos mesmos indivíduos ao longo do tempo. Por exemplo, os pesquisadores poderiam estudar uma população que vivesse em grande escassez em alguns períodos, mas não em outros. Isso lhes permitiria analisar o mesmo grupo sob condições diferentes e observar as mudanças na mentalidade das pessoas em tempos de maior privação e em épocas de relativa abundância.

A equipe adotou esse método, encontrando as condições ideais nos campos de cana-de-açúcar da Índia. Os fazendeiros de cana-de-açúcar, assim como a maioria dos outros fazendeiros, vivem em condições financeiras extremamente diferentes em cada etapa do ciclo da safra. Em alguns meses, a renda é abundante; em outros, os recursos são escassos. Era o cenário perfeito para estudar como as mesmas pessoas pensam, se comportam e tomam decisões quando se sentem relativamente ricas ou relativamente pobres.

Os pesquisadores usaram dois exercícios simples projetados para avaliar duas capacidades cognitivas fundamentais: a inteligência fluida e o controle executivo. Eles repetiram os exercícios com os fazendeiros pouco antes e pouco depois da colheita, ou seja, quando os fazendeiros se sentiam pobres e quando se sentiam mais confortáveis financeiramente. Os resultados foram impressionantes. Antes da colheita, os fazendeiros tiraram notas 25% mais baixas no teste Matrizes Progressivas de Raven, uma avaliação não verbal usada para medir a inteligência humana e o raciocínio abstrato. Antes da colheita, eles também eram 10% mais lentos em termos de controle executivo e cometeram 15% mais erros. Eram as mesmas pessoas! Não havia diferença na personalidade nem no QI antes ou depois da colheita.

A mesma dinâmica ocorre em outras situações estressantes que nada têm a ver com pobreza. Já aconteceu de você ficar tão preocupado em terminar um projeto a tempo que simplesmente não conseguiu pensar com clareza? Ou já comprou algo que não deveria porque estava preocupado com algum problema iminente no trabalho? Nessas e em várias outras situações, o estresse diminui a capacidade mental e promove o pensamento de curto prazo, fazendo com que busquemos respostas rápidas e fáceis que podem não ser corretas. No meu caso, a época em que virei o vilão na internet não foi apenas desagradável e assustadora; também percebi que minhas funções cognitivas ficaram prejudicadas sob o estresse de ser constantemente atacado. Comecei a tomar decisões ruins, imediatistas. Enquanto escrevo isto, mais de dois anos após o começo dessa aventura estranha, tenho dificuldade em recriar o estresse e a mentalidade de escassez que senti na época, da mesma forma que é difícil me lembrar completamente da dor que senti no hospital (e sou muito grato por isso). Não é fácil ter empatia com quem adota a mentalidade de escassez a menos que a estejamos vivenciando no momento. Como os fazendeiros após a colheita, quando nos libertamos do fardo emocional imediato, recuperamos a função cognitiva e nos esquecemos de boa parte do que sentimos alguns meses antes.

Por falar em dor e escassez, a pesquisa descobriu que a insegurança financeira não apenas gera estresse emocional como também pode aumentar a intensidade da dor física. Em vários estudos, Eileen Chou, Bidhan Parmar e Adam Galinsky mostraram que, quando a insegurança financeira aumenta (seja em âmbito individual, como em caso de desemprego, seja em âmbito coletivo, como na crise econômica de um país), a experiência da dor física se intensifica: as pessoas relatam dores mais fortes e consomem mais analgésicos sem receita médica. O estresse literalmente dói. E, quando sentimos dor, pensamos e nos comportamos de um jeito ainda mais prejudicial.

Resiliência: as forças que combatem a escassez

Uma solução aparentemente óbvia para o problema da **sobrecarga da capacidade cognitiva** induzida pela escassez seria remover ou reduzir a quantidade de estresse que afeta uma pessoa. Só que fazer isso é mais fácil na teoria do que na prática. Na maioria dos casos, é impossível, principalmente quando o estresse é causado por outras pessoas ou por eventos imprevisíveis, como uma pandemia. Se não pudermos remover o estresse, o que fazer? Uma alternativa é se tornar mais resiliente ao estresse e à mentalidade de escassez. Enquanto eu tentava entender o que levava algumas pessoas, mas não outras, ao negacionismo, a questão da resiliência se destacou como um ingrediente essencial. Se todos nós estamos passando por estresse, por que alguns lidam melhor com isso? O que faz algumas pessoas pensarem com clareza, manterem o foco a longo prazo e tomarem decisões mais razoáveis, enquanto outras se tornam míopes e se apegam a crenças infundadas para conseguir lidar com o estresse e a mentalidade de escassez?

A resiliência é um estado de espírito muito complexo, que bebe de muitas fontes. Por tudo que sabemos sobre a resiliência, ela parece funcionar como uma apólice de seguro contra o estresse, nos ajudando a lidar com os momentos difíceis da vida.

Uma das principais maneiras de compreender a resiliência é pelo conceito psicológico de **apego seguro**. Vou tentar explicá-lo com uma historinha. Imagine que você tem uma filha de 4 anos – vamos chamá-la de Sara. Um dia, você leva Sara ao parquinho. E você se senta num banco, já que não tem mais 4 anos, não é mesmo? "Pode ir brincar no balanço", você diz a Sara. Ela corre para o balanço, brinca por uns quinze minutos e volta para você. Se isso acontecer, você conseguiu criar uma filha com apego seguro. Meus parabéns. Agora façamos uma comparação com outra criança – podemos chamá-lo de Amit. Você diz a Amit: "Pode ir brincar no balanço." Ele começa a se afastar, mas fica se virando de vez em quando para ver se você continua esperando por ele. Se isso acontecer, você não conseguiu criar um filho com apego seguro. É claro que esses são exemplos simples de dois extremos, e há muitos graus de apego seguro entre eles.

O apego seguro é formado na infância; basicamente, ele nos permite seguir pela vida sabendo que, se algo der errado, alguém vai nos amparar. Não precisamos ficar o tempo todo olhando ao redor, nos perguntando se existe alguém do nosso lado. Um nível muito elevado de apego seguro é como um plano de saúde ideal, que sabemos que cobrirá tudo. Viver assim traz uma sensação mágica e incrível. Temos confiança para fazer coisas que nem cogitaríamos sem esse nível de apego seguro. Por exemplo, se soubermos que alguém vai nos amparar caso algo dê errado, podemos começar uma nova empresa. Podemos nos arriscar e tentar uma nova aventura romântica com alguém que parece ser muita areia para nosso caminhãozinho. Podemos estudar algo sem saber se isso nos trará sucesso. Podemos nos mudar para uma nova cidade e nos arriscar num novo emprego. A lista é interminável. Em resumo, o apego seguro é o tipo de sensação que faz as pessoas se concentrarem mais nas vantagens do que nas desvantagens.

> **TALVEZ SEJA ÚTIL**
>
> **Aumente o apego seguro**
>
> Um nível elevado de apego seguro é muito raro e difícil de alcançar, mas qualquer melhoria nesse âmbito com certeza é uma proteção contra o negacionismo. O apego seguro existe num espectro, e até um pequeno avanço na escala traz lucros em termos de como enxergamos vantagens, desvantagens, riscos potenciais e as atitudes que estamos dispostos a tomar. Quanto mais sentimos apego seguro, mais resilientes somos e menos precisamos de histórias alternativas para explicar o mundo ao nosso redor.
>
> O apego seguro começa na infância. Então, se não quiser criar pequenos negacionistas, você pode trabalhar essa questão com seus filhos, garantindo que eles sintam que recebem seu apoio, sua confiança, e que não precisam ter medo do abandono. Na vida adulta, podemos reforçar essa segurança ao formar e manter relacionamentos profundos e fortes que nos ajudem em momentos de estresse. Também podemos tranquilizar nossos entes queridos e, no processo, protegê-los do funil da falácia.

Como aumentar a resiliência

Um dos projetos de pesquisa mais interessantes e importantes sobre resiliência assumiu o desafio de aplacar a mentalidade de escassez. Jon Jachimowicz e sua equipe queriam entender se o acréscimo de fatores que aumentam a resiliência poderia ser uma solução parcial para problemas de sobrecarga da capacidade cognitiva, possibilitando raciocínios mais claros e decisões melhores, mesmo que as condições de escassez persistissem. Vamos supor a situação a seguir.

Imagine que você faça parte dos aproximadamente 10% da população mundial que vivem com menos de 2 dólares por dia. A escassez é sua experiência diária. Você mal consegue alimentar a si mesmo e sua família. Qualquer luxo, por menor que seja, está fora do seu alcance. Agora imagine que, certo dia, uma pessoa generosa surja na porta da sua casa e lhe ofereça uma escolha: ela pode lhe dar 6 dólares hoje ou 18 dólares daqui a três meses, se você estiver disposto a esperar. O que você escolheria? Qualquer um com uma noção mínima de matemática saberia que receber o triplo do valor três meses depois seria a melhor opção. Só que, em condições de extrema pobreza, é comum e compreensível que as pessoas escolham a quantia mais baixa e imediata – mais um exemplo de como a escassez afeta a habilidade crítica de postergar a gratificação em prol de uma recompensa maior. Empréstimos predatórios, como crédito consignado, são um exemplo de como isso causa efeitos devastadores na vida financeira de pessoas pobres. O estresse da pobreza as faz pegar empréstimos com taxas de juros absurdamente altas, que oferecem alívio a curto prazo, mas só aumentam suas dívidas.

Agora se pergunte o que poderia ajudá-lo a tomar a decisão mais sensata na situação que acabei de descrever. E se acrescentássemos alguns componentes de resiliência? E se você tivesse um vizinho disposto a dividir o jantar com você por um ou dois dias? E se a sua comunidade incluísse alguém que você pudesse procurar quando precisasse de ajuda e conselhos? Sabendo disso, você seria capaz de analisar as opções de outra forma e postergar a gratificação por uma recompensa maior mais tarde? Essa é a questão que Jachimowicz e equipe decidiram estudar. A hipótese era simples: pessoas que contam com mais confiança e apoio na comunidade em que vivem (um tipo de apego seguro oferecido pelos vizinhos) seriam menos propensas a sofrer da mentalidade de escassez, mesmo passando por dificuldades econômicas. Como consequência, elas não precisariam tomar tantas decisões desesperadas. Em outras palavras, uma comunidade poderia oferecer resiliência e isso criaria uma proteção contra os efeitos nocivos do estresse.

Para testar a hipótese, eles passaram dois anos se dedicando a um estudo com pessoas que viviam abaixo da linha da pobreza em Bangladesh. Metade da população estudada foi assistida por voluntários treinados que ofereciam ajuda em momentos de necessidade, dialogando com órgãos administrativos locais para conseguir acesso a serviços públicos. A outra metade não tinha intermediários a quem recorrer. Após dois anos, os pesquisadores compararam os processos de tomada de decisões das pessoas que receberam ajuda com os daquelas que não receberam. Usando aquela mesma proposta (6 dólares agora ou 18 daqui a três meses), eles descobriram que as pessoas que receberam a intervenção da resiliência e, portanto, tinham níveis mais elevados de confiança na comunidade eram mais propensas a abrir mão do ganho a curto prazo para receber uma recompensa maior depois. Eles também conduziram uma pesquisa relacionada nos Estados Unidos e observaram que as pessoas que sentiam mais confiança na comunidade eram menos propensas a pegar empréstimos de crédito consignado.

> **TALVEZ SEJA ÚTIL**
> **Tranquilize um negacionista**
>
> É difícil eliminar o estresse, mas é importante reduzi-lo, especialmente nos estágios iniciais do funil da falácia, antes de as pessoas aderirem completamente a uma narrativa disparatada. Oferecer apoio a alguém em circunstâncias estressantes pode fazer uma grande diferença. Talvez seja impossível mitigar as causas do estresse, mas fazer a pessoa se sentir compreendida e apoiada é uma ótima forma de desacelerar a espiral da busca por respostas e controle. Uma abordagem específica de redução do estresse que testamos no meu laboratório na Universidade Duke foi fazer as pessoas sentirem que são inteligentes e bem-sucedidas. Minha equipe observou que, depois dessa tranquilização, as pessoas se mostraram menos propensas a acreditar em inverdades. Esse tipo de apoio as acalma ao mostrar que elas estão emocionalmente seguras, que não estão sendo atacadas e que não estão tendo um desempenho ruim. Isso acaba interrompendo a busca por um vilão, por um culpado ou por uma história mirabolante. Nossos experimentos foram presenciais, mas até a tranquilização on-line pode ter um papel mais positivo do que imaginávamos. Em geral, os seres humanos tendem a subestimar a importância do apoio emocional.
>
> Oferecer apoio e tranquilização pode parecer uma tarefa simples, mas não é nada fácil quando lidamos com um negacionista que expressa ideias preocupantes e diz coisas absurdas. E, quando também estamos sob estresse, ficamos tentados a cuidar primeiro das nossas necessidades, seguindo a lógica do "Coloque sua máscara de oxigênio primeiro". Só que, nesse caso, é um erro. Os estágios iniciais do estresse são o momento em que podemos causar mais impacto numa pessoa que está no processo de

> se perder em devaneios. É por isso que precisamos levar o estresse mais a sério tanto em nós mesmos quanto em nossos entes queridos. Depois que uma pessoa se aprofunda demais no funil da falácia e seus processos cognitivos e laços sociais reforçam sua narrativa deturpada, passa a ser bem mais difícil que ela nos escute.

Os efeitos desgastantes da desigualdade econômica

Se a coesão de uma comunidade é tão importante para a resiliência, que fatores podem contribuir para manter ou destruir essa coesão e desenvolver ou minar a resiliência? Jon Jachimowicz e seus colegas, incluindo vários dos pesquisadores que conduziram o estudo em Bangladesh, quiseram examinar uma força importante que talvez pudesse "desgastar a proteção da comunidade": a desigualdade econômica. Por que a desigualdade econômica teria esse efeito? Talvez porque, conforme ela aumenta, as pessoas podem se sentir menos conectadas à comunidade e mais sozinhas em sua luta por estabilidade financeira. A hipótese dos pesquisadores era que a desigualdade desgastaria a proteção da comunidade tanto em sociedades relativamente ricas quanto nas relativamente pobres, contanto que o nível de desigualdade dentro delas fosse alto. Ao estudar populações nos Estados Unidos, na Austrália e no interior de Uganda, eles observaram que níveis mais elevados de desigualdade econômica de fato diminuem a confiança na comunidade e aumentam a pressão financeira.

E níveis diferentes de riqueza? Os pesquisadores observaram que todas as sociedades, independentemente do seu nível de fartura, encontravam problemas sociais à medida que a desigualdade econômica aumentava; porém, como seria de esperar, os problemas diferiam de acordo com os níveis de riqueza. Os efeitos negativos da desigualdade nos habitantes de regiões com relativa prosperidade (e, sim, até bairros muito valorizados podem apresentar um alto nível de desigualdade econômica) não eram tão ruins porque essas pessoas tinham segurança e recursos suficientes para enfrentar por conta própria os altos e baixos da sua vida financeira. Para os habitantes de regiões com relativa pobreza e altos níveis de desigualdade de renda, o efeito de não poder contar com a própria comunidade era devastador.

As lições dessa pesquisa são bem diretas. Primeiro, deveria ficar claro que comunidades são um recurso importante que desenvolve resiliência. Segundo, muito já foi dito sobre os males da desigualdade econômica e da injustiça da distribuição de renda, mas, além dessas questões, a desigualdade econômica tem o efeito negativo direto de reduzir a sensação de pertencimento social, ao mesmo tempo que enfraquece a resiliência das pessoas. Por fim, os cidadãos com piores condições financeiras e sociais e que são mais propensos a precisar de ajuda também são os que mais sofrem em comunidades com grande desigualdade econômica.

O que aprendemos com as pesquisas sobre escassez?

Os fazendeiros com fluxo monetário prejudicado na Índia e os aldeãos com baixa renda em Bangladesh e no interior de Uganda podem parecer muito distantes da nossa realidade e dos nossos conhecidos que abraçaram o negacionismo. Mas podemos aproveitar várias informações importantes desses estudos para compreender como o estresse em geral afeta o funcionamento cognitivo humano e o processo de tomada de decisões, e como isso se aplica aos negacionistas. Em resumo: condições estressantes prejudicam a capacidade cognitiva, reduzindo a habilidade de pensar com clareza e de exercer controle executivo. O estresse também faz mal à habilidade de tomar decisões racionais visando a gratificações a longo prazo. Viver numa comunidade que transmite confiança é uma proteção contra o impacto nocivo da escassez. No entanto, níveis elevados de desigualdade econômica podem desgastar o senso de confiança social.

Reflita sobre como esses dados se aplicam às circunstâncias estressantes que enfrentamos durante a pandemia da covid-19. A pandemia é um estudo de caso interessante sobre o papel do estresse na nossa rotina, já que, ao contrário de um desastre natural ou de uma tragédia que afeta uma família ou comunidade específica, por exemplo, esse estresse afeta a todos. A ameaça do vírus foi uma questão comum que conectou operários de fábricas na China e a rainha da Inglaterra, atores famosos de Hollywood e professores de escolas primárias. Ninguém estava completamente imune à incerteza, à confusão e ao medo que acompanharam a crise. Não importava em que lugar do mundo estivéssemos, não importavam quais fossem nossas circunstâncias socioeconômicas, foram momentos extraordinariamente estressantes, mesmo que os níveis de estresse tenham variado dependendo da situação de cada um, é claro.

A pandemia também colocou em destaque a questão da confiança na comunidade. Algumas pessoas se sentiram protegidas pelo apoio oferecido por empregadores, amigos, vizinhos, parentes e até pelo governo. Outras se sentiram profundamente sozinhas, sem ninguém para ajudá-las. E a desigualdade econômica também foi uma grande ameaça para muitos. Como ouvi com frequência nos últimos anos, nem todos estamos no mesmo barco, apesar de navegarmos pelos mesmos mares turbulentos.

A bola de neve que é se sentir injustiçado

Durante a pandemia, houve quem olhasse ao redor e visse conhecidos em barcos melhores, então não é de surpreender que algumas pessoas tenham sentido os efeitos do estresse com mais intensidade. Mas repito: não se trata apenas de dinheiro. Em alguns casos, o barco do vizinho é mesmo maior e mais luxuoso. Só que também pode ser mais bem guarnecido, mais estável ou mais preparado para lidar com as condições do momento. Faz parte da natureza humana se comparar com os outros e, digamos, cobiçar o barco alheio. Só que, para algumas pessoas, essa comparação pode facilmente se transformar numa emoção mais corrosiva: a sensação de injustiça. Essas pessoas não apenas se sentem em desvantagem; elas também acreditam que foram, de alguma forma, destinadas a ter uma vida mais difícil, sujeita a mais dificuldades ou perseguições.

A sensação de injustiça predomina entre os negacionistas que conheci, e acredito que seja por isso que tantas teorias da conspiração demonizam as "elites". Quando você se convence de que está em desvantagem, isso significa que alguém está se dando bem às suas custas. Enquanto você sofre uma dificuldade imensa, outra pessoa está escapando ilesa. Se você não tem controle sobre a situação, esse controle deve estar nas mãos de alguém. As "elites" vagas e misteriosas são um foco conveniente para todos esses ressentimentos. Afinal, quem mais teria o poder de tornar nossa vida um inferno? Trata-se de um grupo distante e pouco palpável. (Quantas pessoas da elite de fato conhecemos? De que se alimentam? Como se relacionam?) Ao mesmo tempo, é um grupo que todo mundo conhece (conhecemos alguns integrantes pelo nome ou por foto e sabemos alguns detalhes sobre sua vida e carreira). Juntos, todos esses fatores tornam as "elites" um alvo muito adequado para teorias da conspiração.

É claro que, se você passar algum tempo com essas supostas elites, talvez logo descubra o principal motivo de elas não controlarem o mundo: elas não são muito talentosas para organizar qualquer coisa. Tive a honra questionável de participar do Fórum Econômico Mundial em Davos algumas vezes. O evento é um bastião da elite e alvo de várias teorias da conspiração. Aposto que para muita gente isso confirmou minha identidade de vilão. O que descobri nessas reuniões é que esse pessoal não consegue nem organizar uma conferência com assuntos interessantes, que dirá orquestrar uma conspiração abrangente e complexa para enganar e manipular bilhões de pessoas. Um ponto em que concordo completamente com os negacionistas é que observar festas extravagantes do lado de fora faz qualquer um se sentir injustiçado.

Quando penso sobre injustiça, me vem à mente uma história maravilhosa que li nos livros da série "O Mochileiro das Galáxias", de Douglas Adams. Rob McKenna é um caminhoneiro que nunca consegue fugir da chuva. Não importa aonde ele vá, chove todo santo dia. Ele mantém registros do seu azar num diário. A chuva incessante que o segue faz dele um sujeito ranzinza e triste. Ele se sente extremamente injustiçado – atacado pelas nuvens que o perseguem pela vida. E não percebe que é, na verdade, um Deus da Chuva. As nuvens o amam e só querem ficar perto dele, molhando-o o tempo todo. Ele recebe, sim, um tratamento diferenciado, mas por amor, não por maldade. Com o tempo, ele se dá conta de que está controlando a chuva e tira proveito de seus poderes divinos, cobrando para remover as nuvens de paisagens turísticas e eventos importantes e fazendo disso uma carreira lucrativa.

Mas, voltando ao assunto, vejamos novamente o caso de Jenny, a mãe solo que sucumbiu ao negacionismo. Jenny se sentia assolada pelas nuvens carregadas de azar. Ela se sentia injustiçada por ter que passar pelo estresse financeiro da vida de freelancer e pela humilhação que o filho sofrera na escola. Juntos, esses fatores fizeram com que ela buscasse alívio para a incerteza e a confusão que sentia.

Imagine-se em meio a um estresse imprevisível e incontrolável. Você se sente exausto, arrasado, indefeso – como um daqueles pobres cachorros do experimento. Sem conseguir melhorar de vida, você perde a energia e a motivação. É uma sensação terrível. E tem mais! Imagine também que, no meio disso tudo, você comece a sentir que está sendo passado para trás. O problema é pessoal! É assim que alguém como Jenny se sente quando começa a cair pelo abismo.

No caso dela, tudo começou com o estresse geral da pandemia, que se agravou pelas dificuldades financeiras e pelo perrengue de ter que trabalhar com o filho em casa. Somou-se a isso o tratamento injusto e humilhante que Mike recebera da professora. Tudo isso fez Jenny chegar ao seu limite e iniciar sua busca por respostas. E encontrou na internet um vídeo atrás de outro explicando que seu estresse era resultado de um plano diabólico e proposital. Não existia vírus algum. Era tudo uma farsa com a intenção de amansar e controlar a sociedade. As máscaras tinham sido projetadas para bloquear o fluxo de oxigênio para o cérebro e fazer com que as pessoas se tornassem obedientes. Era *por isso* que ela se sentia tão confusa e letárgica. Ah, esses coitados que se deixam controlar como um rebanho e não enxergam o que está acontecendo no mundo! A vacina logo estaria disponível e então todas as pessoas com empregos seguros, casas grandes e redes de apoio seriam pastoreadas até clínicas de vacinação e teriam microchips implantados para rastrear todos os seus movimentos. Quanto mais ela lia e assistia àqueles vídeos, mais se sentia traída – pelo sistema, pelo governo, pela escola e até por mim, alguém cujas ideias ela antes respeitava.

> **TALVEZ SEJA ÚTIL**
>
> **Evite o embate**
>
> Escute e ofereça apoio; não discuta. Quando uma pessoa nos procura com uma enxurrada de lamentações e histórias sobre quem tem culpa de quê, pode parecer que ela está propondo um debate e pedindo nossa opinião. Como ela parece estar em busca da verdade, achamos que talvez seja útil apresentar contra-argumentos. Só que as pessoas precisam se sentir ouvidas, vistas, validadas e compreendidas para que a discussão leve a al-

gum lugar. A primeira coisa que precisamos entender é que o problema real não são os fatos, as alegações e as histórias; o verdadeiro problema é emocional. Podemos ter empatia mesmo discordando de alguém. Validar a dor do outro, sem tentar corrigi-lo, faz uma diferença e tanto. E isso pode abrir as portas para um debate saudável no futuro.

Esses princípios foram testados por Joshua Kalla e David Broockman numa abordagem chamada *prospecção profunda*. Trata-se de começar com perguntas sensíveis, ouvir as respostas com interesse genuíno e então prosseguir com a conversa fazendo novos questionamentos associados a essas respostas. Por que essa abordagem tem mais chances de funcionar? Porque, na abordagem argumentativa padrão, tendemos a começar contra-argumentando (pelo menos na nossa cabeça, mas às vezes em voz alta também) antes de a outra pessoa conseguir concluir seu raciocínio. Obviamente, não é a melhor forma de ter um debate produtivo sobre algo.

A essência da "mente fechada" é nossa necessidade quase universal de estarmos certos e, consequentemente, de fazermos parte de um grupo que está com a razão. À menor sugestão de que estejamos errados, sentimos nossa identidade sob ameaça e nos esforçamos para proteger algo valioso: a crença de que estamos certos.

A prospecção profunda ajuda a quebrar esse ciclo, porque começa pelo interesse genuíno em compreender o outro. Quando uma interação é iniciada assim, mecanismos de defesa são inativados e os dois lados podem se tornar um pouco mais receptivos (e digo "um pouco" porque não estamos falando de mágica).

Almoço com uma negacionista

Em meados de 2020, pouco depois de ouvir as narrativas e acusações de Jenny, conheci outra negacionista, Eve, cuja história é um exemplo ainda mais elucidativo do que acontece quando o estresse intenso e imprevisível encontra a sensação de injustiça. Eu tinha conhecido Eve dois anos antes, quando ela trabalhava como voluntária numa startup sem fins lucrativos. Ela havia entrado em contato comigo em busca de conselhos para promover seu projeto. Na época, a gente se encontrou numa cafeteria, tentei ajudá-la o máximo que pude e nos despedimos de forma amigável. Quando as fake news sobre mim começaram a se espalhar, ela me ligou e foi direto ao ponto, listando a agora familiar ladainha de falsas acusações nas quais parecia acreditar por completo. Ela não estava disposta a realmente ouvir o meu lado da história, então a conversa não foi muito longe. Depois de um tempo, frustrada, ela declarou:

– Preciso entender isso direito. A gente tem que se encontrar pessoalmente.

Ainda estávamos no começo da pandemia e marcar encontros naquele momento era algo extremamente arriscado. Mas aceitei, sob a condição de que ficaríamos ao ar livre. Até pedi almoço para a gente. Ela chegou atrasada e voltou a declamar a mesma série de acusações. Expliquei, de novo, que nada daquilo era verdade.

– Meus amigos disseram que eu não devia vir falar com você – declarou ela.

– Por quê?

– Porque você iria me enfeitiçar.

Dava para entender a lógica. Se ela saísse da conversa convencida de que eu era o vilão da história, ótimo. Ela teria conseguido escapar dos meus poderes maléficos! Mas, se saísse pensando diferente, era porque tinha sido enfeitiçada. Não importava que rumos nossa conversa tomasse, eu seria o vilão.

Não demorou muito para que eu desistisse de tentar me explicar. Numa tentativa de aproveitar melhor aquele tempo, mudei de assunto e comecei a fazer perguntas a ela. Eu estava curioso de verdade. Apenas dois anos antes, Eve era uma ativista confiante e articulada, comprometida com uma boa causa. Agora parecia temerosa, paranoica, derrotada pela vida. O que havia acontecido desde nosso encontro na cafeteria? A transformação que eu via ia muito além do estresse e do cansaço gerais induzidos pela pandemia em todo mundo.

Aos poucos, Eve começou a me contar sua história. Ela era professora de artes, mas, ao contrário da maioria dos colegas, não fazia parte do sindicato. Fazia mais de uma década que ela dava aula na mesma escola e se dedicava aos alunos, mas sua situação não era tão estável quanto a dos professores sindicalizados. Isso nunca havia sido um problema antes da pandemia. Só que, ao contrário dos outros professores de artes, Eve perdeu o emprego. Depois disso, as coisas só pioraram. Sem um salário mensal, ela não conseguia bancar o aluguel e perdeu o apartamento.

– Estou morando no meu carro! – disse ela. – No meu carro!

Ela repetia a frase sem parar, como se não conseguisse acreditar nas próprias palavras. Eu também não conseguia. Era intensa sua sensação de ter sido injustamente perseguida – selecionada a dedo para ser prejudicada e humilhada.

Uma hora depois, quando Eve se levantou para ir embora, perguntei:

– Você mudou de ideia sobre mim de alguma forma?

– Não sei – respondeu ela.

Então entrou no carro e foi embora. O interessante é que a história não acabou por aí. Alguns meses depois, ela me escreveu do nada pedindo que eu contribuísse para uma vaquinha para pagar suas despesas médicas. Respondi explicando educadamente que eu já tinha ultrapassado meu orçamento para contribuições de caridade naquele ano. Ela ficou indignada e sua resposta foi ofensiva e cheia dos indícios venenosos de quem se sente injustiçado. Disse que agora estava convencida de que eu era mau e que tudo que as pessoas falavam sobre mim era verdade.

A necessidade de alívio

Eve, assim como Jenny, era impulsionada por várias forças emocionais: estresse geral, estresse imprevisível, falta de resiliência, desamparo, sensação de injustiça. Nada disso é específico do nosso tempo ou da vida dessas duas mulheres, mas é fácil enxergar como todos esses elementos se intensificaram durante a pandemia da covid-19 e como algumas pessoas foram afetadas de modo bem mais dramático do que outras.

Quando não conseguimos dominar ou combater o estresse, quando nos sentimos impotentes diante de outros eventos ou pessoas, somos impulsionados a buscar outras formas de alívio emocional. E como podemos reduzir o desconforto do descontrole de maneira relativamente simples? Encontrando explicações para o caos e alguém para levar a culpa. Não importa se as explicações são corretas ou mesmo verdadeiras. Só precisamos que elas ofereçam certo grau de conforto. No próximo capítulo vamos entender melhor o que acontece quando alguém começa sua busca por alívio.

4

A BUSCA POR UM VILÃO COMO FORMA DE RECUPERAR O CONTROLE

O ódio tem seus prazeres. Portanto, ele é frequentemente o pagamento com que um homem assustado se recompensa pelas penúrias do Medo. Quanto mais ele teme, mais odeia.

– C. S. LEWIS, *Cartas de um diabo a seu aprendiz*

A humanidade sempre adorou vilões. Sem eles, todas as nossas narrativas seriam chatíssimas, desde as antigas sagas heroicas até os filmes de ação da atualidade. Um bom vilão nos ajuda a refletir sobre limites morais óbvios, gera drama e tensão e oferece uma conclusão satisfatória quando o mal é derrotado. E nem sempre é fictício. A História está recheada de verdadeiras personificações do mal, só que hoje em dia deparamos com uma tendência problemática. A linguagem que antes era reservada para personalidades realmente repulsivas – como Adolf Hitler – agora pode ser direcionada a qualquer opositor. Basta um tempinho nas redes sociais para que encontremos um monte de gente sendo chamada de nazista, fascista, genocida e assim por diante. Dizer que uma pessoa tem uma opinião diferente já não basta; agora precisamos transformá-la em vilã. Hillary Clinton não pode ser apenas uma progressista articulada e feminista de quem alguns discordam; ela precisa ser uma pedófila macabra que mata bebês. Donald Trump não pode ser apenas um líder populista ambicioso e polêmico de quem alguns discordam; ele precisa ser um agente secreto russo fascista que deseja destruir a democracia e instaurar a lei marcial. E os candidatos à presidência não são os únicos que passaram a ser demonizados; pessoas normais que encontramos ao vivo e na internet também.

Senti isso na pele quando de repente me transformei no diabo. Certa manhã especialmente inesquecível, acordei com dezenas de notificações nas redes sociais. Na época, eu estava tentando fugir do assunto, mas era impossível ignorar aquela quantidade de mensagens. Algo envolvendo meu nome estava acontecendo e, apesar de saber que eu só me sentiria pior ao descobrir o que era, senti a necessidade de olhar. A publicação em que tinham me marcado começava com o seguinte parágrafo repulsivo:

Se um boi levado para o abate observa seus irmãos sendo massacrados bem diante dos seus olhos, sente o cheiro do sangue deles e detecta a morte no ar, ele explode de raiva e luta pela própria vida até o último segundo. Mas, no setor agrícola, existem especialistas em psicologia animal que sabem como levar esse boi até a morte de maneira pacífica e sem estardalhaço. O ideal é que o boi não perceba que está prestes a ser morto, a não ser nos segundos derradeiros, quando está completamente neutralizado, pendurado de cabeça para baixo, com a faca do carniceiro brilhando à sua frente. A consciência humana é condicionada de um jeito parecido. O objetivo é guiar as pessoas até o destino final sem que elas percebam, achando que agem por vontade própria, um passo de cada vez.

O sujeito que publicou o texto se chama Jon. Após descrever a sina do boi desafortunado, ele se lançou numa explicação detalhada sobre como os nazistas usavam os mesmos truques de "condicionamento da consciência" para enviar milhões de judeus, romanis, pessoas não hétero e com deficiências para a morte durante o Holocausto. E então chegou a minha vez. (Porque, claro, existe uma conexão entre abatedouros, câmaras de gás e o Professor Ariely.)

Segundo Jon, assim como exterminadores de animais e humanos, eu era o líder da "operação de condicionamento da consciência" que destruiria populações inocentes. Ele me acusava especificamente de obrigar as pessoas a usar máscaras para convencê-las da "falsa epidemia"; de impedir netos de visitar os avós para isolá-los e coagi-los a tomar vacina; e de classificar críticos da vacina como teóricos da conspiração para desacreditar sua luta contra o "sistema predatório". Ele também declarava que eu usava minha meia barba para que as pessoas me vissem como vítima e não enxergassem minhas verdadeiras intenções maléficas. Na conclusão, ele pedia que eu fosse a julgamento para que se examinasse "a questão real", ou seja, "se a prisão perpétua com trabalhos forçados seria adequada aos crimes de Ariely ou se a pena de morte seria mais justa".

A publicação recebeu mais de mil comentários e curtidas. Alguns leitores até declararam que a morte não era castigo suficiente para criminosos como eu. Éramos piores que nazistas, segundo eles. Eu e meus companheiros Illuminati deveríamos ser trancados num zoológico e humilhados em praça pública. Eu era descrito como "monstruoso" e comparado ao diabo e ao vilão bíblico Hamã.

Compartilho essa história não para mostrar a hostilidade que sofri. Meu objetivo é mostrar que esse tipo de coisa se tornou comum. É um ótimo exemplo da causticidade que se tornou normal nesse tipo de discurso, direcionado a qualquer pessoa escolhida como vilã.

Eu deparava com isso quase diariamente e comecei a me perguntar por quê. Como tínhamos chegado àquele ponto absurdo? O que levava aquelas pessoas a acreditar que o mundo era comandado por agentes malignos? Passei a entender, como debatemos no capítulo anterior, que o estresse acumulado e imprevisível levava algumas pessoas a extremos. Entendi que a sensação de ser injustiçado e castigado criava uma desconfiança mais profunda e desgastava laços sociais. Reconheci a necessidade desesperada de respostas e a ânsia por controle que empurravam aquelas pessoas funil abaixo. Eu ainda não entendia exatamente o que elas encontravam lá. Reconheci os desafios e necessidades emocionais que levavam ao negacionismo, mas quais eram as recompensas? Que alívio emocional aquelas pessoas encontravam em narrativas tão macabras, cheias de intenções malignas e planos secretos? Por que não se cansavam daquilo? E por que algumas se atolavam em emoções tóxicas como ódio e agressão contra gente que nem conheciam? Essas são as perguntas que vamos encarar agora.

Na minha opinião, não faz parte da natureza humana acreditar que o mundo é controlado pelo mal. A maioria das pessoas acredita num poder positivo. Algumas creem num Deus benevolente; outras, em carma ou num universo amoroso. E, mesmo quando há um demônio no meio de tudo, a força dominante permanece sendo benévola. Em termos psicológicos, faz todo o sentido acreditar que o mundo é governado por forças positivas. Acordar de manhã e acreditar que somos comandados por forças que zelam pelo nosso bem é uma perspectiva reconfortante e útil. Quando algo dá errado, quem acredita em Deus/carma/universo amoroso tem menos motivos para ficar estressado, porque, afinal de contas, um poder positivo está no comando de tudo. E, de fato, muitas pesquisas associam religiosidade a bem-estar.

Só que as pessoas que encontrei na internet pareciam só enxergar maldade ao seu redor e acreditavam nisso com um fervor religioso. As tramoias projetadas para perpetuar o mal nunca são simples. São tramas intricadas e costumam envolver alguém que deseja controlar ou destruir algo com a ajuda de uma tecnologia que parece benigna, mas não é. O interessante é que não encontramos muita gente nas redes sociais falando sobre um plano secreto para melhorar o mundo, combater a pobreza e as doenças e salvar milhões de vidas. Não, os planos sempre envolvem algo como crimes contra a humanidade, abuso infantil, controle de ações e pensamentos, e enriquecimento de vilões.

Pensei muito sobre isso e cheguei à conclusão de que encontrar vilões não é a principal intenção das pessoas, assim como elas não saem procurando conspirações maléficas. Na verdade, acredito que a busca por vilões é um triste efeito colateral da maneira como nosso sistema psicológico lida com o estresse e o medo. Quando se trata das complexas necessidades emocionais e psicológicas que levam às pessoas ao negacionismo, passei a entender que essas necessidades são parcial e temporariamente saciadas pela ideia de pessoas malvadas habitando um universo de moralidade simplista. No estado de privação em que se encontram, os negacionistas buscam alívio na figura de um vilão que deve levar a culpa por tudo. E, apesar de a narrativa criada ser complexa, ela faz com que o mundo pareça simples, dividido entre o bem e o mal. Encontrar um vilão é como coçar uma picada de mosquito: oferece apenas um alívio temporário. E, a longo prazo, piora a situação – piora muito.

Vou explicar melhor meu raciocínio usando como metáfora outro mecanismo psicológico de enfrentamento: o transtorno obsessivo-compulsivo (TOC).

O TOC e o funil da falácia

Imagine uma jovem – vamos chamá-la de Amy – que sofreu bullying na infância por estar acima do peso. Como resultado, ela desenvolveu preocupações com a aparência – preocupações que continuaram com ela por toda a vida adulta. Com o passar dos anos, os pensamentos negativos se tornaram mais frequentes e repetitivos, até se tornarem obsessivos. Ela não consegue parar de pensar na própria aparência, especialmente antes de sair de casa. Ao tentar lidar com esses pensamentos obsessivos, ela desenvolveu o hábito de se olhar no espelho antes de sair, tocando o cabelo e lavando as mãos para se certificar de que está pronta. Esses comportamentos não solucionam a preocupação com a aparência, mas oferecem uma sensação de controle e, em certo grau, ajudam a acalmá-la. Com o tempo, eles se tornam rotineiros e mais compulsivos, até ela começar a depender deles para sair. É mais ou menos assim que o TOC funciona.*

Agora, vamos pegar a estrutura geral do TOC – a presença de pensamentos obsessivos e comportamentos compulsivos para torná-los mais suportáveis – e pensar em quanto isso se assemelha ao alívio que os negacionistas buscam. Assim como Amy sente certo conforto ao lavar as mãos, os negacionistas também sentem conforto ao culpar alguém pelas coisas ruins que acontecem em suas vidas. A crença de que são capazes de entender os eventos oferece uma sensação de controle, pelo menos por um tempo.

É claro que essa não é uma analogia perfeita, porque há diferenças significativas entre lavar as mãos e culpar alguém por tudo que existe de errado no mundo. Só que até as diferenças podem nos ajudar a entender melhor as necessidades profundas que os negacionistas tentam suprir ao buscar um vilão e por que esse esforço está fadado a levá-los pelo funil da falácia.

Lavar as mãos é uma atividade que não muda de um dia para outro, ao contrário da busca por vilões na internet. Sempre que os buscamos, encontramos novos vídeos, novas informações, novas conexões e novas descobertas que nos enredam cada vez mais.

---

* Em nossa sociedade competitiva, há quem alegue ter "um pouco de TOC" e até sinta orgulho desse autodiagnóstico, mas a realidade é que o TOC não é um dom, e sim uma condição séria e potencialmente devastadora.

Comparemos Amy com um rapaz chamado Tom. Tom não está estressado nem preocupado com o próprio peso; ele está estressado e preocupado com o que anda acontecendo no mundo. Ele se preocupa especificamente com as mudanças climáticas. Conhece pessoas que ficaram desabrigadas por causa de incêndios florestais e furacões. O noticiário o assusta. A ciência o confunde. Seus pensamentos se tornam obsessivos. Ele sente uma necessidade desesperada de encontrar respostas para o que está acontecendo, então é claro que recorre à internet. É importante observar aqui que um comportamento como lavar as mãos não funcionaria para Tom. Ele está atrás de uma explicação, e, como é uma explicação sobre coisas muito ruins, qualquer narrativa que envolva um Deus benevolente não bastará. Não mesmo. Tom quer encontrar um mecanismo do mal – algo diabólico que explique e, de preferência, leve a culpa pelo caos.

Tom encontra um vídeo que explica que as mudanças climáticas não têm ligação alguma com a queima de combustíveis fósseis; elas são o resultado de experimentos secretos de geoengenharia conduzidos pelo governo. Ele fica chocado, mas também um pouco mais calmo, porque agora sente que compreende melhor o problema. O mundo faz mais um pouquinho de sentido e isso o reconforta (assim como Amy se sentiu reconfortada na primeira vez que lavou as mãos antes de sair de casa). Só que essa calma não elimina o estresse e a preocupação de Tom (assim como não eliminou os de Amy), e não demora muito até que ele precise de outra dose do mesmo remédio (de novo, como Amy). Ele volta para a internet, mas agora suas buscas o levam por um caminho um pouco diferente, e ele acaba descobrindo algo chamado Programa de Investigação de Aurora Ativa de Alta Frequência (HAARP, na sigla em inglês). O programa existe de verdade. Ele encontra imagens no Google Earth de uma antiga instalação de pesquisa militar no Alasca. Descobre que o HAARP é capaz de iniciar furacões, terremotos e enchentes ao vibrar partículas de metal na atmosfera, e que a história que escutamos sobre as mudanças climáticas na verdade é uma farsa orquestrada para encobrir os impactos fatais do programa. Tudo começa a fazer sentido! Então ele lê que aviões estão espalhando elementos químicos e metais nocivos na atmosfera para serem "agitados" pelo HAARP com ondas de rádio, alterando o clima. Ele encontra uma publicação feita por alguém cujo irmão trabalha na Força Aérea e que confirma tudo que leu. Quando está na rua, passa a notar os jatos que voam no céu deixando rastros brancos no ar. Passa as noites pesquisando e descobre que existe um motivo por trás disso tudo: um plano para destruir os recursos da Terra de tal modo que os governos possam usar o clima como uma arma de destruição em massa na nova Guerra Fria e controlar melhor a própria população.

O mecanismo de enfrentamento de Tom – a compulsão por buscar informações na internet – é bem diferente do de Amy, que é lavar as mãos. Ao contrário da higienização, a pesquisa virtual é sempre diferente: ela mergulha Tom cada vez mais fundo num mundo complexo de complôs e vilões, criando uma realidade alternativa. Quanto mais fundo ele mergulha, mais sua visão sobre tudo se transforma. Tom está descendo pelo funil da falácia.

Outra diferença importante entre o TOC e o negacionismo é que, apesar de a compulsão poder se tornar debilitante e nociva, lavar as mãos é uma atividade neutra que não cria problemas a longo prazo nem muda a pessoa. Já o negacionismo pode tornar uma pessoa pior em seu âmago, ainda mais quando as crenças giram em torno de personagens desprezíveis que desejam controlar o mundo, destruir a humanidade e controlar todos os aspectos da nossa vida.

Esses dois elementos – a natureza eternamente mutável do material disponível (ainda mais na internet) e o inevitável encontro de uma explicação malévola – são características importantes que diferenciam o funil da falácia do TOC, mas que também fazem com que o funil seja psicologicamente prejudicial e muito difícil de escapar.

É óbvio que encontrar uma explicação que coloque a culpa num vilão imaginário não é solução para nada. Isso não resolve as mudanças climáticas, o desemprego, a confusão, o medo, a ansiedade, a negligência social e assim por diante. Mas pode oferecer alívio a curto prazo. Uma sensação de esclarecimento e controle faz com que a pessoa se sinta melhor por um tempo. Se, em meio às preocupações, você pedisse a Tom para avaliar o próprio estado de espírito, talvez ele dissesse "nota 5". Após assistir aos primeiros vídeos, talvez dissesse "nota 6". Já melhorou! No começo, Tom sente um conforto psicológico quando encontra um vilão para culpar. Que alívio sentir que ele entende o que está acontecendo e que, mais importante, nada é culpa dele... Tudo é consequência dos erros de outra pessoa. Só que, à medida que ele vai remoendo as novas ideias e sua visão de mundo vai se tornando mais sombria, seu bem-estar diminui até ficar mais baixo do que era no começo – digamos que nota 4. Então ele se pergunta: o que me faria me sentir melhor? E se lembra do que o ajudou da última vez. Ele retorna à internet e encontra novos vídeos. Volta a se sentir melhor por um tempo. Só que, a longo prazo, Tom se sentirá cada vez pior. Conforme ele vai mergulhando no poço sem fundo de ódio e pensamento obsessivo, a atividade que lhe oferecia alívio a curto prazo muda seu conjunto de crenças, *aumentando* sua preocupação aos poucos até deixá-lo obcecado com os medos e ansiedades que tentava aliviar no início de tudo (como ilustrado na Figura 3). Esse padrão de alívio imediato e deterioração a longo prazo é uma das coisas que tornam o funil da falácia tão sedutor e destrutivo.

Figura 3. As consequências involuntárias de se buscar um vilão

Sempre que uma pessoa em situação de estresse assiste a um vídeo e encontra um vilão em quem colocar a culpa, ela sente um alívio imediato que piora sua situação a longo prazo. É um processo que mina seu bem-estar com o passar do tempo.

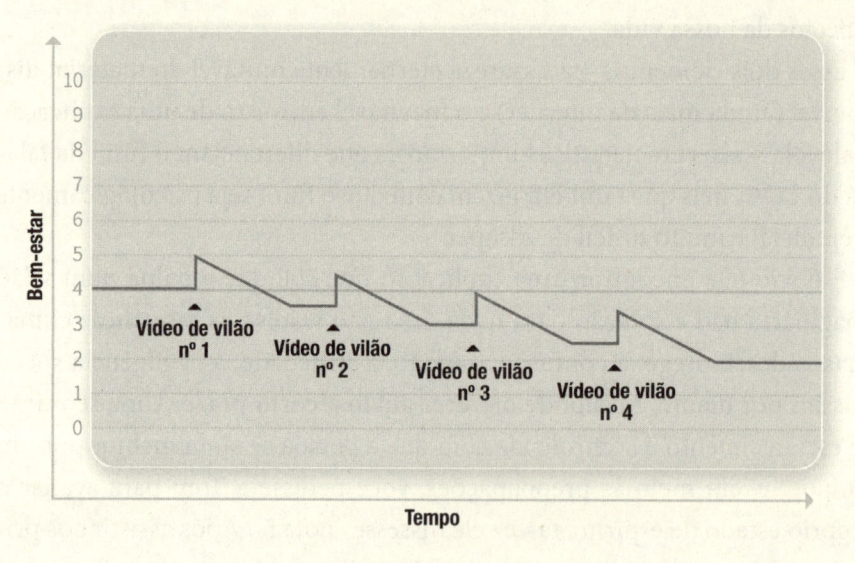

A dor intencional dói mais

Vamos dar uma olhada no que acontece quando alguém como Tom encontra um vilão a quem culpar e por que isso inicia um ciclo destrutivo.

Como já sabemos, Tom fica inicialmente aliviado ao encontrar uma sensação de controle; agora ele sabe por que está tão estressado e ansioso. Não se trata apenas do caos aleatório, mas de uma pessoa ruim. A corrosiva sensação de injustiça que observamos nas histórias de Jenny e Eve no capítulo anterior tem um responsável. Em outras palavras, *alguém* está causando o problema. Existe intencionalidade por trás do estresse de Tom. Essa intencionalidade torna ainda mais breve o alívio que ele sente ao encontrar um vilão, o que acaba aumentando seu estresse. Um belo estudo sobre a importância da intencionalidade e sua relação com o estresse foi conduzido por Kurt Gray e Daniel Wegner. Eles queriam descobrir se uma experiência ruim é ainda mais incômoda quando acreditamos que estamos sendo submetidos a ela de propósito.

> **TALVEZ SEJA ÚTIL**
> **Aprenda a apreciar a ambiguidade**
>
> A ambiguidade é uma sensação desconfortável para muita gente. É por isso que logo tendemos a atribuí-la erroneamente, concluindo que algo deve estar errado. Só que, na verdade, a ambiguidade pode ser um estado produtivo, talvez até positivo. Quando conduzimos pesquisas, tentamos incentivar a nós mesmos, nossos alunos e nossos colegas a apreciar um estado de ambiguidade. A lógica é que, quando não sabemos a resposta, podemos deparar com um conhecimento verdadeiro, então é melhor ir devagar, pensar com cuidado e aproveitar o processo de tentar descobrir o que está acontecendo. Infelizmente, esse apreço pela incerteza não é comum. Em geral, queremos respostas rápidas e claras, ainda mais quando estamos estressados. Isso contribui para que algumas pessoas caiam no negacionismo. A habilidade de não tirar conclusões precipitadas, de cogitar várias hipóteses e de permanecer aberto a novas informações e possibilidades é fundamental para não sermos sugados pelo funil da falácia. Tendemos a admirar e procurar convicção e confiança, mas seria melhor aprendermos a admirar e apreciar um estado de incerteza.
>
> O apreço pela ambiguidade parece, à primeira vista, contra a natureza humana. Afinal, todos desejamos ter certezas, não é mesmo? E qualquer pingo de hesitação significa que há algo errado. Apesar de o gosto pela

> ambiguidade não ser necessariamente natural, ele pode ser aprendido, como outras coisas boas da vida. Pense por um instante em algo que você detestava no início, mas acabou gostando depois de um tempo. Talvez tenha sido café, cerveja, jazz experimental ou comida amarga. Se podemos adquirir gosto por essas coisas, por que não podemos desenvolver gosto pela ambiguidade e aceitá-la por inteiro? Tenho a impressão de que não apenas isso é possível como é mais fácil do que passar a gostar de molhos de pimenta (que, inclusive, estimulam receptores de dor, e aprendemos a gostar deles mesmo assim). Depois que você começar a gostar da ambiguidade, talvez descubra que ela torna a vida mais interessante.

O experimento funcionou como descrevo. Imagine que você é um estudante universitário e se inscreveu para participar desse estudo. Quando chega, você é apresentado a outra participante – vamos chamá-la de Laura – e vocês dois são instruídos a sentar em salas adjacentes. Na sua sala, há uma tela de computador que descreve duas tarefas potenciais. Uma delas envolve algo que os pesquisadores chamam de **avaliação de desconforto**, que significa tomar choques elétricos e avaliar quanto são dolorosos. A outra não causa dor alguma; requer apenas escutar dois sons e identificar qual é mais agudo. Você é informado de que participará de uma dessas duas tarefas. No entanto, não pode escolher qual. A decisão será tomada por Laura, que está sentada na sala ao lado e também encontra as duas tarefas na tela do computador.

Após um instante, o resultado da decisão de Laura é destacado na tela. Ela resolveu que você vai levar os choques. Você se irrita um pouco e começa a temer a dor que está por vir. Por que Laura não escolheu a outra tarefa? O que ela tem contra você? Vocês nem se conhecem. Contrariado, você começa a sentir os choques e avaliar seu nível de desconforto.

Agora imagine a mesma configuração básica, mas com uma diferença fundamental: quando os pesquisadores explicam como o experimento funciona, eles também contam que, sem Laura saber, o mapeamento dos botões das tarefas foi revertido. Em outras palavras, seja qual for a tarefa que Laura selecionar para você, você receberá a tarefa oposta. Quando a escolha é feita, a tarefa do choque elétrico é acionada. Você se irrita, mas entende que não foi a intenção de Laura. Na verdade, ela achou que estava selecionando para você a opção indolor. A dor dos choques começa. O choque incomoda. Dessa vez, você também avalia seu nível de desconforto. Mas aqui vai a pergunta: existe alguma diferença na intensidade dos choques que você sente nas duas situações? Em outras palavras, o mesmo choque dói menos se você souber que ele não foi proposital?

No fim das contas, a resposta é sim. A intencionalidade faz diferença e o choque é sentido de outra forma. Apesar de a intensidade física da dor nos dois casos ser exatamente a mesma, os participantes que achavam que sua dupla os sujeitara ao choque propositalmente declararam que seu desconforto era mais forte do que aqueles que acreditavam que a dor era infligida sem querer. Sofrer é uma mistura de condições externas e interpretação.

Além disso, o experimento observou que as pessoas que sofriam a dor não intencional afirmavam que ela se tornava mais fraca ao longo do tempo. Isto é, essas pessoas se acostumaram à dor, como é comum acontecer com repetições de todos os tipos. E a dor intencional? Sua intensidade permaneceu a mesma ao longo do experimento. Essa adaptação seletiva (a adaptação à dor sem premeditação, mas não à dor proposital) sugere que, apesar de podermos nos acostumar a muitas coisas na vida, a malícia por trás da dor intencional faz com que seja impossível ignorá-la e pensar em outra coisa. Ela simplesmente permanece incomodando do mesmo jeito.

O ideal é que ninguém esteja sentado no cômodo ao lado, nos sujeitando a choques elétricos por pura maldade. Porém é fácil encontrar exemplos na nossa vida em que a intencionalidade piora uma experiência dolorosa. Acredito que isso aconteceu com muitas pessoas durante a pandemia da covid-19. Assim como Tom, elas ficaram estressadas e ansiosas, entraram na internet em busca de respostas e suas descobertas as convenceram de que pessoas malvadas estavam por trás do vírus e das regulações que o acompanhavam. Já é ruim passar por um estresse contínuo e imprevisível; passar por isso porque alguém tem más intenções é pior ainda. Ao contrário dos participantes no experimento da dor intencional, que tiveram que sofrer os choques por apenas breves momentos, aqueles de nós que sofreram com o estresse de eventos associados à covid-19 (ou seja, todos nós em certo grau) encararam estresse crônico por quase três anos. Então, quando algumas pessoas concluíram que seu sofrimento era intencional e, como resultado, o sentiram com ainda mais intensidade, o que elas fizeram? O mesmo que já as tranquilizara antes: procuraram por respostas, por vilões, por planos malévolos. E, sempre que os encontravam, se aprofundavam mais no funil.

Depois que um vilão é apontado, é fácil culpá-lo o tempo todo por qualquer nova fonte de sofrimento. Quando estamos convencidos de que alguém tem más intenções, não sentimos necessidade de nos questionarmos sempre que colocamos um novo crime na sua conta. É o oposto: apontamos o dedo sem hesitar. Quando Tom lê sobre outro evento climático adverso que o assusta ou quando depara com estatísticas sobre o aumento da temperatura na Terra, é fácil para ele colocar a culpa no HAARP ou no governo ganancioso. E, se você se acha diferente, pare e pense num político que detesta. Vou usar Donald Trump para esse exemplo, já que uma boa parte da população americana provavelmente pensaria nele, mas você pode substituir o nome dele por outro se isso for mais adequado ao seu posicionamento político ou à realidade do seu país. Pergunte a si mesmo: se eu escutasse uma história ou lesse uma manchete que diz que Donald Trump está tendo um caso com uma prostituta russa ou fazendo acordos secretos com Putin, qual seria minha primeira reação? Muitas pessoas, se forem sinceras, admitirão que vão acreditar nas histórias sem verificá-las por conta própria. Por quê? Porque muita gente já resolveu que Trump é um vilão. E todos nós – seja lá onde estivermos no espectro político – adoramos ter vilões para culpar.

TALVEZ SEJA ÚTIL
Não parta do princípio de que existe malícia

Quando coisas ruins acontecem com a gente e pensamos que elas são feitas intencionalmente, sofremos ainda mais. Sempre tento seguir uma versão um pouco modificada de um princípio conhecido como navalha de Hanlon. A navalha de Hanlon original declara: "Nunca atribua malícia ao que pode ser adequadamente justificado por burrice." Burrice, no entanto, é um termo cruel, e acredito que a intenção original da frase não seja se referir mesmo à burrice, mas à irracionalidade e à falibilidade humanas. Aqui vai a minha versão um pouco modificada: "Nunca atribua malícia ao

> que pode ser adequadamente justificado pela falibilidade humana." Isso sugere que, quando coisas ruins acontecem conosco e com as pessoas que amamos, devemos analisar e vasculhar os motivos por trás dos eventos e buscar explicações que não envolvam intencionalidade ou malícia, mas que girem em torno de erros, falta de consideração, impulsividade, emoções ou toda uma série de outras peculiaridades humanas.
>
> Acreditar nessa versão da navalha de Hanlon não apenas diminui um pouco o incômodo da intencionalidade, como aumenta as chances de compreendermos os motivos reais do problema e simplificarmos o caminho rumo à solução.

Por que negacionistas gostam de histórias tão complexas?

As histórias espalhadas por negacionistas não são apenas sombrias e negativas; elas também são surpreendentemente complexas. É claro que, na mente deles, não se trata de histórias. Por exemplo, não basta alegar que a indústria farmacêutica quer aumentar seus lucros, então tomou atalhos para desenvolver e testar a vacina contra a covid-19 ou está escondendo informações das agências reguladoras e da população (só para deixar claro, não existem evidências sobre nenhuma dessas teorias). Em vez disso, a história é que Bill Gates e os Illuminati estão conspirando para reduzir a população mundial e criar uma sociedade tecnocrática. Para alcançar esse objetivo, eles criaram a farsa da covid-19 e então uma vacina que matará pessoas com seus efeitos colaterais e prejudicará a fertilidade de mulheres e homens por gerações no futuro. E não para por aí. O medo criado pelo vírus e pelas mortes permitirá que os governos isolem seus cidadãos e os obriguem a carregar um "passaporte verde" que transmitirá seu status de vacinação – os primeiros passos importantes para a obediência automática e a perda de direitos individuais. É claro que isso é apenas a primeira camada do enredo. As coisas ficam bem mais complexas conforme nos aprofundamos nos detalhes, como suposições sobre o funcionamento de vacinas de mRNA; alegações de que Bill Gates é dono da Pfizer e controla a Organização Mundial da Saúde; e várias teorias sobre o papel dos bancos centrais e de moedas digitais no controle de cidadãos de todas as nações. É de fato uma história sem fim e, se ela não tivesse um impacto tão devastador, daria a melhor novela do mundo.

Quando deparei com essas narrativas pela primeira vez, fiquei chocado com seu nível de complexidade. Em geral, sempre achei que o ser humano tinha forte preferência por simplicidade nas histórias que servem para explicar o mundo ao nosso redor. Apenas pense em quanta gente adora narrativas que seguem a estrutura simples de um conto de fadas com final feliz ou quantas histórias de super-heróis têm os mesmos desdobramentos relativamente previsíveis.

Essa preferência por simplicidade também é um princípio básico importante na ciência, com frequência apresentado na heurística e conhecido como navalha de Ockham. A ideia por trás da navalha de Ockham é que devemos favorecer a explicação mais simples, com menos variáveis, até que ela se prove inadequada. Só para deixar claro, a navalha de Ockham não determina que a explicação mais simples sempre seja a correta; apenas que, quando não temos dados para nos ajudar a escolher entre uma explicação ou outra, deveríamos aceitar a mais simples.

O apreço pela simplicidade foi meu guia em muitas das minhas pesquisas. Na minha opinião, um dos objetivos das ciências sociais é encontrar alguns princípios centrais que possam explicar o máximo possível do mundo ao nosso redor. Por exemplo, o princípio da **dor do pagamento**, que propõe que é doloroso se separar do dinheiro em cédulas, mas que sofremos menos quando não vemos ou não prestamos atenção nisso, nos ajuda a compreender por que gastamos demais ao usar cartões de crédito; por que podemos nos sentir mal no fim de uma refeição quando pagamos em dinheiro, e não com cartão; por que às vezes preferimos tirar férias em resorts all-inclusive mesmo que eles sejam mais caros; por que estouramos nosso orçamento quando reformamos a casa; e por aí vai.

Com tantos fatores a favor da simplicidade, por que as histórias dos negacionistas são tão complexas? Eles não apenas ignoram a navalha de Ockham como complicam suas teorias de propósito com mais variáveis e mais forças indiretas atuando sobre o problema.

Vejamos, por exemplo, uma das teorias da conspiração mais fascinantes: a crença de que a Terra é plana. Por que fico tão intrigado com ela? Porque, para a Terra de fato ser plana, a magnitude dessa conspiração precisaria ser gigantesca. Todos os governos precisariam saber da verdade e escondê-la. Todos os pilotos que já comandaram um avião teriam que enxergar a verdade sobre o planeta lá embaixo e também escondê-la. O programa espacial, é claro, não poderia ser verdadeiro, e todos os envolvidos nessa operação saberiam a verdade e a manteriam em segredo. E, obviamente, precisaria haver muita gente trabalhando no domo que cerca nossa Terra plana – movendo o Sol e as nuvens, criando vento e assim por diante.

E não para por aí. Um subconjunto de pessoas que acredita que a Terra é plana acrescentou outra reviravolta mais complexa à história: elas estão convencidas de que a Austrália não existe. Pois é: um país inteiro e seus 26 milhões de habitantes são, na verdade, parte de uma farsa mirabolante. Os australianos que vemos na mídia são atores pagos pela NASA para fingir que são australianos. Ou são gerados por computador. E, se você disser "Espera um pouco, que coisa ridícula, eu já *fui* à Austrália", elas explicarão que, na realidade, você foi levado a uma parte remota da América do Sul povoada pelos tais atores. Mas *por quê*? Por que alguém se daria a tanto trabalho para criar um país de mentira? Bem, os negacionistas também têm uma resposta para isso. Aparentemente, tudo remonta aos ingleses, que desejavam se livrar dos seus criminosos. Talvez você tenha aprendido na escola que um monte de britânicos condenados por infringir as leis eram enviados para lá, só que, de acordo com os questionadores da Austrália, eles eram simplesmente despejados no meio do mar para se afogarem. A ideia de uma ilha do outro lado do mundo habitada por cangurus, coalas fofos e criminosos calejados foi criada para encobrir esse ato de assassinato em massa. Quando li sobre essa teoria, escrevi um e-mail para meus amigos australianos dizendo "Sinto muito, nossa amizade foi ótima enquanto eu achava que vocês existiam". A parte interessante é que os atores que interpretam meus amigos australianos responderam, insistindo que eles eram de verdade. Algumas pessoas se recusam a sair do personagem depois que são descobertas.

A quantidade absurda de pessoas, governos e instituições que precisariam estar envolvidos faz com que a conspiração da Terra plana seja fascinante. Só imagine o que aconteceria se você contasse um segredo para cinco pessoas. As chances de o segredo ser revelado seriam muito altas. Ou, como na célebre declaração de Benjamin Franklin: "Três pessoas podem guardar um segredo se duas delas estiverem mortas." Ainda assim, para essa conspiração ser verdadeira, centenas de milhares ou talvez milhões de pessoas teriam que guardar o segredo.

Quando tentamos entender por que teorias da conspiração são tão complexas, talvez possamos concluir que isso ocorre sem querer – que teorias da conspiração são desnecessariamente intricadas devido à forma como as histórias são construídas e à quantidade de pessoas envolvidas na sua elaboração. Porém uma abordagem com viés mais psicológico tentaria compreender quais seriam as possíveis vantagens emocionais associadas a tamanha complexidade.

Primeiro, está claro que uma história mais complicada tem mais detalhes e nuances, o que significa que há mais a ser contado. Como consequência, novas informações podem ser reveladas com o tempo. Sendo assim, as pessoas que se beneficiam com a narrativa continuam tendo vantagem por mais tempo. Sob essa perspectiva, se você quisesse criar um império midiático ao redor de teorias da conspiração (como fez o popular radialista da extrema direita Alex Jones, por exemplo), seria necessário torná-las complexas o suficiente para que pudessem evoluir com o tempo. Imagine um site que discorde das políticas econômicas ou educacionais do governo. Com que frequência as pessoas o acessariam? Na melhor das hipóteses, talvez dessem uma olhada no conteúdo, formassem uma opinião e seguissem em frente. Por outro lado, imagine um site que exponha uma quadrilha secreta de pedófilos que inclui uma seleção em contínua mudança de figurões de Hollywood e outros membros da elite mundial. Agora você tem uma história que pode ser aumentada, expandida e atualizada. Você pode publicar novas revelações sobre os membros da quadrilha e seus atos, sobre as rotas subterrâneas pelas quais traficam suas vítimas, as propriedades particulares exóticas em que cometem seus crimes e as operações complexas que executam para encobrir a verdade e se proteger. Também é possível oferecer detalhes sobre a batalha entre aqueles que detêm o conhecimento e o restante do mundo. As pessoas vão clicar, clicar, clicar e compartilhar, compartilhar, compartilhar até dizer chega.

O segundo motivo psicológico para a preferência pela complexidade se chama **viés da proporcionalidade**. O viés da proporcionalidade é a ideia de que, ao depararmos com um grande evento, partimos do princípio de que ele deve ter sido causado por causas proporcionalmente grandes. A realidade da vida é que, com frequência, sem motivo ou razão, ela "é assim mesmo".

A aleatoriedade e a sorte (e o azar) são forças importantes no universo, assim como a burrice humana, mas pensar assim não é natural para os seres humanos. Buscamos motivos, razões, e, quando algo é maior, procuramos razões maiores. Por exemplo, imagine que todos nós descobriremos amanhã de manhã que colocar fluoreto na água nos tornou menos propensos a querer interagir com pessoas, aumentando a vontade de nos isolarmos e passarmos mais tempo diante do computador. Qual seria seu primeiro pensamento? Que isso foi um erro humano compreensível? Ou sua cabeça imediatamente começaria a pensar em todas as pessoas que teriam a ganhar com essa questão e de que formas elas influenciaram nosso mundo? Eu chutaria que você pelo menos cogitaria a possibilidade de que, por trás de algo tão grande quanto isso, haveria uma intenção maliciosa mais proposital. Reflita sobre os exemplos a seguir (ao contrário do exemplo do fluoreto, que inventei, esta lista inclui assuntos que muita gente atribui a uma causa grande e malévola).

Para cada par de frases, selecione a que você acredita ser mais provável.

- ☐ O HIV/aids foi causado por uma mutação aleatória.
- ☐ O HIV/aids foi projetado como uma arma biológica e, por algum motivo, vazou do laboratório.

- ☐ O furacão Katrina foi um evento isolado.
- ☐ O furacão Katrina foi resultado de uma tecnologia de manipulação climática que é testada pelo governo americano.

- ☐ A frequência dos tiroteios nos Estados Unidos aumentou de repente.
- ☐ Os tiroteios nos Estados Unidos são forjados pelo governo americano para incentivar uma política de controle de armas.

- ☐ A princesa Diana faleceu num triste acidente de trânsito.
- ☐ Pessoas mal-intencionadas assassinaram a princesa Diana.

- ☐ O voo TWA 800 caiu devido a um simples defeito nos tanques de combustível.
- ☐ A queda do voo TWA 800 é uma história muito mais complexa que envolve o Exército americano.

- Os grandes incêndios florestais na Califórnia em 2018 foram causados por condições extremas de queimas, cabos elétricos defeituosos ou raios.
- Os grandes incêndios florestais na Califórnia em 2018 foram armados pela companhia elétrica PG&E junto com uma quadrilha internacional de banqueiros liderada pela família Rothschild, com o uso de um laser espacial, para liberar espaço para um projeto de trem-bala.

Se você se pegou cogitando ou até mesmo tendendo a escolher alguma das segundas respostas em qualquer um desses casos, pode ter sido guiado pelo viés da proporcionalidade. Aqui vai mais um exemplo a ser considerado: e um vírus originado em Wuhan, na China, que causou uma pandemia, levando praticamente todos os governos a anunciar quarentenas, fechando escolas e proibindo viagens, e criando intensas dificuldades emocionais, mentais e financeiras? Se você ficasse sabendo de algo assim, começaria a se perguntar sobre os vários governos ou corporações que poderiam ganhar algo com uma situação dessas? Ou apenas aceitaria que foi azar?

Curiosamente, o viés da proporcionalidade parece não se aplicar a eventos positivos. Quando invenções incríveis são desenvolvidas, como a penicilina, Post-its, raios X, Teflon, Viagra e muitas outras, nos sentimos muito confortáveis em atribuí-las ao acaso. Em outras palavras, quando se trata de coisas muito boas, em comparação com coisas muito ruins, somos mais propensos a acreditar que, às vezes, "é assim mesmo".

O terceiro motivo psicológico que favorece a complexidade é o desejo de ter um conhecimento especial. Como falamos no capítulo anterior, a sensação de perda de controle sob condições estressantes é um elemento básico no funil da falácia. Os indivíduos que têm pouco domínio sobre muitos resultados importantes da vida sentem uma necessidade profunda de recuperar um pouco do controle. É importante destacar que uma das maneiras de fazer isso é sentir que estão em posse de um conhecimento especial que os diferencia das outras pessoas. Esse processo psicológico funciona de duas formas levemente diferentes. Primeiro, a sensação de ter um conhecimento especial alivia parte da sensação de impotência e de estar à mercê de forças ocultas. Segundo, é comum que negacionistas não estejam completamente integrados na sociedade. Eles com frequência se sentem um pouco excluídos, como se a sociedade, incluindo as pessoas de quem são mais próximos, os encarasse com desrespeito e repulsa. Nesses casos, a sensação de possuir um conhecimento especial oferece uma sensação de controle e superioridade. Isso inverte os papéis e os negacionistas passam a considerar que são esclarecidos, conhecedores do que realmente está acontecendo, enquanto os outros, o povo-gado, são inferiores. Quem sabe um dia as outras pessoas também vejam a luz e tenham acesso a esse conhecimento importante.

Em muitas conversas com negacionistas, conversas que às vezes levaram horas e ocorreram ao longo de vários anos, frequentemente me parecia que eles estavam passando todo aquele tempo comigo porque esperavam conseguir me converter às suas visões de mundo. Eles acreditavam que, depois que eu encarasse as coisas da mesma forma que eles, sua superioridade e seu status especial seriam confirmados.

Juntas, todas essas forças afastam os negacionistas da navalha de Ockham e os aproximam da navalha de Mahkco (o completo oposto da de Ockham), que determina que "A solução mais complexa, que envolve as intenções mais sorrateiras e os elementos mais ocultos, quase sempre é a verdade".

TALVEZ SEJA ÚTIL
Três navalhas

Para combater a atração por histórias complexas com vilões malvados, é útil manter as três "navalhas" em nosso arsenal de higiene cognitiva. O termo *navalha* é usado para descrever algumas heurísticas, ou atalhos cognitivos, que podem ajudar rapidamente a "cortar" informações e complexidades desnecessárias e nos levar mais depressa à verdade. Já falamos sobre duas delas: a versão um pouco modificada da navalha de Hanlon ("Nunca atribua malícia ao que pode ser adequadamente justificado pela falibilidade humana") e a de Ockham ("A explicação mais simples deve ser favorecida até que ela se prove inadequada"). A elas, podemos acrescentar a navalha de Hitchens, batizada em homenagem a Christopher Hitchens, o falecido crítico literário, jornalista, oposicionista e ateu ferrenho: "Aquilo que pode ser concluído sem evidências também pode ser dispensado sem evidências." Juntas, essas três ferramentas podem nos impedir de cair na espiral do negacionismo. Elas nos convidam a fa-

> zer questionamentos como: É razoável presumir malícia, e não burrice, falibilidade humana ou acaso? É sensato propor uma rede complexa com intenções nefastas? Tenho as evidências necessárias para justificar essa alegação extraordinária? Se as coisas que estamos tentando explicar não passarem pelo teste dessas três navalhas, é um sinal de que devemos dar um passo atrás e suspeitar de que chegamos à conclusão errada. Também podemos usar as três navalhas em conversas com os outros para desafiar seu apreço por intencionalidade, complexidade e provas insuficientes.

A psicologia do ódio

Quando comecei a compreender as forças emocionais e psicológicas que nos levam a buscar um vilão e a nos interessar por histórias complexas e nefastas, também pensei muito sobre outro elemento emocional poderoso: o ódio. Muitas vezes, quando um negacionista alcança certo ponto no funil, não basta simplesmente acreditar que existe um vilão ou um plano maligno; ele se sente compelido a expressar com todas as letras seu ódio pelos supostos criminosos e inspirar o mesmo sentimento nos outros. O ódio não é apenas uma versão mais intensa da antipatia; ele é caracterizado por crenças morais e está associado a emoções morais como desdém, nojo e raiva. Eu deparava com o ódio em publicações como a que transcrevi no início deste capítulo, em que Jon usava imagens fortes e chocantes para me retratar como um assassino em massa e era recompensado por um coro de comentadores que queriam me ver sendo julgado, torturado ou enforcado em praça pública. Também via o ódio ser direcionado a outras pessoas. Como o comediante Bill Maher observou: "O ato de odiar pessoas com quem você não concorda se tornou tão natural, tão rotineiro, [...] tão normalizado que nem chama mais nossa atenção quando uma pessoa na internet deseja que alguém morra. Qualquer um de quem discordemos sobre qualquer coisa é a personificação do mal, e toda discussão vai do zero ao homicídio."

O que Maher descreve, e o que vemos ao nosso redor, não é apenas ódio – é ódio avançado. Ódio 2.0. O ódio 2.0 também recebe o nome de **indignação moral** e é diferente do ódio normal em muitos sentidos. Primeiro, quando uma pessoa expressa indignação moral, ela se coloca num patamar superior, saindo de crítica e passando para uma íntegra defensora da justiça e da moralidade. Segundo, ao expressar indignação moral, a pessoa também pode estar demonstrando a **sinalização da virtude**, quando mostra para quem estiver ao seu redor que ela é tão ética que fica indignada quando os outros não alcançam seus padrões de moralidade. Terceiro, a expressão da indignação moral elimina qualquer possibilidade de perdão. Depois que alguém se torna moralmente censurável, não há como se redimir. Uma pessoa que cometeu um crime pode cumprir sua sentença numa prisão e recomeçar, mas uma pessoa que cometeu um crime moral provavelmente nunca será perdoada nem receberá a possibilidade de tentar de novo. Assim, a indignação moral não é apenas direcionada contra um ato específico, mas coloca em dúvida a pessoa como um todo, agora e para sempre. Em quarto lugar, expor algo como uma indignação moral convoca outras pessoas à causa e faz com que o grupo se torne mais motivado a entrar na batalha.

Compreender o ódio 2.0 também pode nos ajudar a responder a outra pergunta que costumava me deixar confuso: por que as histórias dos negacionistas tendem a conter não apenas protagonistas egoístas ou gananciosos, mas crimes moralmente repreensíveis como pedofilia e rituais satânicos de sacrifício de crianças? Eu com frequência me perguntava por que essas pessoas são tão obcecadas pela ideia de que as elites abusam sexualmente de crianças, bebem o sangue de bebês e assim por diante. Também me perguntei por que os negacionistas gostam de dizer que todos os vilões são nazistas. Mas, quando penso na natureza da indignação moral, vejo que essas acusações são projetadas para alimentar as emoções morais poderosas de nojo e repulsa, provocando essa forma avançada de ódio, que aumenta a distância entre os negacionistas e aqueles que não enxergam o mundo da mesma maneira que eles. Ver alguém se expressando com indignação moral é um sinal de que essa pessoa já chegou ao outro lado do funil. Seu mundo foi dividido em nós contra eles, com o "nós" sendo os defensores justos da moralidade contra um "eles" formado por pessoas corruptas, desprezíveis e irredimíveis.

Em certo momento, no começo da minha jornada para compreender essa parte da história, tive uma conversa por Zoom com alguém que declarou que não apenas queria que eu morresse como adoraria ser meu algoz. Seu nome é Richard. Ele é um cara de 40 e poucos anos com aparência comum, que me foi apresentado por outra negacionista que conheci na internet. Ela havia me contado que Richard tinha um podcast e queria ter uma "conversa sincera" comigo. Ela me garantira que ele faria perguntas difíceis e seria verdadeiro e justo. Achei que talvez essa pudesse ser uma maneira de apresentar o meu lado da história, então aceitei, e foi assim que fui parar numa das conversas mais desagradáveis que já tive. Richard não me fez pergunta alguma; ele apenas berrou sua versão da realidade para mim. Quando calmamente tentei corrigi-lo, ele gritou ainda mais alto que a minha calma era outro sinal da minha participação nas conspirações. Ele não me deixava falar e ficava ainda mais irritado quando eu tentava. Fiquei frustrado e achei que isso poderia passar a impressão de que eu estava na defensiva. Tentei permanecer calmo, mas minhas emoções acabaram vencendo. Em certo ponto, seus olhos brilharam quando ele captou alguma discrepância entre algo que eu disse e uma informação que algum jornalista havia divulgado erroneamente sobre mim. "Você está mentindo!", exclamou. "Salvei isso antes, para pegar você no pulo!" Foi então que percebi que ele não tinha o menor interesse no que eu poderia dizer; ele só queria expressar seu ódio por mim, parecer durão na frente de seus muitos seguidores e talvez conquistar mais pessoas e apoio no processo.

A conversa me deixou abalado e profundamente perturbado. Mas algo na paixão daquele homem, por mais equivocada que fosse, e na sua aparente inteligência me chamou atenção. Ele era exatamente o tipo de pessoa que eu queria entender: alguém que, no passado, tinha começado com uma visão de mundo razoável e baseada na verdade, mas que tinha descido pelo funil da falácia até o ponto em que sua vida passou a ser resumida em desencavar histórias sombrias e perturbadoras, compartilhá-las com os outros e gritar grosserias para gente como eu. Quando decidi me aprofundar no mundo dele, entrei em contato com Richard e solicitei outro encontro – agora seria eu quem o entrevistaria –, e ele concordou. Até hoje mantemos contato, principalmente pelo Telegram. Em muitas de nossas conversas, ele parou de gritar e foi bem sincero. Com o tempo, passei a pensar em Richard como meu "guia espiritual" no submundo das teorias da conspiração e do negacionismo. Nosso relacionamento me deu uma perspectiva útil sobre a lógica dos negacionistas e sobre a psicologia do ódio.

> **TALVEZ SEJA ÚTIL**
> **Não faça parte da maioria silenciosa**
>
> "Se não tiver algo bom para falar, é melhor ficar quieto" é o tipo de conselho que costumávamos receber de nossas avós. Infelizmente, a internet parece seguir o princípio oposto: são as pessoas que poderiam falar coisas boas que ficam quietas, enquanto os internautas raivosos, cheios de ódio e sentimentos negativos, sentem uma motivação muito maior para se expressar. Quando eu estava sendo atacado por negacionistas, coisas terríveis foram escritas no meu perfil pessoal do Facebook todos os dias. Sei que muitas, muitas pessoas as leram e perceberam que eram mentira. Algumas até entraram em contato comigo. Mas era muito raro que alguém falasse algo em público – que publicasse um comentário ou uma resposta que rebatesse o ódio. É claro que isso é compreensível até certo ponto, porque podemos virar alvo do ódio assim que nos manifestamos. Só que todo esse silêncio tem consequências negativas a longo prazo e faz a internet parecer um lugar bem mais hostil do que realmente é. Na realidade, os críticos são apenas uma pequena porcentagem de qualquer população, mas ocupam muito espaço. Minha lição sobre isso tudo é que, se tivermos algo bom para falar, é melhor falarmos.

Entretenimento? Sim, entretenimento

É difícil descrever como os ataques iniciais foram dolorosos para mim. Eu nunca tinha sido alvo de tanto ódio antes. Agora, mais de dois anos após o início dos ataques, me acostumei um pouco com eles (sim, a gente se acostuma até com ameaças de morte); aprendi a conviver com eles de certa forma (é só não ler nada que venha de negacionistas logo pela manhã nem antes de dormir); e até direcionei meu foco para estudá-los e entendê-los (provavelmente como um mecanismo de defesa mais ou menos funcional).

Por todo esse tempo, dediquei muitas horas do dia a analisar materiais em todos os meios: sites, vídeos, jornais, postagens, reações em postagens, tuítes, lives no Facebook, vídeos no Rumble (um aplicativo para aqueles que foram expulsos do YouTube), trechos de informações que parecem vir de organizações legítimas, trechos de informações que parecem vir de noticiários de verdade, trechos de informações que parecem vir de publicações acadêmicas, trechos de informações que parecem vir de documentários e muito mais. No processo, me acostumei a passar tempo com esse material e até me familiarizei com as vozes de alguns dos indivíduos que espalham boa parte das mentiras. Por que estou contando isso? Porque, recentemente, me dei conta de quanto me entretenho com as histórias deles.

Como cheguei a essa conclusão? Decidi tirar algumas semanas sozinho nas montanhas para me dedicar a este livro. Aluguei um pequeno chalé com uma escrivaninha e meus dias giravam em torno de ler trabalhos acadêmicos associados ao assunto, gravar em áudio minhas ideias (geralmente durante caminhadas) e mergulhar em mais fake news do que o normal. Com todo meu tempo dedicado a esse assunto, minhas únicas opções eram ler trabalhos acadêmicos, escrever e interagir com esse material. Nada além disso – nada de prazos, e-mails, conferências ou videochamadas. E adivinhe só: como se aquilo fosse um vício, me tornei mais e mais atraído pelas fake news. Isso não quer dizer que acredito na maioria delas (apesar de, às vezes, elas darem voz a verdades, e até a verdades importantes). O que quero dizer é que a apresentação e a maneira como as histórias são contadas são tão cativantes que é difícil parar de consumi-las.

Com isso em mente, me lembrei do vídeo que começava comigo no hospital e explicava como meus ferimentos me fizeram odiar pessoas saudáveis e desejar reduzir a população mundial. Agora eu entendia como aquilo devia ter sido interessante para outras pessoas. Na verdade, me dei conta de que eu mesmo tinha me divertido com vários materiais que deveriam ser igualmente abusivos e ofensivos para as pessoas descritas neles.

Há três pontos que quero destacar. O primeiro é que pessoas malvadas, intenções maléficas e planos mirabolantes oferecem pontos de partida maravilhosos para histórias interessantes. Fatos raramente são tão interessantes quanto a ficção. É só assistir ao filme *JFK: a pergunta que não quer calar*, de Oliver Stone – um drama cativante que nos faz *querer* acreditar nas teorias que ele apresenta, apesar das evidências históricas questionáveis por trás de quase todas elas. O segundo é que as pessoas que produzem as informações para o pessoal negacionista sabem o que estão fazendo em termos de narrativa. E a falta de apego à realidade faz com que elas tenham uma vantagem adicional em termos de finais possíveis para o enredo. Notícias urgentes podem surgir todos os dias. Elas não precisam esperar que algo de fato aconteça. Como a ciência – que é lenta e metódica, oferecendo apenas uma descoberta ocasional – pode competir com mentes criativas que não se deixam desanimar com fatos? E o terceiro é que a verdade e o sensacionalismo estão numa competição injusta pela atenção humana. Como vimos neste capítulo, o viés da proporcionalidade nos impulsiona rumo a histórias complexas. O estresse que sentimos clama por um vilão a quem culparmos por tudo e por limites morais óbvios em vez das nuances confusas que costumam representar a realidade. É provável que qualquer pessoa com tempo sobrando assista a muito conteúdo do tipo "pessoa-queimada--odeia-o-mundo-e-quer-destruí-lo". Até mesmo num lindo e calmo chalé nas montanhas.

Por falar em entretenimento, um dos problemas é que consumir fake news se parece menos com ler um livro ou ver um filme passivamente e mais com participar de um jogo. De fato, essa é uma das qualidades mais sedutoras e subestimadas do negacionismo: ele é muito distrativo e até divertido para as pessoas que se envolvem demais em seus mundos alternativos habilmente construídos. Especialistas do setor dos jogos já montaram paralelos impressionantes entre a estrutura de uma teoria da conspiração como o QAnon e a estrutura de jogos multiplayer populares de realidade alternativa. O QAnon é "participativo de forma viciante", escreveu Clive Thompson na *Wired*, com suas pistas evasivas, mensagens ocultas e plataformas secretas: "Fazer parte da turma do QAnon é fazer parte de um projeto de *crowdsourcing* imenso que acredita que está desvendando um mistério." É empolgante, energizante e criativo. As pessoas não apenas absorvem as informações; elas as desenvolvem e geram o próprio conteúdo. Elas se sentem importantes, porque podem participar, usando as próprias dedicação e inteligência, na virada do jogo contra as elites malvadas que controlam o mundo. O designer de jogos Reed Berkowitz chamou o QAnon de "gamificação da propaganda política". É, segundo ele, "um jogo que joga com pessoas".

> **TALVEZ SEJA ÚTIL**
> **Cultive a desconfiança**
>
> Um dos truques das fake news é que elas frequentemente são criadas com o objetivo de se alimentar da fraqueza humana e nos deixar empolgados com a história que se desdobra diante dos nossos olhos. Isso nos leva a algumas reflexões importantes. Primeiro, quando consumimos informações, precisamos assumir uma postura muito desconfiada. Não é divertido viver assim, sei disso, mas é muito importante. É especialmente importante ter cuidado antes de compartilhar informações e contribuir sem querer para a divulgação de fake news. Segundo, antes de compartilhar qualquer coisa, precisamos entender que não estamos apenas passando uma informação adiante, mas que associamos nossa reputação a ela, marcando-a com nosso carimbo de credibilidade, como se a tivéssemos analisado e a recomendássemos. Você seria incisivo ao recomendar a um amigo que comprasse algo que você mesmo nunca testou? É provável que não. Mas talvez esteja fazendo isso com informações todos os dias. Repito: a desconfiança e a cautela não são as posturas mais agradáveis para se ter na vida, só que, no reino das informações, todos nós ganharíamos se as adotássemos com mais frequência.

Infelizmente, no entanto, quando se trata de negacionismo, o limite entre o real e o virtual se mistura de um jeito perigoso. Se os negacionistas estivessem apenas se divertindo em salas de bate-papo particulares, talvez suas atividades fossem tão inofensivas quanto jogar Dungeons & Dragons ou GTA. Mas é aqui que a comparação termina. É tudo muito divertido até alguém começar a atirar em pessoas negras para impedi-las de superar o número de pessoas brancas numa "grande substituição"; ou alguém atacar os pais enlutados de vítimas de tiroteios porque acham que os ataques armados nos Estados Unidos fazem parte de uma conspiração para remover as armas dos cidadãos; ou pessoas invadirem o Capitólio americano numa tentativa de tentar reverter o resultado da eleição que acreditam ter sido fraudada. Até aqueles que não cometem atos públicos de violência podem estar tomando pequenas atitudes no mundo real, com pessoas reais, com consequências que não são nada divertidas.

Em resumo...

Nesta parte do livro analisamos os elementos emocionais do negacionismo (Figura 4, p. 106) – um ponto de partida apropriado, já que as emoções costumam ser o motivador subconsciente das nossas crenças. Como vimos, os impactos do estresse são profundos e expansivos. Mas tenha em mente que esses elementos não são estágios que ocorrem em sequência. As emoções têm um papel em cada passo da jornada de uma pessoa pelo funil. A seguir, vamos nos voltar para alguns dos elementos cognitivos, examinando como nossa racionalidade pode ser usada de maneiras extremamente irracionais para desenvolver e confirmar crenças. Então daremos uma olhada nos traços de personalidade básicos que podem tornar alguns de nós mais predispostos ao negacionismo. Por fim, refletiremos sobre os fatores sociais que atraem as pessoas para círculos de negacionistas e as mantêm lá, reforçando e até aumentando suas convicções.

Figura 4. Os elementos emocionais do funil da falácia

Todos nós sentimos estresse – previsível e imprevisível.

- O estresse imprevisível pode provocar uma sensação de falta de controle, que pode levar à condição do desamparo aprendido.

O estresse afeta negativamente a função cognitiva e a capacidade de tomar decisões.

- A resiliência deriva do apoio da comunidade, mas é enfraquecida pela desigualdade econômica.

Sob estresse acumulado, podemos começar a nos sentir injustiçados.

- Isso nos leva a buscar respostas e maneiras de recuperar a sensação de controle.
- Sentimos alívio temporário e sensação de controle quando encontramos um vilão a quem culpar – semelhante ao alívio que uma pessoa com TOC sente com seus comportamentos compulsivos, como lavar as mãos.
- No entanto, o alívio é temporário, então voltamos em busca de mais. A longo prazo, acabamos nos sentindo pior, porém continuamos voltando ao mesmo lugar para encontrar alívio imediato.

A sensação de que o sofrimento foi causado de propósito piora a situação.

As histórias em que negacionistas acreditam são extremamente complexas por vários motivos:

- Histórias complexas permitem que seus criadores produzam mais conteúdo.
- Histórias complexas satisfazem o *viés da proporcionalidade*, que nos diz que um problema grande ou intenso deve ter causas grandiosas.
- Histórias complexas satisfazem o desejo por conhecimento especial, fazendo com que o negacionista se sinta empoderado e mais no controle.

As histórias costumam apresentar um tema moralmente repulsivo, com a intenção de alimentar o ódio.

PARTE III

OS ELEMENTOS COGNITIVOS E NOSSO SISTEMA DISFUNCIONAL DE PROCESSAMENTO DE INFORMAÇÕES

5

A BUSCA PELA VERDADE EM QUE DESEJAMOS ACREDITAR

Não é o que você não sabe que lhe causa problemas.
É o que você acha que sabe com toda a certeza.

— MARK TWAIN*

Como falsas teorias são criadas? Como nos convencemos de que partes específicas de informações são, de fato, fatos? Como pegamos essas partes de informações e as juntamos numa narrativa coesa? E como nos tornamos tão convictos das nossas narrativas preferidas que permitimos que elas orientem decisões sérias sobre assuntos como nossa saúde ou posição política? Como elas se tornam importantes a ponto de nos tornar dispostos a brigar com familiares e perder amizades devido às crenças uns dos outros? Jamais cortaríamos relações com uma pessoa porque ela gosta mais de verde do que de laranja (pois é, não dá nem para acreditar numa coisa dessas), mas crenças sobre eleições fraudadas ou sobre a curvatura do planeta podem causar uma grande ruptura em nossas relações. E por que, quando adotamos essas narrativas, nos sentimos tão virtuosos que achamos que temos a obrigação de compartilhar e difundir nossas crenças?

Nos capítulos anteriores examinamos as experiências emocionais que tornam alguns de nós mais propensos ao negacionismo. Analisamos a maneira como o estresse está associado à perda de controle e à sensação de injustiça, e por que algumas pessoas buscam um vilão a quem culpar por seu sofrimento.

---

* Ou talvez não. Não dá para confiar em tudo que achamos na internet. Essa citação, apesar de amplamente atribuída a Twain, nunca teve sua autoria confirmada. A questão interessante é se, daqui a um mês, você se lembrará dessa frase como sendo dele.

E vimos como esse mecanismo de enfrentamento oferece alívio imediato, mas leva as pessoas pelo funil da falácia a longo prazo. É aqui que os elementos cognitivos ganham destaque. Quando o estresse leva alguém a procurar alívio na forma de respostas, uma série de processos cognitivos orienta essa busca e molda a maneira como as informações (ou desinformações) são processadas. Antes de começarmos, um alerta: se quisermos entender como um negacionista pensa, precisamos estar preparados para confrontar algumas verdades incômodas sobre o modo como todos nós pensamos e processamos informações. Neste capítulo vamos examinar várias facetas comuns da cognição humana que afetam a maneira como formamos e mantemos nossas crenças. Só que, primeiro, vamos dar uma olhada no problema geral da desinformação e em como ela interage com a mente do negacionista.

Quando o negacionismo encontra a desinformação

Hoje em dia é impossível falar sobre negacionismo sem também falar sobre fake news e os canais que as distribuem; em especial, as redes sociais. Muito já foi dito e escrito sobre a maneira como os algoritmos das redes sociais são projetados para tirar vantagem das fraquezas peculiares da mente humana, como um casamento infeliz porém muito codependente. Por trás de cada publicação que espalha desinformação há uma variedade de interesses, como discutimos no Capítulo 1, e cada uma dessas pautas, intencionalmente ou não, tem um papel na disseminação de teorias falsas. Acrescente a isso ferramentas avançadas de IA capazes de gerar fake news cada vez mais convincentes em grandes quantidades, e fica parecendo que nunca conseguiremos conter o problema. Porém é importante ter em mente que a desinformação não seria nem de longe tão eficiente se a mente humana não fosse tão influenciável por essas forças. Na verdade, as redes sociais jamais teriam se tornado tão populares se não tivessem sido projetadas para tirar vantagem dos circuitos complicados que afetam o modo como reagimos a informações.

Meu foco principal neste livro é o lado humano da história; é entender o que nos torna suscetíveis a esse tipo de conteúdo. Não vou discutir as bem documentadas maneiras como a tecnologia das redes sociais é projetada para se aproveitar de nós. Só que as redes sociais e o circuito falho da mente humana caminham de mãos dadas, e não é por acaso que o negacionismo desabrochou na era das redes sociais.

Considere a seguinte analogia: a humanidade evoluiu para desejar gordura, sal e açúcar. Não há problema algum nisso quando as fontes disponíveis se encontram na natureza – gorduras de nozes, sementes ou carne e peixe ocasionais; sal em certas plantas ou algas; açúcar em frutas. Nossas ânsias costumavam estar a nosso serviço, nos ajudando a garantir que consumiríamos a variedade de nutrientes de que precisávamos para sobreviver. Mas então veio a era da comida processada moderna, e o sistema de produção começou a criar produtos que apelavam perfeitamente para nossas predileções evolucionárias. *Um donut! Uma batata frita! Um hambúrguer!* O sucesso do setor de fast-food se baseou em sequestrar nossos desejos instintivos para nos persuadir a ingerir substâncias que não são nutritivas, saudáveis ou satisfatórias a longo prazo, mas que maximizam lucros imediatos para as empresas que as vendem. Se você tiver propensão a acreditar em teorias da conspiração, talvez comece a especular que, na realidade, é a indústria farmacêutica, que produz estatinas e medicamentos para diabetes, que está tramando nossos regimes alimentares. Ou, se tiver lido nas entrelinhas, talvez suspeite que o desastre dietético foi elaborado por Bill Gates, pelos Illuminati e por mim como parte de nossos esforços para reduzir a população mundial.

A parte óbvia na história dos alimentos modernos é que, se quisermos permanecer saudáveis, evitar doenças crônicas e ter uma vida longa, devemos aprender a mediar a relação entre nosso apetite e a variedade de opções disponíveis. O mesmo se aplica à nossa relação com as informações. A mente humana evoluiu para navegar rapidamente pela complexidade do nosso mundo; criar e manter laços tribais; estabelecer crenças; tomar decisões rápidas; e fazer isso de um jeito imperfeito, que gera uma série de condicionamentos, atalhos, pontos cegos e outras peculiaridades. Por um tempo, estava tudo mais ou menos bem com isso. Só que a internet e as redes sociais acabaram se tornando o equivalente informacional de fast-food ultraprocessada, sequestrando essas peculiaridades cognitivas e nos persuadindo a adotar crenças e comportamentos que talvez sejam ainda menos saudáveis para nossa mente do que donuts são para nosso corpo.

Qualquer um que interaja com redes sociais é vítima disso em certo grau, da mesma forma que quase todo mundo come pelo menos algumas batatas fritas quando elas são servidas na mesa. (Tudo bem, talvez você não coma. Só que eu como.) Mas existe alguma coisa que possamos fazer para nos proteger da tentação?

Andy Norman comparou a desinformação a um vírus e debateu a importância da "proteção" como uma forma de nos defender contra uma infecção por fake news. A analogia, é claro, não é perfeita, mas é importante levar em consideração como podemos proteger a nós mesmos e nossos filhos. Como Norman sugere, pode ser útil desenvolver mais conhecimento da mídia e compreender mais profundamente os mecanismos usados por criadores de fake news (como ativar emoções, usar termos ultrajantes, recorrer a relatos, etc.). Aprender a reconhecer quando uma história foi gerada por boatos e quando foi projetada para causar uma reação emocional, por exemplo, pode aumentar nossas chances de não sermos cativados por ela.

Não existe uma vacina para nos proteger da desinformação, infelizmente; isso é algo que requer prática. No meu laboratório, elaboramos e testamos jogos de desinformação projetados especificamente para ajudar as pessoas a aprender a identificar os truques dessa área – isto é, os truques daqueles que divulgam fake news. Nesses jogos, vários personagens compartilhavam notícias reais e inventadas. Os participantes precisavam diferenciar os dois tipos e as estratégias usadas para tornar a mentira mais atraente e mais propensa a ser compartilhada. Por exemplo, uma personagem que chamamos de Ann McDotal publicava informações falsas baseadas em narrativas emocionantes. Eis um de seus posts:

> Meu Deus, gente, minha amiga acabou de me contar que a prima da sobrinha do marido dela foi diagnosticada com um AUTISMO MUITO FORTE depois de tomar a vacina contra sarampo!! Dá pra acreditar? COMPARTILHE SE VOCÊ FICOU APAVORADO!

Outro personagem, o Dr. Forge, divulgava fake news inflando sua falsa especialidade e sua pseudociência. Suas publicações sempre citavam algum nome acompanhado de várias titulações:

> Curta e comente, por favor: o Dr. Singh (especialista em medicina e Ph.D.) admite que a pesquisa sobre substâncias químicas tóxicas em vacinas comuns está sendo escondida pela indústria farmacêutica!

Mystic Mac simplesmente nunca encontrou uma teoria da conspiração de que não gostasse. Suas publicações costumavam associar várias teorias:

> Ei, gente... Isto é grave: uma quadrilha de figurões da indústria farmacêutica e do governo trabalha há anos para promover programas de vacinação global e ganhar poder. Podem pesquisar. O governo está 100% metido nisso.

E Ali Natural contava com a falácia naturalista – a ideia de que, se algo é natural, deve ser bom. Ela postava alegações como a seguinte:

> Não deixe os médicos obrigarem você e seus filhos a tomar vacinas! A medicina deveria estar nos ajudando a aumentar as habilidades de cura naturais do corpo! Comer romãs nos ajuda a proteger o sistema imunológico de forma natural, sem substâncias químicas!

Os jogos funcionaram! Após serem expostos a esses personagens e suas estratégias durante o jogo, os participantes desenvolveram uma capacidade maior de identificar informações manipuladoras e também se mostraram menos propensos a compartilhar essas publicações em redes sociais.

Todos nós podemos – e devemos – nos educar sobre a natureza da desinformação e sobre as muitas formas que ela assume. Mas não basta nos concentrarmos no problema "lá fora" e no conteúdo mentiroso e enganoso que encontramos todo dia. Também precisamos compreender nossas predileções pelo cardápio mentalmente nocivo e aprender a identificar alguns dos hábitos, parcialidades cognitivas, estruturas e algoritmos de processamento de dados que fazem com que todos nós sejamos influenciáveis pela junk-food informacional. Como ponto de partida, vamos dar uma olhada no exemplo de uma teoria da conspiração específica e nas formas como ela interage com a mente das pessoas.

Anatomia de uma teoria da conspiração

Existem, infelizmente, inúmeros exemplos que eu poderia usar para analisar o mecanismo das teorias da conspiração, desde reptilianos vivendo entre nós até o assassinato de John F. Kennedy, entre muitos outros. Pode haver muita escassez no nosso mundo, mas se tem uma coisa que não falta é teoria da conspiração. Algumas são amplas e abrangentes, ganhando escala global ao longo de décadas e entrelaçando pessoas e eventos diferentes, tanto atuais quanto históricos. Outras são limitadas a um local ou ocasião específicos. A que discutiremos aqui é uma teoria da conspiração relativamente pequena e compacta, que me pareceu um bom estudo de caso: a crença de que as vacinas contra a covid-19 contêm ímãs minúsculos.

Deparei com ela pela primeira vez numa mensagem de texto enviada por uma conhecida: "Dá para acreditar numa coisa dessas? Precisamos fazer alguma coisa. Meus amigos estão me mandando vídeos mostrando que eles estão magnetizados." Essa mensagem alarmante surgiu no meu Telegram e veio de ninguém mais, ninguém menos do que Maya, uma das minhas guias espirituais do negacionismo. A gente tinha se conhecido durante uma entrevista muito desagradável para o podcast de outro negacionista que só queria gritar comigo. Depois, ela me ligou para pedir desculpas e tivemos várias conversas menos conflituosas. Em algum momento, aceitei participar do podcast dela, mas, assim que ela fez uma publicação falando sobre a entrevista, seu canal no Telegram foi inundado por tanto ódio contra ela por se dignar a falar comigo que a entrevista acabou sendo cancelada. A gente manteve contato e ela me enviava vários links de coisas que acreditava estarem acontecendo. Essa mensagem específica acompanhava um vídeo que de fato mostrava uma pessoa com um pedaço de metal grudado no ombro, no exato local em que, segundo ela, havia sido vacinada. Também havia um link para outro vídeo que explicava a história alarmante.

Nessa época, eu e Maya já éramos velhos conhecidos e até tínhamos nos encontrado pessoalmente. Eu seguia seu canal no Telegram, então tinha visto as coisas que ela compartilhava com seu número cada vez maior de seguidores e sabia que era uma negacionista profundamente comprometida. Parecia que ela se tornava mais dedicada à sua visão de mundo à medida que o tempo passava e metodicamente avançava em seu papel de influenciadora dentro do universo do negacionismo. Com o tempo, ela fez uma vaquinha com seus seguidores para patrocinar sua "pesquisa", tornando-se, poucas semanas depois, uma pesquisadora e divulgadora de teorias da conspiração em redes sociais em tempo integral. Sabendo disso tudo, era óbvio que eu não tinha qualquer inclinação a levar suas alegações a sério (um exemplo, talvez, das minhas parcialidades cognitivas, mas paciência; às vezes nossos condicionamentos podem nos poupar de muitos problemas). No entanto, fiquei curioso para saber por que ela queria saber a minha opinião sobre o vídeo do ímã e por que estava tão preocupada. Devo admitir que também fiquei curioso sobre o conteúdo do vídeo e queria encontrar uma explicação para ele. Então abri o link e comecei a mergulhar na teoria dos ímãs. Vou explicar do que se trata.

À primeira vista, o vídeo parece uma reportagem de um noticiário qualquer. Manchetes e logotipos correm na parte inferior da tela. A imagem da paisagem de uma cidade preenche o fundo. O apresentador, Stew Peters, usa terno e gravata, falando com ar confiante para a câmera. Tudo isso passa a impressão de uma produção profissional, bem financiada, verossímil – em que podemos confiar. Nesse ponto, pausei o vídeo e fiz uma busca pelo Sr. Peters. Ele é um ex-rapper e ex-caçador de recompensas que se tornou uma figura popular nas redes virtuais da extrema direita.

Após lembrar os espectadores sobre o segmento da semana anterior, que apresentou uma corajosa "vítima de lesões vacinais", Peters introduz o tema do dia. As redes sociais, segundo ele, foram inundadas por inúmeros vídeos de pessoas grudando objetos metálicos em si mesmas. A referência à "inundação" de incidentes não foi por acaso. Isso ativa algo que os cientistas chamam de **prova social**: se muita gente aparece com relatos próprios para confirmar uma história, as chances de a alegação ser aceita como verdadeira aumentam. "Recebi tantos e-mails sobre esse magnetismo desde a última entrevista que perdi a conta", alega Peters. As pessoas que enviavam e-mails eram elogiadas por sua força e coragem em fazer a denúncia, por sua "preocupação com o restante de nós, especialmente com nossas crianças".

Então vem a prova em vídeo de alguns desses heróis: gravações caseiras de pessoas com objetos metálicos que parecem estar grudados em seus corpos, semelhantes ao vídeo da amiga de Maya. Vemos moedas, chaves, utensílios de cozinha, entre outros.

A essa altura, pauso o vídeo e procuro por mais "evidências" na internet, encontrando mais vídeos, inclusive o meu favorito, que mostra um bebê com um iPhone grudado em sua coxa gordinha. E não, aquele não é um dos iPhones mais novos com o ímã acoplado na traseira! É um iPhone velho comum. Alguns vídeos mostram objetos metálicos grudados no corpo; uns mostram ímãs grudados no corpo (calma aí, achei que o ímã estivesse lá dentro); e outros exibem moedas e talheres (apesar de ser impossível magnetizar a maioria das moedas).

Certo, já chega de YouTube para mim. De volta ao vídeo de Peters. Agora os espectadores já têm evidências visuais para acrescentar à prova social. Peters reconhece que, no começo, parecia um fenômeno estranho e que especialistas médicos se mostravam relutantes em associá-lo à vacina. Mas... agora tudo mudou! Ele trouxe uma convidada especialista que nos explicará tudo.

Eis a palavra mágica: *especialista*. Sua convidada, a Dra. Jane Ruby, é apresentada como uma economista de saúde internacional com mais de vinte anos de experiência em pesquisa farmacêutica. Mais uma vez, pauso para consultar o Google e não consigo encontrar nenhuma prova de que ela tenha qualquer formação médica.

A Dra. Ruby começa descrevendo uma tecnologia médica chamada *magnetofecção*, que usa campos magnéticos. Ela convida o público a pesquisar sobre o assunto no PubMed, na Wikipédia e em sites do governo. Esse é um passo importante. Ao sugerir que os espectadores confirmem suas alegações, ela aumenta a percepção de sua confiabilidade. Afinal de contas, uma pessoa que não está divulgando fatos verdadeiros faria mesmo uma coisa dessas? Uma mentirosa jamais incentivaria os outros a verificar suas declarações!

A essa altura, talvez você possa seguir a sugestão dela e dar uma olhada. Ou não. O incentivo da especialista faria com que você se sentisse mais ou menos propenso a isso? Alguns anos atrás, estudei essa questão na área das orientações médicas. Analisei como pacientes reagiam a orientações acompanhadas por uma sugestão do médico de que buscassem uma segunda opinião. No fim das contas, quando o médico oferecia essa opção, um número maior de pacientes confiava mais nele e, por causa desse aumento de confiança, poucos acabavam procurando um segundo profissional. Imagino que o convite da Dra. Jane Ruby despertaria uma reação semelhante. Ao sugerir que os espectadores verifiquem suas alegações, ela garante que um número menor deles faça isso e que mais pessoas confiem na sua palavra.

E os espectadores que resolvessem pesquisar o assunto? Bem, eu fiz isso. A "magnetofecção" é uma tecnologia com nome estranho, que desperta minha curiosidade e um pouco de desconfiança. Com uma mãozinha do Google, descubro que de fato existe algo chamado magnetofecção. Parece ser uma tecnologia promissora no campo da terapia genética. Quem diria?

A Dra. Ruby com certeza diria. Ao escolher algo obscuro – algo que seus espectadores provavelmente desconheciam – que realmente existe, ela fortalece ainda mais sua credibilidade. Até eu, com meu alto nível de desconfiança, já vou mais com a cara dela. Por intuição, posso concluir que, se ela sabia sobre essa tecnologia que era estranha para mim, talvez saiba de outras coisas de que nunca ouvi falar. Será que ela é uma especialista de verdade, alguém na vanguarda da ciência médica?

A escolha da magnetofecção como ponto de partida tem outra vantagem além de ser algo que existe mesmo: parece ser uma invenção tecnológica e artificial, e é fácil imaginar que tenha grande potencial para fazer mal caso caia nas mãos erradas.

Agora a confiança foi estabelecida. As pessoas que chegaram até aqui provavelmente estão convencidas do conhecimento e da especialização da Dra. Ruby, mostrando-se menos propensas a pesquisar tudo que ela disser. Por isso era tão importante que a primeira informação compartilhada por ela fosse verdadeira. Agora a verdade começa a ceder espaço para mentiras, e fatos se tornam ficção. Mas quem está verificando? Não são os espectadores.

O material magnético, diz a Dra. Ruby, está disponível para compra, só que – "E aqui vai a parte assustadora", acrescenta ela em tom dramático – não foi projetado para uso em humanos. (Continuo pesquisando e descubro que isso é mentira; muitos ensaios clínicos de magnetofecção foram conduzidos em humanos.) A Dra. Ruby alega que esse material magnético faz parte da vacina contra a covid-19, agindo como um "sistema de entrega genética forçada" que leva a vacina para todos os cantos do corpo, incluindo "partes que não foram criadas por Deus e pela natureza para abrigar material estranho". (Caso você esteja curioso, isso também é mentira.)

Nesse momento da entrevista, a Dra. Ruby vomita um monte de siglas e termos médicos que reforçam sua aura de especialista, junto com uma mistura de gráficos que surgem na tela, que incluem DNA girando, ímãs, moléculas, cérebros, frascos de vacina e agulhas.

Peters agora interfere para "falar com os verificadores de fatos", lendo uma declaração que nega as alegações de ímãs, tirada do site do Centro de Controle e Prevenção de Doenças dos Estados Unidos (CDC, na sigla em inglês). Isso tem dois objetivos. Sua suposta disposição a levar em consideração um ponto de vista diferente aumenta sua aparente confiabilidade. Também é uma deixa para sua convidada dar voz àquilo que muitos dos seus espectadores já acham sobre o CDC.

– Eles estão mentindo na cara dura? – pergunta ele à Dra. Ruby.

– Sim, estão mentindo – responde ela sem hesitar, erguendo o olhar arregalado para a câmera. – E, Stew, quer saber por quê? Porque o passado é um prólogo.

Essa declaração um tanto enigmática inicia uma lista de supostas infrações cometidas pela agência ao longo dos anos, e muitas dessas infrações já faziam parte das crenças dos espectadores. Se elas eram verdade, essa nova descoberta também devia ser.

No fim do vídeo, Peters elogia o zelo da convidada e sugere que os espectadores entrem em contato com ela por meio de um endereço de e-mail seguro e criptografado, recrutando-os como colegas na busca pela verdade e na descoberta de fatos. E pronto: temos um vídeo de vinte minutos muito eficiente, que divulga uma narrativa completamente mentirosa, apresentada por uma narrativa quase magistral que foi projetada para cativar as pessoas, ganhar sua confiança e persuadi-las a acreditar.

Gosto da teoria dos ímãs porque ela é um protótipo de teoria da conspiração. Começa com a coleção de evidências vindas de muitas pessoas. A confiança é criada. Então somos apresentados a uma série de vídeos que demonstram o fenômeno em primeira mão. A confiança aumenta. Como alguém pode discutir com uma prova em vídeo? Então uma especialista com títulos plausíveis é apresentada para gerar ainda mais confiança ao fazer algumas alegações verdadeiras e reiterar muitas coisas em que o público já acredita, para então usar essa confiança para introduzir mais um elemento (falso) no sistema de crenças dos espectadores. Por fim, o público é convidado a participar da busca pela "verdade". E *voilà*, temos uma bela teoria novinha em folha: um punhado de verdades, vilões malvados, uma especialista bem-conceituada, prova social, vídeos de experiências pessoais e um pedido para nos mantermos atentos.

A mente domina ímãs?

Talvez você esteja se perguntando: que tipo de pessoa cai nessa? Você com certeza não cairia. Você questionaria a formação da especialista, pesquisaria as alegações dela (todas, não só as que ela pediu para você checar) e assistiria aos vídeos caseiros com ceticismo, certo? Você se lembraria do funcionamento das leis da física e concluiria que, mesmo que houvesse ímãs na vacina (o que não é o caso), eles jamais teriam força suficiente para prender um iPhone. (Já tentou prender um cardápio de delivery na geladeira com um ímã pequeno?) Você também pensaria duas vezes sobre as denúncias associadas à vacina da covid-19. Até empresas poderosas da indústria farmacêutica são incapazes de reverter as leis da natureza. E não é preciso saber muito sobre regulação de empresas para entender que, apesar de a indústria farmacêutica não ser um exemplo de virtude, empresas multibilionárias jamais arriscariam a própria reputação ao violar regras de inspeção sanitária. Suspeito que, assim como muitas outras companhias americanas, elas tenham departamentos de compliance tão grandes, se não maiores, quanto seus departamentos de pesquisa e ciência.

É fácil desmerecer o processo de criação de crenças do *The Stew Peters Show* como algo em que apenas outras pessoas cairiam. Mas essa é uma boa oportunidade de analisar nossas crenças e o processo que nos levou a adquiri-las. Na realidade, somos mesmo tão diferentes das pessoas que veem e compartilham vídeos como os da teoria de ímãs na vacina? Façamos um exercício simples para descobrir.

Para cada uma das seguintes declarações, circule Verdadeiro ou Falso de acordo com sua crença. Então classifique seu nível de confiança nessa crença numa escala de 0 (nenhuma certeza) a 100 (certeza absoluta).

E, sim, sei que a esta altura você deve estar pensando que vai dar trabalho demais largar o livro, pegar uma caneta e depois retomar a leitura. É provável que pense que basta responder mentalmente, mas confie em mim quando digo que não basta. Quando olhamos para uma pergunta e não nos comprometemos com uma resposta específica, temos a impressão de que a respondemos, mas a verdade é que não fizemos isso. Depois, quando alguém nos diz a resposta certa, tendemos a acreditar que acertamos. Mas talvez não tenha sido o caso. Só ficamos com a sensação de que demos a resposta certa. O propósito deste exercício é justamente evitar esse tipo de resposta retrospectiva. Então, por favor, pegue uma caneta, circule Verdadeiro ou Falso e indique seu nível de confiança numa escala de 0 a 100.

A covid-19 é real: Verdadeiro/Falso. Confiança (0-100): _____
O 5G é seguro: Verdadeiro/Falso. Confiança (0-100): _____
O universo começou com o Big Bang: Verdadeiro/Falso. Confiança (0-100): _____
A Terra é redonda: Verdadeiro/Falso. Confiança (0-100): _____
O Holocausto realmente aconteceu: Verdadeiro/Falso. Confiança (0-100): _____
Deus existe: Verdadeiro/Falso. Confiança (0-100): _____

Agora retome cada uma das afirmações e faça a si mesmo as seguintes perguntas, uma de cada vez:

Como passei a acreditar na minha resposta para a seguinte afirmação:

A covid-19 é real: _____
O 5G é seguro: _____
O universo começou com o Big Bang: _____
A Terra é redonda: _____
O Holocausto realmente aconteceu: _____
Deus existe: _____

Como posso ter certeza sobre minha resposta para a seguinte afirmação:

A covid-19 é real: _____
O 5G é seguro: _____
O universo começou com o Big Bang: _____
A Terra é redonda: _____
O Holocausto realmente aconteceu: _____
Deus existe: _____

Se você for como a maioria das pessoas, é provável que tenha dado notas bem altas para seu nível de confiança inicial nas suas crenças. Só que, ao responder às perguntas subsequentes, que exigem uma reflexão sobre o processo usado para chegar a essas crenças e confiar nelas, talvez tenha percebido que as coisas em que você acredita não têm uma base tão sólida quanto pareciam ter. Talvez você tenha se dado conta de que suas crenças são, em grande parte, resultado de aceitar informações que foram oferecidas. Na realidade, talvez você não tenha feito muitas pesquisas independentes nem parado para pensar muito em suas crenças. Sem dúvida, você contou com fontes e especialistas genuínos e confiáveis. Você aceitou prova social (a abordagem do "Todo mundo acha isso") ou testemunhos individuais (a abordagem do "Meu amigo me contou"). Nada disso necessariamente significa que você estava errado, porém reconhecer a fragilidade da base sobre a qual construímos algumas de nossas crenças pode reduzir nossa confiança nelas, mesmo que apenas um pouco. Mas não se preocupe: é provável que você se esqueça desse curto período de autoquestionamento na próxima meia hora e volte para seu estado-padrão de muita confiança.

A questão aqui não é duvidar de todas as nossas crenças sobre eventos históricos ou crises globais de saúde. Nem nos criticar por não pesquisar tudo com mais afinco. Estou apenas tentando mostrar que todos nós contamos com atalhos para lidar com a complexidade do mundo saturado de informações ao nosso redor. Não é humanamente possível duvidar de tudo o tempo todo, então nos esforçamos muito para estabelecer alguns parâmetros básicos. Há um conjunto de coisas em que acreditamos e um conjunto em que não. Não dá para revisarmos todas as nossas opiniões o tempo todo. Precisamos dessas crenças básicas para proteger nossa sanidade da tempestade de dados que encontramos diariamente. Nossas crenças básicas funcionam como um mecanismo de defesa, nos impedindo de vagar pelo mundo achando que não temos a menor ideia do que está acontecendo. Conforme mais informações se tornam disponíveis na internet, precisamos de mais mecanismos de defesa e, como consequência, tendemos a nos tornar mais inflexíveis em nossas opiniões.

Não são apenas grandes crenças como a origem do universo ou a existência de Deus que adquirimos dessa forma. Todos os dias nosso comportamento e nossas escolhas são orientados por crenças que adotamos, mas que talvez não questionemos nem pesquisemos com tanta profundidade. Veja o meu caso, por exemplo. Alguns anos atrás, resolvi que gostava da lógica por trás do jejum intermitente. Naquela época, não havia muitas evidências sobre o assunto, mas aquilo fazia sentido intuitivo para mim e alguns amigos me disseram que tinha funcionado para eles, então comecei a seguir o método. Mais tarde, quando surgiram estudos mostrando que o jejum não tinha qualquer vantagem comparado a outras abordagens para reduzir calorias, eu sempre encontrava algum defeito neles e permaneci apegado à minha opinião original (apesar de usar evidências de outros estudos para justificar ocasionais momentos em que fiquei comendo e bebendo com amigos até tarde da noite: "Por que seguir regras rígidas quando não existem evidências para provar algo?"). Mesmo enquanto escrevo estas palavras, anos após ter começado a seguir a dieta, não sei ao certo se ela é boa ou não, mas me esforço para permanecer firme nela na maioria dos dias.

> **TALVEZ SEJA ÚTIL**
> **Desafie suas crenças**
>
> Questionar as próprias convicções é mais fácil na teoria do que na prática, mas um método confiável foi proposto pelo filósofo grego Sócrates. O método socrático, como é conhecido, baseia-se em propor uma hipótese e então desafiá-la. Há duas maneiras de desafiar uma hipótese: procurando explicações alternativas ou testando se ela é refutável. Por exemplo, você poderia bolar a hipótese de que a eleição presidencial americana de 2020 foi fraudada por agentes estrangeiros. Mas então se perguntaria: quais são as outras explicações possíveis para o resultado dessas eleições? Talvez a maioria dos eleitores simplesmente tenha preferido o candidato que venceu. Ou você poderia se perguntar: O que invalidaria minha hipótese? Talvez as várias recontagens dos votos e as medidas de segurança eleitoral. Assim, o método socrático pode ser usado para que a gente se questione e se mantenha fiel aos fatos.
>
> Eu recomendaria que você fizesse isso com papel e caneta. Como já discutimos, é muito fácil acreditar que respondemos mentalmente a uma pergunta quando não fizemos isso de fato. O simples ato de escrever faz uma diferença enorme.

> O método socrático pode ser usado em conversas com negacionistas. Em vez de apenas discordar das hipóteses deles, é melhor questioná-los sobre possíveis hipóteses alternativas e contra-argumentos.
>
> Outro método útil para questionar as próprias crenças com sinceridade é perguntar se uma terceira parte neutra chegaria à mesma conclusão. E se essa pessoa não compartilhasse nosso ponto de vista atual sobre o mundo ou talvez até tivesse uma visão oposta? O que ela diria? Como poderia desafiar nossa hipótese?

Crenças são poderosas porque, depois que as estabelecemos, torna-se muito raro questioná-las. É mais fácil evitar o esforço de duvidar de si mesmo e insistir no erro, exatamente como faço com minha dieta. Como disse o documentarista Adam Curtis: "Os poderes do mundo não usam apenas força ou leis para se firmarem – também entram na mente das pessoas e moldam a maneira como elas enxergam a vida. Mesmo na era moderna do individualismo, isso continua valendo." Eu iria um pouco além e diria que isso vale *especialmente* na era moderna do individualismo e do fluxo digital de informações.

Pesquisa tendenciosa: o que o homem que queria ser meu algoz me ensinou sobre a mente negacionista

Lembra-se de Richard, o cara que me disse que adoraria ser meu algoz? Obviamente, nossa relação não começou da melhor maneira possível, mas mantivemos contato mesmo assim. Sua inteligência evidente e a dedicação excepcional à sua "pesquisa" o tornaram um guia de viagem fascinante em minha jornada para entender a mente dos negacionistas.

Richard se apresenta como alguém que busca a verdade, cuja missão é expor as redes de mentiras e farsas perpetuadas pelas poderosas elites, e acho que ele realmente acredita nisso. A negação da covid não foi nem de longe sua primeira teoria da conspiração. Na verdade, faz muitos anos que Richard aceita muitas realidades alternativas. Ele acredita que Bill Gates controla a Organização Mundial da Saúde; que as elites econômicas controlam a economia mundial com a invenção e a operação do Sistema de

Reserva Federal dos Estados Unidos; que a família Rockefeller pretende criar uma nova ordem mundial; e que Charles Manson participou de um experimento da CIA sobre controle da mente chamado MK-Ultra, que o transformou num serial killer.

Quando a pandemia da covid-19 começou, Richard acreditou no que escutou nos noticiários. Então "abriu os olhos" e percebeu que estava confiando nas pessoas erradas (as "pessoas erradas" sendo o CDC, a OMS, Bill Gates, o Dr. Fauci e assim por diante). Ele começou a "fazer a própria pesquisa". Segundo me conta, ele lê "toda a literatura científica" e faz buscas quando não entende alguma coisa. Mesmo assim, o resultado disso tudo é que ele acredita com ainda mais veemência nas teorias da conspiração sobre a covid. Mas como será que ele faz buscas no vasto universo de informações que existem por aí e chega às próprias conclusões? Esse é um exemplo fascinante daquilo que cientistas sociais chamam de **pesquisa tendenciosa**.

A pesquisa tendenciosa, no sentido mais amplo, é qualquer tipo de pesquisa que revele apenas parte do universo de informações disponíveis. É claro que é difícil imaginar um ser humano fazendo uma pesquisa perfeita sem qualquer tipo de parcialidade, então devemos pensar nisso como um espectro e questionar quanto a pesquisa é enviesada.

Há várias influências que podem tornar uma pesquisa tendenciosa. Em alguns casos, talvez seja apenas o fato de que procuramos as informações mais disseminadas ou fáceis de acessar – como a história do homem que procura por suas chaves embaixo de um poste de luz, não porque as perdeu ali, mas porque é o espaço que está iluminado. Numa pesquisa on-line, os termos específicos que usamos, o algoritmo aplicado ao mecanismo de busca ou a aparição de resultados patrocinados no topo da lista criam parcialidades na pesquisa. Talvez o site de busca usado ignore certos dados ou linguagens de propósito. Qualquer busca que não apresente resultados completos é uma forma de pesquisa tendenciosa.

Quando se trata de negacionismo, a pesquisa tendenciosa costuma se basear no que chamamos de **viés de confirmação**. Trata-se de uma pesquisa tendenciosa que começa com uma hipótese e busca apenas as informações que a confirmem, rejeitando ou ignorando tudo que possa contradizê-la.

Richard é um exemplo disso. Quando nos conhecemos, ele estava convencido de que a covid-19 era uma ferramenta usada pelos governos para remover liberdades básicas de seus cidadãos. Sua pesquisa extensiva era motivada pela necessidade de confirmar essa hipótese.

Numa de nossas conversas pela internet, Richard me enviou vídeos de pessoas falando sobre os efeitos terríveis da pandemia na vida delas, de seus filhos, parentes e conhecidos. Alguns eram nitidamente caseiros; outros pareciam mais oficiais. Nenhum me parecia uma evidência propriamente dita, e não havia muito que eu pudesse concluir ou aprender com um vídeo de alguém descrevendo seu sofrimento. Pedi-lhe que me enviasse apenas dados quantitativos e trabalhos acadêmicos. Afinal, ele alegava estudar a literatura médica, então deveríamos começar por ali, certo?

Naquela noite, Richard me enviou vários links junto com o comentário "Essas informações contêm tudo que você precisa entender sobre o que está acontecendo". À primeira vista, muitos deles pareciam fontes confiáveis. Os "especialistas" pareciam habilitados. As instituições pareciam reais. As publicações pareciam científicas.

Tenho a tendência a confiar muito nos outros, porém sabia que, naquela situação, eu deveria ir contra os meus instintos e partir do princípio de que nada era o que parecia ser. Um exemplo: o primeiro link que abri me levou à Associação de Médicos e Cirurgiões Americanos (AAPS, na sigla em inglês). O site era semelhante ao de qualquer outra instituição médica, com o logotipo-padrão do bastão de Esculápio (com uma serpente enrolada), embora uma análise mais profunda revelasse que era uma fachada para um grupo político de direita radical que pouquíssimo tinha a ver com ciência médica. Ao longo dos anos, a AAPS negou a existência do HIV e da aids; associou aborto a câncer de mama, e vacinas a autismo; alegou que a homossexualidade reduz a expectativa de vida; e muito mais. Para um leigo, os trabalhos publicados no site pareciam publicações médicas normais, só que não se baseavam em dados ou fatos. Eram artigos que continham apenas opiniões pessoais e muita especulação.

Eu disse a Richard que aquela não era uma publicação científica e que o site não apresentava evidências confiáveis. Richard nem respondeu ao meu questionamento; ele apenas seguiu em frente para a informação seguinte. Isso é típico do viés de confirmação: a pessoa ignora qualquer evidência que não confirme sua hipótese. A próxima mensagem dele foi um tuíte alegando que tinha havido um aumento de 23% no índice de mortalidade em Israel entre homens na faixa de 29 a 39 anos nos meses de março e abril de 2021. Segundo ele, como isso coincidia com a primeira campanha de vacinação para jovens, era óbvio que essas mortes tinham sido causadas pela vacina. Ele também me enviou um link para o banco de dados virtual do Ministério da Saúde de Israel. Os dados pareciam estar corretos: um aumento de 23% durante aqueles meses específicos para aquela faixa etária. No entanto, uma análise mais profunda revelou que as mortes em questão eram um número absoluto muito pequeno, na casa dos dois dígitos. Quando os números são baixos, o aumento das porcentagens pode fazer com que pareçam mais alarmantes do que realmente são. Se duas pessoas morrem numa semana e depois três morrem na semana seguinte, o aumento é de 50%! E se, como nesse caso, a quantidade de pessoas mortas aumenta de 13 para 16, o crescimento é de 23%. Aliás, a tática de descrever números de forma conveniente para a pessoa que transmite a informação é amplamente usada, e não apenas por negacionistas. Esse é um dos principais motivos para a estatística ser criticada de vez em quando.

Além disso, os dados relatavam mortes agregadas por uma variedade de causas. Um grave acidente de carro poderia ter alterado drasticamente os números. Então analisei melhor os dados sobre mortalidade, comparando esse ponto de referência com um intervalo de datas mais abrangente (não apenas abril e maio) e outras faixas etárias (não apenas dos 29 aos 39 anos). Logo ficou claro que os números variavam com o tempo e que o aumento que preocupava Richard era limitado àquele grupo e àqueles meses específicos. Em outras faixas de período e idade, não se observava aumento. Depois disso, comparei a estatística de crescimento que Richard me enviara com flutuações gerais ao longo do tempo. Fiz isso analisando se o aumento (23%) era estatisticamente indistinguível da distribuição de flutuações gerais do número de óbitos e mais uma vez observei que, apesar de o aumento de 23% parecer alto, esse tipo de variação era esperado e esse aumento específico não tinha relevância estatística.

Torcendo para que aquela fosse uma oportunidade de ajudar Richard a entender melhor como a ciência e a estatística funcionavam, gravei a tela do meu computador enquanto montava minha análise com resultados diferentes. Mais uma vez, como esperado, Richard não reagiu. Ele não estava interessado em evidências que refutassem suas crenças; só queria encontrar mais provas que as confirmassem e fortalecessem sua convicção naquilo em que já acreditava.

A verdade é que todos nós somos um pouco Richard. Se você não acredita em mim, aqui vai um teste simples.

As cartas de Wason

Imagine que você recebe quatro cartas na seguinte disposição:

Figura 5. Ilustração da tarefa de seleção de Wason

Você é informado de que cada carta apresenta uma letra de um lado e um número do outro e ouve a seguinte hipótese: *Se uma carta exibe um número par, então o verso contém uma vogal.*

A questão é: qual carta ou cartas você precisa virar para testar a hipótese? Esse teste foi criado em 1966 por Peter Wason e se chama tarefa de seleção de Wason.

Pense um pouco antes de responder.

A maioria das pessoas começaria com a carta que exibe o número 4. Se essa carta tiver uma vogal no verso, isso ajudará a confirmar a hipótese. Caso contrário, vai refutá-la. Então essa decisão faz sentido. A seguir, muitas pessoas escolheriam a carta que exibe a letra *E*. Parece um ótimo modo de testar a hipótese. Só que, se você reparar bem, vai perceber que é um raciocínio que busca confirmar a hipótese (*Se uma carta exibe um número par, então o verso contém uma vogal*). Na realidade, esse não é um movimento útil. Um número par do outro lado do *E* seria consistente com a hipótese, mas um número ímpar não a confirmaria nem rejeitaria, uma vez que a hipótese não fala nada sobre o que deveria acontecer com as cartas que têm um número ímpar.

O que pouquíssimas pessoas fariam nesse teste é virar a carta *K*, embora, no fim das contas, ela seja a chave. Afinal, se houver um número par no verso do *K*, a hipótese será refutada. A resposta certa, portanto, é virar o *4* e o *K*. As outras cartas não fazem diferença.

Se você respondeu corretamente, parabéns, sua mente é mais lógica do que o normal; ou então você já conhecia a tarefa de seleção de Wason e está usando a oportunidade para confirmar a hipótese de que você é muito mais inteligente que a maioria das pessoas. Caso tenha dado a resposta errada, pode ficar tranquilo, porque não foi o único. No experimento original de Wason, menos de 10% dos participantes encontraram a resposta certa. Como seria de esperar, há um grande corpo de estudos sobre a tarefa de seleção de Wason, com várias nuances e condições, o que por si só apresenta muitas oportunidades para pesquisas tendenciosas.

A tarefa de seleção de Wason demonstra o viés de confirmação – a tendência humana de buscar por evidências que sustentem uma hipótese em vez de refutá-la. O viés de confirmação não se resume a como procuramos por informações; ele também nos motiva a interpretá-las de modo a confirmar ou sustentar crenças ou valores preexistentes e a evitar ou ignorar informações que possam desafiar tais crenças e valores. Ele nos permite racionalizar rapidamente grandes inconsistências nas nossas conclusões sobre o mundo. A mesma pessoa pode insistir que a eleição foi fraudada e que urnas eletrônicas são falíveis caso seu candidato preferido perca, mas fará elogios ao processo democrático e confiará muito nas urnas caso seu candidato vença. Uma pessoa que acredita no horóscopo publicado no jornal pode interpretar todos os eventos que vagamente se assemelhem às previsões astrológicas como provas de que os astros têm um plano para nossa vida com base no momento em que nascemos, e essa mesma pessoa também pode ignorar ou explicar rapidamente todos os eventos que não se encaixem nas previsões em vez de questionar a veracidade do horóscopo.

É por isso que Richard conseguia dar mais importância do que deveria às estatísticas de mortalidade e ignorar todas as minhas explicações.

Ele desmerecia a grande correlação entre vacinação em massa e queda na quantidade de contágios porque isso não confirmava sua crença. Ao mesmo tempo, superenfatizava a relação tênue entre vacinas e mortes na faixa etária de 29 a 39 anos entre março e abril de 2021 porque isso se encaixava em seu modelo mental sobre o que estava acontecendo no mundo.

> **TALVEZ SEJA ÚTIL**
> **Mude seu jeito de pesquisar**
>
> Todo dia a maioria de nós usa ferramentas de busca, mas não costumamos perceber quanto elas sustentam nosso viés de confirmação. Você já percebeu como, ao começar a digitar uma pesquisa, a ferramenta autocompleta a frase, sugerindo que várias pessoas têm a mesma dúvida? E já notou uma tendência em si mesmo, ao pesquisar por informações em que você acredita com todas as forças, de digitar aquilo que deseja provar? Se for o caso, você não é o único. A maioria de nós faz isso. Por exemplo, se acreditamos que vacinas causam autismo, podemos pesquisar por "vacinas causam autismo". Isso nos levará a conteúdos que confirmem essa crença. Muitas vezes pensamos que estamos apenas pesquisando um assunto quando, na verdade, estamos buscando a nossa visão tendenciosa sobre ele. A enchente de resultados que recebemos apenas a confirma. Espero que, um dia, ferramentas de busca sejam projetadas para nos proteger do viés de confirmação. Só que, até lá, devemos fazer nossa parte. Tente digitar o oposto daquilo em que você acredita. No exemplo anterior, isso significa procurar por "vacinas não causam autismo". Ao fazer as duas buscas, você terá acesso a resultados mais variados e abrangentes, protegendo-se, em certo grau, do viés de confirmação.

O viés de confirmação cria problemas para todos nós de uma forma ou de outra. Pense na última vez que você discordou de um amigo e pediu ajuda ao Dr. Google para provar que tinha razão. Você procurou as informações com imparcialidade? Buscou evidências que em sua maioria (ou que apenas) confirmavam o seu ponto de vista ou também tentou refutá-lo? Reflita sobre o que acontece quando você escuta um boato negativo a respeito de alguém de quem desgosta. Seja sincero: você encara a história com a mente aberta, verificando os fatos antes de chegar a conclusões? Ou parte do princípio de que *deve* ser verdade porque aquilo confirma o que você já pensa sobre aquela pessoa? Sem dúvida, você já viu alguém fazendo isso também. Eu faço (mas não com horóscopos!). A tendenciosidade pode ser igualmente poderosa quando se trata de coisas em que desejamos acreditar ou que tememos serem verdade.

Procurando câncer

Acordo e olho para o celular. São duas da madrugada. Conforme a névoa do sono se dissipa, eu me torno ciente de uma sensação estranha. A curva entre meu ombro esquerdo e meu pescoço está esquisita. Quando toco a região, percebo que mal sinto meu toque, como se estivesse anestesiado. Então faço uma série de círculos concêntricos, aumentando o espaço pelo qual passo meus dedos a cada vez, tentando entender a extensão do formigamento e seus limites. Com o tempo, descubro que uma parte inteira do meu corpo parece estranhamente entorpecida. A sensação se espalha pelo meu peito, pelo ombro e desce pelas costas.

O que poderia ser? Minha mente na mesma hora diz *câncer*. Depois disso, entro numa espiral e penso apenas em questões relacionadas a câncer. Onde o tumor teria que estar para causar essa sensação esquisita? Seria no pescoço? Na medula? Será que é algum tipo de câncer de pele? Meus pensamentos me levam para várias possibilidades horríveis, então decido tentar voltar a dormir, torcendo para o entorpecimento ter desaparecido pela manhã. Eu me viro e acabo caindo no sono de novo. Quando desperto algumas horas depois, nada mudou. A sensação esquisita continua, assim como os pensamentos sobre câncer. Não consigo pensar em outras opções que expliquem aquilo.

Tenho cada vez mais certeza de que é câncer e de que isso não vai acabar bem. Passo o restante da noite tendo pesadelos. Pela manhã, a sensação continua. Sei que deveria ligar para um médico, mas nem sei que tipo de especialista procurar. Um especialista em câncer de pele? Um cirurgião ortopédico? Um especialista em medula? Será melhor começar na emergência de um hospital ou com meu clínico geral?

Então toco o ombro direito, o que não tem câncer, e, quando um dos meus dedos toca uma cicatriz, minha memória desperta. Muitos anos atrás, balões foram implantados sob a pele dos meus dois ombros como parte de um plano cirúrgico para fazer crescer mais pele e usar o tecido extra para cobrir cicatrizes (os balões foram originalmente projetados para implantes de seios, mas sugeri um novo propósito para eles, ao qual meus médicos resistiram no começo, antes de aceitá-lo). Ao longo de seis meses, os médicos inflaram cada balão metódica e lentamente. O do meu ombro esquerdo tinha um volume de dois litros. O do direito tinha um litro e meio. Conforme eles eram expandidos, esticavam minha pele saudável. A ideia era que, após a remoção dos balões, os cirurgiões esticassem a pele saudável extra sobre meu pescoço para substituir algumas das cicatrizes e me dar um trecho maior de pele saudável.

Quando me lembro disso, toco a cicatriz no ombro direito e sinto o mesmo entorpecimento. Então lembro que meus ombros têm essa sensibilidade esquisita desde a cirurgia, muitos anos antes. Mistério resolvido! Era um problema antigo do qual eu tinha me esquecido. Não havia câncer algum. O problema foi que, quando comecei a cair em espiral, fiquei obcecado com a possibilidade de um desfecho terrível e minha mente só conseguia produzir mais e mais pensamentos associados a câncer. Descartei todas as outras possibilidades antes mesmo de refletir sobre elas. Quando notei a sensação estranha pela primeira vez, eu queria ter parado e cogitado *todas* as opções que poderiam causar aquilo. Em vez disso, levantei uma única hipótese, e todo o meu raciocínio foi limitado para me concentrar nela.

A moral dessa história é que existem várias formas de interpretar nossas experiências, só que, quando enfiamos uma coisa (uma hipótese) na cabeça, é muito difícil se desviar desse caminho inicial.

O mesmo princípio poderia explicar parte das alegações que as pessoas fazem sobre os efeitos colaterais de vacinas. Imagine se a história que acabei de contar tivesse acontecido logo depois de eu ser vacinado. A que conclusão eu poderia ter chegado? É bem provável que concluísse que o entorpecimento era um efeito colateral da vacina – especialmente se fosse no mesmo braço que levou a injeção. E, se essa resposta me deixasse satisfeito, talvez eu não pensasse mais no assunto. De fato, quando já esperamos sentir efeitos colaterais, começamos a procurar por eles. E é claro que nos tornamos mais propensos a encontrá-los. Num dia normal, os sintomas não nos incomodariam; perceberíamos que são aleatórios ou que foram originados por uma causa completamente diferente. Só que, quando esperamos pelos efeitos colaterais, os transformamos no ponto focal do nosso processo cognitivo. Isso, por sua vez, pode aumentar a intensidade dos sintomas e criar associações entre eles e aquilo que imaginamos ser sua origem – nesse caso, a vacina.

Juntando os pontos ao contrário

Por falar em criar associações, outro truque cognitivo comum que ajuda a deturpar a realidade é nossa tendência a encontrar padrões de causalidade que não existem. Pegamos dois eventos que parecem associados, mas que não são, juntamos os pontos ao contrário e então nos convencemos de que A levou a B. Vamos dar uma olhada num caso fascinante de pontos conectados ao contrário que convenceu muita gente em tempos de covid-19. Ele girou em torno de um exercício de planejamento para situações de pandemia que ocorreu em 2019, chamado Event 201.

Não podia ser coincidência, concorda? Pelo menos, é isso que Maya e muitas outras pessoas nos diriam. No dia 18 de outubro de 2019, em Nova York, a Fundação Bill & Melinda Gates e o Fórum de Economia Mundial se juntaram com o Centro para Segurança da Saúde da Universidade Johns Hopkins para apresentar um "exercício de simulação" que imaginava possíveis reações a uma pandemia. Neste ponto do livro, a lista de nomes que citei já deve ser suficiente para causar desconfiança e até arrepiar os pelos da sua nuca. Você pode estar se perguntando se eu também estava presente (não estava) ou se os Illuminati foram patrocinadores secretos do projeto (não que eu saiba). Só que a história não termina por aí. Que tipo de pandemia você acha que eles escolheram para a simulação? Isso mesmo, uma causada por um coronavírus. É difícil imaginar que isso seja coincidência, não é? Quais são as chances de eles terem previsto a covid-19? Não faz mais sentido presumir que eles já sabiam da existência do vírus? Não faz mais sentido acreditar que essa "coincidência" prova que Bill Gates – considerado por muitos o arquiteto da pandemia – já bolava seu plano maligno e estava de conchavo com a Johns Hopkins, outro alvo de suspeitas? Os primeiros casos de covid-19 só seriam anunciados publicamente em dezembro. As pessoas que desejavam confirmar a hipótese de que Gates e seus comparsas planejaram tudo desde o início se agarraram triunfantemente a esse evento como se fosse uma prova. Verdade seja dita, a probabilidade de alguém acertar essa situação pouco antes do surto de uma pandemia parece estatisticamente impossível se ninguém soubesse o que estava prestes a acontecer. Certo?

Errado. Esse tipo de raciocínio (viés de confirmação) não leva em consideração o fato de que esse tipo de evento acontecia com regularidade nos anos que antecederam a eclosão da covid-19. Não leva em consideração as explicações racionais para a escolha de um coronavírus como um dos candidatos mais prováveis para esse tipo de surto. Também não leva em consideração o fato de que, ao analisar os muitos eventos anteriores, é fácil encontrar em retrospecto um que se encaixe na história em que já acreditamos. Mas e as outras centenas de simulações que aconteceram, muitas com apoio da Fundação Bill & Melinda Gates, que não tiveram qualquer associação com a futura pandemia? Tentamos explicar todas elas? É claro que não – da mesma forma que quem segue horóscopos não tenta explicar todos os eventos da semana que não foram previstos no jornal de sábado. Ao olharmos para o passado em busca dos capítulos de uma história que desejamos provar, é fácil encontrar alguns detalhes que se encaixam em nossa teoria. É como olhar primeiro para as cartas no jogo de tabuleiro Detetive e concluir que o culpado foi o Sr. Marinho no hospital com uma seringa!

> **POR QUE NÃO DEVEMOS COMPARAR A MENTE A UM COMPUTADOR**
> Os seres humanos tendem a fazer metáforas sobre tudo, inclusive sobre a própria mente. Buscamos imagens explicativas no mundo ao nosso redor e, como o mundo muda ao longo do tempo, o mesmo acontece com as metáforas que usamos para refletir nosso raciocínio. Platão comparou a mente com um aviário; Vladimir Nabokov a associou a um armário de arquivos; Sigmund Freud, a uma escavação arqueológica. A mente foi

descrita muitas vezes como algum tipo de recipiente, talvez furado. Hoje em dia, no entanto, uma das metáforas dominantes é algo que filósofos, poetas e psicólogos antigos nem sequer imaginariam: o computador. Com o avanço da informática, começamos a pensar que a mente funciona como uma máquina. Às vezes usamos termos como *largura de banda* e *poder de processamento* quando falamos sobre capacidade mental. Apesar de ser interessante, a metáfora do computador é limitada, como qualquer analogia. Essa limitação fica especialmente perceptível quando pensamos no processo de se tornar negacionista.

A metáfora da mente como um computador parte do princípio de que somos máquinas cognitivas sem emoções e que nossos estados emocionais temporários não influenciam o funcionamento da mente. É óbvio que um computador funciona do mesmo jeito durante a alta e a baixa da bolsa de valores. Um computador funciona do mesmo jeito numa pandemia e numa era de extraordinária paz. Um computador funciona do mesmo jeito em lares conflituosos ou de perfeita harmonia. Um computador funciona do mesmo jeito em terríveis condições climáticas e quando o dia está lindo lá fora. Não é assim que as pessoas lidam com informações. A metáfora do computador não reflete os efeitos do estresse, nossas motivações nem todas as consequências do fato de que seres humanos são animais extremamente sociais. Sem levar esses e muitos outros fatores em consideração, a metáfora da mente como um computador faz com que seja mais difícil – ou até impossível – compreender e refletir corretamente sobre as decisões tomadas por nós e pelas pessoas ao nosso redor. Todas as maneiras incríveis e peculiares como a mente funciona (ou não funciona) são deixadas de fora. E é por isso que pensar assim sobre a mente dificulta nossa compreensão do negacionismo. Afinal, é dificílimo imaginar que um computador poderia se tornar negacionista. Sendo assim, pelo restante da nossa jornada vamos tentar não pensar na mente como um computador. Vamos aceitar a complexidade e a falibilidade da mente e da existência humana.

Alerta: as coisas estão prestes a ficar ainda mais estranhas...

Nenhum dos atalhos mentais que descrevi neste capítulo garante que alguém se tornará negacionista. Entretanto, se estivermos sob as condições emocionais estressantes que nos levam a buscar alívio na forma de respostas, se formos impulsionados pelo viés de confirmação e buscarmos fake news que satisfaçam a necessidade de apontar um vilão, então será mais fácil deturpar a realidade. A história cognitiva é complexa e, no próximo capítulo, vamos analisar algumas formas ainda mais intricadas de contar mentiras a nós mesmos e de nos convencer delas.

6

O ESFORÇO PARA ACREDITAR NAQUILO EM QUE JÁ ACREDITAMOS

> *A longo prazo, minhas observações me convenceram de que alguns homens, ao pensar de maneira retrospectiva, estabelecem primeiro alguma conclusão que, por ser própria ou por ter partido de uma pessoa em quem confiam absolutamente, os marca tão profundamente que se torna impossível removê-la da cabeça. Os argumentos que sustentam tal ideia fixa, que eles mesmos elaboraram ou ouviram de outras pessoas, por mais simples e estúpidos que sejam, ganham sua aceitação e seus aplausos instantâneos. Por outro lado, quando chega à sua atenção alguma informação que os desminta, por mais engenhosa e conclusiva que seja, eles a encaram com desdém ou fúria – quando não adoecem. Tomados pela paixão, alguns não se fariam de rogados em tramar para suprimir e silenciar seus adversários.*
>
> – GALILEU GALILEI, *Diálogo sobre os dois máximos sistemas do mundo* (1632)

Você já tentou corrigir a crença de alguém enviando informações melhores e mais confiáveis? Talvez a sua tia esteja convencida de que a aids foi propositalmente disseminada para dizimar a comunidade gay, então você enviou para ela alguns artigos que refutam essa alegação equivocada. Ou algum amigo seu no Facebook declarou que o governo possui tecnologias para manipular o clima, então você discute com ele nos comentários e compartilha textos legítimos em que cientistas explicam por que isso é mentira. Ou uma colega de trabalho tem pavor do 5G e fica insistindo para você parar de usar seu celular antes que seja tarde demais, então você imprime para ela alguns trabalhos científicos que poderiam acalmá-la e os deixa em sua mesa. Se você já tentou fazer alguma coisa desse tipo, sabe o que estou prestes a dizer: *não funciona*. A desinformação sem sombra de dúvidas alimenta o negacionismo. Mas, se o problema fosse só esse, poderíamos facilmente combatê-lo com boas informações. Pena que não é o caso.

Como vimos no capítulo anterior, é fácil demais ser atraído por linhas de pensamento parciais, tendenciosas ou simplesmente falsas quando pesquisamos coisas em que já acreditamos. Esse com certeza é um fator importante na criação de negacionistas. No entanto, se o problema estivesse limitado à maneira como procuramos informações, a solução para o negacionismo seria tão simples quanto melhorar padrões de busca. Teríamos apenas que expor a mente a um conjunto de informações mais amplo ou diferente para que nossa compreensão subjetiva do mundo rapidamente se realinhasse com a realidade objetiva. Problema resolvido. Só que, como você já deve imaginar, a mente humana possui forças adicionais que dificultam bastante nossa capacidade de sermos objetivos.

Quando alguém quer acreditar numa narrativa específica, é extraordinário como o raciocínio pode se voltar para defender essa história. Mesmo quando a história é obviamente falsa. Neste capítulo vamos mergulhar ainda mais fundo nas estruturas cognitivas e examinar as maneiras como propositalmente distorcemos as evidências para chegar às conclusões que queremos. Também vamos analisar outro fator muito próximo e essencial para a deturpação da realidade, que é o intervalo entre aquilo que sabemos e aquilo que *achamos* que sabemos, que costuma causar excesso de confiança.

Mas primeiro, caso você esteja achando que a distorção proposital de evidências só acontece com os outros, vamos dar uma olhada num exemplo que provavelmente fará sentido para você: esportes.

Raciocínio motivado

Você gosta de futebol? Se não gostar, fique à vontade para substituí-lo pelo seu esporte favorito no exemplo a seguir para tornar o impacto emocional mais realista. Digamos que você esteja assistindo a uma partida importante na qual seu time enfrenta o principal adversário. O jogo está empatado aos 45 minutos do segundo tempo. O time rival vai cobrar um escanteio e tem chance de fazer o gol que lhe daria a vitória. A pequena área está caótica, com todo o seu time recuado e os jogadores se embolando nos minutos finais desesperadores. O escanteio é batido, o atacante cabeceia, mas a bola bate no travessão e cai no gramado. Você está de pé, pronto para comemorar, quando um apito agudo atravessa os urros da multidão. Seu time cometeu um pênalti. O adversário agora tem chance real de gol e, sem tempo sobrando, é bem provável que ele vença o jogo.

Das arquibancadas e dos sofás de inúmeras salas pelo país, vem um grito. Talvez você mesmo esteja gritando: "Não foi pênalti!" Torcedores do seu time berram para a televisão, chamando o juiz de um monte de coisas, acusando-o de favorecer o outro time. Sua voz da razão alega que o contato físico é "parte do jogo". "Não foi nada!", gritam torcedores para si mesmos e para quem estiver por perto. "O juiz não pode decidir a partida!" Mesmo após assistir ao replay várias vezes, os torcedores mantêm sua opinião, sentindo-se roubados numa partida importante por causa de uma decisão injusta.

Agora imagine que a situação aconteça ao contrário. O apito soa, mas a falta é a favor do seu time. Todo o restante é igual; o lance em questão é idêntico. Como os mesmos torcedores reagiriam? Como você reagiria? Será que teria uma certeza súbita de que foi falta, conseguindo explicar exatamente a infração do adversário? Confiaria na imparcialidade e na objetividade do juiz? Consideraria fantástico o trabalho da arbitragem? Ficaria feliz pela interrupção tão perto do fim da partida? Fale a verdade. A maioria dos torcedores compartilha esse conveniente raciocínio: quando uma falta é a nosso favor, tudo é muito justo e óbvio, mas, quando é contra, o juiz é parcial e ladrão. E isso não se limita ao esporte; faz parte da natureza humana. Vemos as coisas da maneira que queremos ver e bolamos argumentos muito bons para justificar nossas opiniões. Para usar a terminologia da ciência cognitiva, todos nós praticamos o **raciocínio motivado** – a tendência a moldar a realidade ao nosso redor para que ela se encaixe na realidade que desejamos.

É possível ver o raciocínio motivado em ação em muitas áreas da vida. Uma das mais comuns é a política. Em 2016, quando Donald Trump era candidato à presidência dos Estados Unidos, era incrível ver quantas mentiras deslavadas ele contava por dia, e era ainda mais incrível ver quantos conservadores pareciam não se importar com isso. Curioso com aquele aparente descompromisso com a verdade, fiquei me perguntando se aquilo era um defeito da direita ou se era algo que também acontecia com a esquerda. Decidi pesquisar. O que descobri foi que a eleição de 2016 foi profundamente ideológica. As pessoas de ambos os lados tinham opiniões fortíssimas sobre assuntos importantes como saúde pública, controle de armas e aborto. Não era uma questão de os conservadores não se importarem com honestidade e desonestidade; era só que eles se importavam muito mais com outros assuntos. Na verdade, eles se importavam tanto que estavam dispostos a fazer vista grossa para algumas mentiras se elas os ajudassem a alcançar objetivos maiores. Além disso, muitos acreditavam que a desonestidade de Trump indicava seu comprometimento com a causa. O raciocínio era mais ou menos o seguinte: se ele está disposto a mentir de forma tão deslavada agora, é provável que faça tudo que for necessário para promover os pontos mais significativos da nossa pauta quando for eleito.

É claro que, quando expliquei para meus amigos de esquerda o que eu tinha entendido sobre o raciocínio dos conservadores a respeito das mentiras de Trump, eles ficaram horrorizados. Mas então sugeri a eles a seguinte reflexão: imagine que existe um líder da esquerda que é tão dedicado sobre questões de mudança climática, aborto e controle de armas que está disposto a distorcer um pouquinho a verdade para convencer as pessoas do outro lado a aprovar leis que se alinhem à ideologia progressista; você estaria disposto a votar nesse líder? É claro que admitir uma coisa dessas é muito desconfortável, porém a maioria dos meus amigos progressistas acabou admitindo que, por questões como mudança climática, aborto e controle de armas serem tão relevantes, não haveria problema em exagerar ou enfeitar um pouco a verdade – só por enquanto, só até as leis importantes serem aprovadas. E então poderíamos voltar para a verdade.

Não importa se você se identifica com a direita ou com a esquerda; a questão é que todos nós tendemos a enxergar o mundo nas cores que desejamos enxergar. As causas que adotamos moldam nossa percepção sobre quanto nossos líderes merecem ser eleitos, sobre seu caráter moral e sobre até que ponto os fins justificam os meios.

Quando o assunto é honestidade e desonestidade, não há muitas pessoas no mundo que mentem só por prazer. Em muitos casos, existe uma compensação. Devemos dizer a verdade ou fingir que gostamos da palestra (ou do vestido, da comida, da obra de arte)? Devemos dizer a verdade ou promover nossa causa? Devemos dizer a verdade ou ganhar um pouco mais de dinheiro? Devemos dizer a verdade ou nos manter no poder? Em todos esses casos, não é que as pessoas gostem de mentir; é que elas tentam se convencer de que há outra coisa que merece ser priorizada. Na hierarquia de necessidades, algo é mais urgente no momento, e mentimos porque conseguimos nos convencer de que é melhor abrir mão da honestidade em prol de objetivos mais importantes.

> **TALVEZ SEJA ÚTIL**
> **Saia da defensiva e seja um escoteiro**
>
> Em conversas, especialmente em conversas difíceis, costumamos entrar no modo "defesa de território". Só que mudar esse mindset pode levar a conversas bem mais produtivas. Também costumamos tentar influenciar a outra pessoa, mas é mais fácil mudar a nossa cabeça do que a dos outros. Julia Galef se refere à postura defensiva como "mentalidade de soldado". De acordo com Galef, adotar uma mentalidade de soldado nos leva a encarar uma conversa como uma espécie de combate que ameaça nossos valores, e isso nos encoraja a fazer de tudo para defendê-los. Em vez disso, ela sugere a adoção de uma "mentalidade de escoteiro". Ao contrário do soldado, cujo trabalho é proteger seu território, o escoteiro tem a missão de explorar e investigar. Isso exige uma mente aberta e curiosa para mapear o território corretamente. Em outras palavras, escoteiros estão interessados na verdade, no que existe no mundo, enquanto soldados estão hiperfocados em se defender de ameaças. Então, para evitar cair em falácias, lembre-se sempre de tentar ser escoteiro, não soldado.

O conto de um médico azarado

Nas minhas interações pessoais com negacionistas durante a pandemia, testemunhei um exemplo de raciocínio motivado que achei especialmente fascinante. A história envolve o medicamento ivermectina e Andrew Hill, um médico britânico azarado que estava para a medicina como o árbitro do exemplo anterior estava para o futebol.

Fiquei sabendo da ivermectina por Richard, que a descreveu como "vencedora do Prêmio Nobel" (isso é verdade) e me enviou um link com várias informações sobre a substância. A página fazia parte de um site maior que reunia estudos sobre muitos tratamentos "alternativos" para a covid-19, incluindo ácido acetilsalicílico, cúrcuma, dieta, ivermectina, metformina, rendesivir, zinco, vitaminas A, B, C e D, entre outros. As informações no site declaravam que a ivermectina era um tratamento barato, seguro, amplamente disponível e muito eficiente contra a covid-19.

Pesquisando em outras fontes na internet, descobri que a ivermectina é um importante medicamento antiparasitário, usado principalmente em animais, mas também em seres humanos. No fim de 2020, enquanto a pandemia continuava a ceifar vidas e as vacinas ainda não tinham sido aprovadas, muitas pessoas torciam para que um remédio já existente tivesse eficácia contra a covid-19. Entre elas estava Hill, um pesquisador clínico bem-conceituado. Naquele mês de outubro, a OMS pediu a ele que desenvolvesse uma metanálise (uma análise estatística que junta os resultados de vários estudos científicos) de todos os ensaios feitos até então sobre a ivermectina e a covid-19. Durante o processo, ele fez vários tuítes em que falava sobre o potencial da ivermectina, ganhando a aprovação dos negacionistas, que, àquela altura, já tinham adotado a ivermectina como uma suposta alternativa para as vacinas ainda em fase de testes. Eles encararam Hill, com seus títulos médicos e seu aparente entusiasmo pelo medicamento, como a chave para a aprovação da droga como tratamento contra a covid-19, fazendo com que a vacina fosse desnecessária.

Hill e seus colegas cientistas reuniram dados de 23 ensaios sobre a ivermectina conduzidos no mundo todo e fizeram a metanálise. O relatório era otimista: os resultados sugeriam que o medicamento poderia reduzir as mortes por covid-19 em até 75%. Entretanto, os pesquisadores também permaneciam um pouco cautelosos e concluíram que seriam necessários mais dados na forma de grandes ensaios controlados randomizados antes da aprovação do medicamento.

À medida que a pesquisa progredia, esses pontos de precaução importantes não fizeram parte das breves declarações de Hill no Twitter. Então, quando a metanálise completa foi apresentada ao público no dia 18 de janeiro de 2021, os defensores da ivermectina ficaram chocados e indignados. Eles o acusaram de sabotar o próprio relatório com sua conclusão cautelosa e de trair a causa que ele supostamente defendia. Era como se o juiz que parecia estar do lado deles de repente mudasse de postura e passasse a favorecer o time rival. Eles precisavam de uma nova narrativa sobre o Dr. Hill, e rápido. Apesar de antes ser elogiado por sua titulação e sua pesquisa impecável, agora ele era denunciado como traidor e acusado de priorizar seus próprios interesses egoístas em vez do bem-estar da humanidade. Seus críticos se convenceram de que ele recebia propina da indústria farmacêutica e preferia descreditar a ivermectina para ganhar dinheiro com as vacinas e outros medicamentos novos. Eles enfatizavam a associação do médico com a Fundação Gates e alegavam que atrasar a aprovação da ivermectina o tornava cúmplice de uma conspiração "inescrupulosa" que causaria milhões de mortes desnecessárias.

Na verdade, a metanálise de Hill era tão a favor da ivermectina quanto qualquer análise acadêmica poderia ser com a quantidade limitada de dados disponíveis. Além disso, mesmo com todos os ataques, Hill manteve o otimismo sobre o medicamento, afirmando que o tratamento tinha o potencial de mudar as coisas. No dia seguinte à publicação do relatório, ele disse ao *Financial Times* que a conclusão da metanálise deveria ser um aviso para as pessoas. "Preparem-se, façam seus estoques, estejam prontos para a aprovação do medicamento." Só que, para os defensores da ivermectina, qualquer atraso significava pura traição.

A popularidade de Hill entre os negacionistas sofreu outro golpe em março de 2021, quando ele publicou uma foto no Twitter recebendo sua primeira dose da vacina contra a covid-19. Mensagens horrorizadas chegaram aos montes. Por que ele estava fazendo uma coisa dessas? Por que não usava a ivermectina? Ele estava recebendo dinheiro da Fundação Gates?

Enquanto isso, perto dali, na Universidade de Londres, um jovem estudante de medicina chamado Jack Lawrence começou a analisar um dos principais estudos sobre ivermectina como parte de sua pesquisa de mestrado. Esse estudo específico, conduzido por um professor no Egito, era um dos mais impressionantes dentre os analisados por Hill. Era o maior até então, com 600 participantes, e, devido a esse número elevado, teve profundo impacto na metanálise. Surpreendentemente, os resultados do ensaio alegavam que a ivermectina levava a uma redução de 90% na mortalidade. Lawrence queria examinar melhor os dados dos pacientes, que eram mantidos num site de compartilhamento de arquivos. Ele conseguiu descobrir a senha e logo encontrou informações problemáticas – como participantes que tinham morrido antes mesmo de o estudo começar. Outros "detetives de dados" também investigaram os dados na mesma época e logo descobriram algo ainda pior: listas de nomes que se repetiam várias vezes, como se alguém tivesse simplesmente copiado e colado as mesmas informações de pacientes. Era bem óbvio que aqueles dados não deveriam ser usados em nenhuma conclusão. Não era só o estudo egípcio que tinha problemas; uma investigação mais atenta mostrou conflitos de dados em alguns outros estudos sobre a ivermectina.

Quando Hill ficou sabendo disso, fez o que qualquer cientista deveria fazer e voltou para sua metanálise original. Ele removeu os estudos que tinham perdido a credibilidade, incluindo o ensaio egípcio, e então revisou sua conclusão: a ivermectina não oferecia qualquer benefício.

Seu relatório sobre essas conclusões em julho de 2021 recebeu uma tempestade de ódio ainda mais forte. O Dr. Hill foi bombardeado com imagens de caixões, fotos de criminosos de guerra nazistas enforcados em postes e ameaças contra sua vida e a de sua família. O juiz tinha marcado falta no time errado; tinha entregado o jogo para o adversário. Não apenas ele devia ser corrupto como perverso. Com o tempo, ele teve que desativar sua conta no Twitter.

Alguns meses após esses acontecimentos, ensaios controlados randomizados confirmaram a ineficácia da ivermectina no tratamento da covid-19. Mas nada disso desanimou as pessoas que estavam convencidas do poder da substância de salvar vidas. Na verdade, tudo se tornou parte da narrativa: na cabeça dos negacionistas, a indústria farmacêutica, que ganharia bilhões de dólares com vacinas, desacreditava propositalmente uma alternativa barata e segura, já que ela diminuiria seus lucros.

Nos fóruns virtuais dos negacionistas, eles compartilhavam informações sobre como comprar o medicamento e alguns até recomendavam usar a versão criada para animais. Eles especulavam que as elites mundiais (inclusive a rainha da Inglaterra) deviam estar tomando o remédio em segredo quando se infectavam com a covid-19. Quando os negacionistas eram hospitalizados por causa do vírus, exigiam o medicamento e ficavam irados quando não o recebiam. Um homem que conheci durante minha jornada para compreender o negacionismo até me deu de presente uma caixa cheia de ivermectina que tinha comprado pela internet. A covid-19 se espalhava rapidamente na época e ele me aconselhou a começar a tomar os comprimidos de imediato para me proteger. Expliquei para ele que eu não acreditava muito naquele medicamento específico, mas dava para perceber que, apesar das minhas palavras, ele acreditava no fundo da sua alma que eu sabia que aquele era um remédio incrível e que o tomaria escondido.

TALVEZ SEJA ÚTIL
Não saia negando

Quando alguém compartilha uma informação inverídica, é muito tentador dizer: "Isso aí que você disse – X – não é verdade." Essa abordagem – repetir uma declaração e negá-la – parece intuitivamente vantajosa e funciona a curto prazo. Só que o problema é que a longo prazo ela pode se tornar menos efetiva e talvez o tiro saia pela culatra. Por quê? Por causa de duas peculiaridades psicológicas. A primeira é o **efeito da verdade ilusória**: quanto mais deparamos com uma informação (ou desinformação), mais intensamente ela é vista pelo cérebro como algo familiar e verdadeiro, e mais "gruda". Como talvez já tenha acontecido com você, essa peculiaridade específica da natureza humana não passou batida por publicitários e políticos. Uma estratégia para tirar vantagem dela é atribuída a Joseph Goebbels, que disse: "Se uma mentira for repetida por vezes suficientes, ela se torna a verdade." Ou talvez não tenha sido Goebbels quem disse isso, mas todo mundo acha que foi, por causa do efeito da verdade ilusória...

A segunda peculiaridade é que, devido ao jeito como nossa memória funciona, as duas partes de uma declaração negativa são armazenadas separadamente no cérebro. A curto prazo, as codificamos como "X" e "X

> não é verdade"; só que, com o tempo, a associação entre elas perde força. Como acabei de mencionar, o efeito da verdade ilusória significa que repetição é importante, e é por isso que a afirmação X acaba sendo interpretada como mais verdadeira por nossa mente, enquanto "X não é verdade" é amplamente ignorada.
>
> Essas observações nos levam a duas recomendações muito claras. Primeiro, tente evitar que o efeito da verdade ilusória se instaure desde o começo; isso significa que é melhor abordar negacionistas com informações alternativas e verdadeiras antes de eles serem expostos repetidas vezes a uma desinformação específica. Segundo, queremos reduzir nossa exposição a X. Oferecer uma história alternativa é uma abordagem muito melhor. Em vez de dizer "Isso aí que você disse, X, não é verdade", diga "Y que é verdade, e aqui estão as provas". Nem mencione X.

A história da ivermectina oferece vários exemplos de raciocínio motivado. Para começar, os defensores da substância estavam superfocados em apontar possíveis falhas nos estudos que mostravam a ineficácia do medicamento. Eles pareciam cientistas profissionais quando indicavam uma longa lista de potenciais problemas metodológicos em cada publicação. Também questionavam a ética da equipe de pesquisa de todo trabalho contrário às suas opiniões, mencionando uma variedade de possíveis conflitos de interesses. Por outro lado, não se preocupavam com outros tipos de falha, incluindo dados obviamente fraudulentos, nos trabalhos que defendiam o uso da ivermectina. Também não tinham problema algum em mudar de opinião sobre um indivíduo como o Dr. Hill, contanto que isso os ajudasse a manter sua posição sobre a eficácia do medicamento. Eles eram mestres em distorcer a história de todas as formas necessárias para chegarem à conclusão que tinham em mente desde o princípio. Seu comportamento foi resumido de maneira sucinta pela Dra. Tess Lawrie (que não é especialista em doenças infecciosas, mas em gravidez e partos), fundadora de um grupo de defensores da ivermectina. Quando questionada sobre quais evidências poderiam convencê-la de que o medicamento não funcionaria, ela respondeu: "A ivermectina funciona. Nada vai me convencer do contrário."

Aversão à solução

Quando se trata de negacionismo, existe uma forma específica de raciocínio motivado que ajuda a explicar algumas das crenças mais complexas que costumamos encontrar no mundo hoje em dia. Aqui vai um exemplo. Imagine um grupo de conservadores, pessoas cujos posicionamentos políticos as tornam ótimas candidatas a não acreditar na mudança climática. Você pede a uma parte do grupo que leia um artigo que explica que as soluções para a mudança climática devem incluir regulações mais rigorosas e aumento da intervenção estatal para reduzirmos as emissões de dióxido de carbono. Então você pergunta a essas pessoas: "A mudança climática gerada pelo ser humano é real?" E depois grava suas respostas. Para os outros membros do grupo, você pede que leiam um artigo que explica que as soluções para a mudança climática devem incluir uma redução de regulações e de intervenção estatal, além de mais iniciativas de livre mercado para reduzirmos as emissões de dióxido de carbono. Então faz a mesma pergunta a eles, "A mudança climática gerada pelo ser humano é real?", e grava suas respostas. Você acha que haverá diferença na maneira como os dois grupos respondem?

A resposta é sim. Troy Campbell e Aaron Kay conduziram um experimento nos moldes do que acabei de descrever. Eles descobriram que, ao serem questionados sobre quanto concordavam com o consenso científico de que a mudança climática induzida pelo ser humano aumentará a temperatura da Terra em quase dois graus Celsius durante o século XXI, apenas alguns dos participantes que se identificavam como conservadores e que leram o artigo focado em soluções regulatórias responderam que acreditavam que a declaração era verdadeira (22%). Curiosamente, os conservadores que leram a matéria focada em soluções de livre mercado demonstraram uma propensão muito maior a concordar com a frase (55%). Os resultados ilustram um fenômeno chamado **aversão à solução**. Isso significa basicamente que, quando não gostamos da solução proposta para um problema, usamos o raciocínio motivado para negar que ele existe. Se as soluções propostas forem modificadas, como os pesquisadores fizeram no experimento sobre a mudança climática, de repente nos tornamos mais dispostos a admitir que o problema é real. Esses resultados sugerem que os conservadores não são contra a ciência; são as soluções mais comuns, com foco em regulações de controle e restrições, que entram fortemente em conflito com seus valores políticos e suas ideologias. Soluções baseadas no livre mercado geram menos conflito com suas crenças e, portanto, provocam menos negação.

Caso você esteja pensando (ou torcendo, caso seja progressista) que esse é um problema dos conservadores, saiba que os pesquisadores executaram um experimento semelhante com pessoas que se declaravam de esquerda, para deixar claro que essa tendência humana vai além de posicionamentos políticos específicos. Dessa vez, as pessoas foram questionadas sobre o problema da violência, especificamente das invasões domiciliares. Os participantes receberam uma série de perguntas sobre a importância do tema. Só que, antes de respondê-las, um grupo leu uma matéria focada na ideia de que leis armamentistas mais rígidas impediriam proprietários de se armarem e se defenderem de intrusos (um argumento de que a esquerda não gosta). O outro grupo leu uma matéria argumentando que leis armamentistas fracas pioravam o problema, porque era mais provável que os invasores estivessem armados e causassem mais mortes (um argumento de que a esquerda gosta). Após ler uma das matérias, os participantes precisavam avaliar quanto concordavam com uma série de declarações sobre invasões domiciliares. Assim como aconteceu no experimento da mudança climática, a pergunta era sobre o problema em si, não sobre a solução proposta. Os resultados mostraram o mesmo padrão geral: os progressistas (que costumam apoiar o controle de armas) demonstraram mais propensão a negar ou minimizar o problema da invasão domiciliar quando depararam com soluções que favoreciam leis armamentistas menos rígidas, o que entrava em conflito com seus valores políticos e suas ideologias. E mostraram-se mais dispostos a avaliar o problema como grave quando a solução proposta envolvia um controle armamentista mais rígido e mais adequado às suas crenças. A aversão à solução, ao que parece, ocorre dos dois lados da fronteira política.

Por falar em controle de armas, a aversão à solução associada a esse tema polêmico é essencial para compreender uma das fake news mais perturbadoras que vimos nos últimos anos. Talvez você tenha acompanhado o caso do popular radialista de extrema direita Alex Jones, que se tornou infame ao promover e divulgar uma série de teorias da conspiração, incluindo a crença de que tiroteios em escolas, como o massacre da escola primária Sandy Hook, foram farsas encenadas por atores. Essa alegação foi tão ofensiva para os pais enlutados que eles processaram Jones por difamação, ganhando mais de 1 bilhão de dólares em 2022. Muitas pessoas que assistiram ao desdobramento da história ficaram perplexas. Por que Jones faria declarações tão cruéis e obviamente absurdas? E por que tantas outras pessoas as apoiariam e divulgariam, incluindo as que também têm filhos? Só que, sob a perspectiva da aversão à solução, meio que faz certo sentido. A principal solução proposta para o problema terrível dos tiroteios em escolas nos Estados Unidos (pelo menos para a esquerda) são leis de controle armamentista mais rígidas. Essa ideia é simplesmente inaceitável para pessoas (da direita, em geral) que acreditam que o direito de se armar é sagrado e jamais deveria ser removido, sejam lá quais forem as consequências. Então, como elas não gostam da solução, negam o problema, chegando ao ponto de dizer que mortes trágicas de crianças inocentes são uma farsa armada por defensores do controle de armas.

Compreender a aversão à solução é essencial para fazermos progresso em algumas das questões polêmicas que continuam nos dividindo. Quando os progressistas escutam conservadores dizendo que não acreditam na mudança climática, o instinto deles costuma ser apresentar mais informações. "Você não me ouviu; aqui está mais uma prova" é a resposta-padrão. E os progressistas que usam essa abordagem informativa acabam ficando muito confusos com a opinião teimosa das pessoas que não acreditam na mudança climática. O que essa gente tem contra dados e ciência? Como podem negar algo que é um fato muito bem estabelecido, pelo menos em termos gerais? Como podem negar tantas informações? Só que o que descobrimos ao conversar com as pessoas que não acreditam na mudança climática é que elas não são necessariamente contra a ciência. Elas só não gostam das soluções propostas para resolver o problema nem das prováveis consequências dessas soluções. Não gostam dos impactos econômicos da redução de combustíveis fósseis, por exemplo, então preferem negar o aquecimento global. Se quisermos mudar a opinião das pessoas, precisamos entender com mais detalhes o motivo por trás de sua resistência. Muitas vezes, trata-se de uma resistência à solução na forma de raciocínio motivado, o que significa que nenhum lado dará qualquer chance para as informações até que sejam propostas soluções mais aceitáveis para todos. É comum pensarmos que primeiro temos que concordar com os fatos para então bolarmos possíveis soluções, só que, quando se trata de raciocínio motivado, precisamos reverter essa ordem aparentemente lógica e lidar primeiro com a aversão à solução.

A aversão à solução também pode surgir em temas menos controversos e mais comuns. Digamos que um médico o diagnostique com uma doença rara desencadeada pela ingestão de chocolate e, portanto, você deva passar o restante da vida sem comer esse doce para controlar o problema. Como você receberia essa notícia? Acreditaria no médico? Ou, diante dessa "solução" indesejável, se sentiria propenso a pelo menos questionar, se não negar completamente, o diagnóstico? Fale a verdade. Você pelo menos procuraria uma segunda opinião, não é? Justo. Acho que eu faria a mesma coisa. Só que o que nos motivaria, nesse momento, seria principalmente nosso gosto por chocolate e nossa aversão à solução. Se o médico oferecesse uma solução diferente – um remédio tomado uma vez por dia, sem restrições ao chocolate –, talvez nos sentíssemos mais inclinados a aceitar o diagnóstico.

É claro que já vimos essa dinâmica de aversão à solução acontecer em grande escala com a covid-19. Nos dois extremos do espectro político, encontramos pessoas que estão convencidas de que o vírus é uma farsa. Pessoas como as que apresentei neste livro – Sara, Jenny, Brad, Richard, Maya, Eve – e muitas, muitas outras parecidas. E elas se recusam a acreditar na ciência? Não necessariamente. Só que as soluções propostas para a crise da covid-19 eram indesejáveis para elas – tanto no contexto médico (na forma de vacinas) quanto no socioeconômico (na forma de quarentenas e na restrição de liberdades individuais). Então elas deram o próximo passo no raciocínio motivado e negaram o problema. E não havia evidências sobre a realidade da covid-19 – dados científicos, relatos de conhecidos ou até o próprio contágio – capazes de convencê-las a mudar de opinião, porque fazer isso seria como aceitar uma solução que simplesmente lhes parecia inadmissível.

> **TALVEZ SEJA ÚTIL**
>
> **Comece com soluções melhores**
>
> Compreender o funcionamento da aversão à solução pode ser extremamente útil para neutralizar conflitos e criar diálogos mais produtivos. Isso revela que nossa incrível capacidade de ignorar ou negar um problema óbvio talvez seja uma resistência à solução proposta ou mesmo implícita. Com isso em mente, é melhor começar um diálogo tirando as soluções do debate e tentando chegar a um consenso sobre o problema – por exemplo, destacando e afirmando que os dois lados estão comprometidos com o assunto e querem resolvê-lo, mesmo que tenham propostas diferentes. E uma abordagem melhor ainda é começar a conversa propondo soluções que não serão tão desagradáveis para nenhum lado, tentando chegar a um denominador comum sobre os fatos do problema apenas após eliminar os medos sobre possíveis soluções.

Como pensamos (errado) sobre nossos pensamentos

Como vimos neste capítulo, a mente é uma ferramenta bem estranha quando se trata de acumular informações e interpretá-las. Uma coisa é certa: a mente não é a ferramenta objetiva que imaginamos que fosse. Primeiro, ela não analisa tudo ao redor; é tendenciosa e avalia apenas algumas coisas, e não outras. Talvez seja como um telescópio capaz de observar estrelas com muita facilidade, mas não planetas, nos apresentando uma visão parcial do universo. Segundo, ela se esforça para adaptar o mundo às nossas expectativas. Para manter a analogia do telescópio, imagine que tenha sido inventado um aparelho que faz o observador achar que analisa o cosmos em toda a sua extensão observável, mas que na verdade é programado para só captar estrelas e evitar planetas. Esse tipo de configuração produziria uma ferramenta muito ruim para reunir informações precisas. E as peculiaridades da mente e de sua maneira de coletar dados e interpretar o mundo não param por aí.

Como já vimos, existe uma discrepância entre a qualidade e objetividade da mente e a nossa percepção dessas qualidade e objetividade. E essa discrepância é muito importante. Por quê? Porque uma ferramenta imprecisa não é um problema quando sabemos da sua imprecisão; podemos levar esse fator em conta. Só que, se tivermos uma ferramenta ruim ou medíocre e não tivermos consciência das suas graves limitações, continuaremos utilizando-a como se fosse uma boa ferramenta, e isso pode nos prejudicar.

Por exemplo, imagine um homem que deseja tirar as medidas de uma sala, mas não tem uma fita métrica. Por sorte, ele lembra que a distância da ponta do seu dedo mínimo à ponta do polegar quando sua mão está esticada é de cerca de 23 centímetros. Então ele mede a sala dessa forma. No processo, acaba se distraindo um pouco e não sabe se contou 14 ou 15 palmos, mas deixa isso para lá e decide continuar a partir de 15. Quando ele encontra a medida final da sala, sabe muito bem que aquele não é um valor exato e, sendo assim, não poderá ser usado para nenhum projeto que exija precisão. É apenas uma estimativa.

Infelizmente, quando se trata do cérebro, a história muda muito de figura. Quando tiramos a medida da realidade com nossa mente, quase nunca temos consciência de sua imprecisão. Não entendemos quão imprecisa nossa cabeça é e, por causa disso, tendemos a confiar demais nela. As consequências podem ser tão desastrosas quanto uma casa que projetamos e construímos usando nossa mão como fita métrica. Talvez a casa pareça interessante e criativa, mas certamente não será a casa que desejávamos. E viver nela teria consequências graves se ocorresse uma tempestade ou um leve terremoto. Para usar um termo mais técnico, a **metacognição** fala disso: das maneiras como pensamos (de forma errada) sobre nosso pensamento e suas consequências. Vamos nos aprofundar um pouco na relação entre a metacognição e o negacionismo.

O efeito Dunning-Kruger

Será que existe uma discrepância entre nosso conhecimento real e nossa confiança nesse conhecimento? Provavelmente depende do assunto. No meu caso, quando se trata de física, por exemplo, tenho certeza absoluta de que nada sei sobre o tema. Portanto, meu conhecimento e meu nível de confiança nesse conhecimento estão praticamente alinhados.

Leio um pouco sobre física de vez em quando, então talvez ache que sei um pouco mais do que sei de verdade. Só que, em geral, não existe uma discrepância enorme entre meu conhecimento objetivo e minhas presunções sobre meu conhecimento. Não entro num departamento de física para debater com um professor sobre as nuances da teoria das cordas. Agora, vejamos um exemplo do lado oposto do espectro: coisas sobre as quais sei muito. Por acaso, sei muito sobre a natureza da desonestidade e os mecanismos que as pessoas utilizam para serem um pouco ardilosas e ainda se sentirem confortáveis consigo mesmas. Se eu entrar numa conversa sobre esse assunto, vou sentir que sei muito. Então nesse caso também não há uma desconexão entre meu conhecimento e minhas presunções sobre meu conhecimento.

Talvez você tenha notado nos meus exemplos que fui de um assunto sobre o qual não sei nada para um assunto sobre o qual sei muito, sem mencionar um meio-termo. Mas o que acontece no nível intermediário de conhecimento? É nele que o problema mostra sua complexidade.

Nas ciências sociais, o problema ao qual me refiro se chama **efeito Dunning-Kruger**. Ele se baseia na observação de que nosso conhecimento e nossa confiança nesse conhecimento não necessariamente são equivalentes. Para ser mais específico, o efeito confirma o que compartilhei sobre mim mesmo: quando não sabemos muito sobre um tema específico, costumamos saber que não sabemos. E, quando sabemos muito, costumamos saber que sabemos. Só que, quando estamos no meio do caminho e sabemos um pouco sobre um assunto, mas nem tanto assim, costumamos achar (errado) que sabemos mais do que sabemos de fato. Nesses casos, existe uma discrepância potencialmente perigosa entre nosso conhecimento real e nossa confiança nesse conhecimento. Há casos em que somos ignorantes e não sabemos da nossa ignorância. Portanto, podemos agir com muita confiança, apesar de geralmente estarmos equivocados.

Na minha experiência, isso costuma acontecer com universitários no primeiro ano da faculdade. No fim do primeiro e do segundo semestre, depois de fazerem matérias introdutórias sobre certo assunto, eles pensam: "Terminei e aprendi tudo sobre esse assunto. Afinal de contas, o que mais existe para saber sobre isso? Li o livro inteiro e tirei 10 na prova.

Sinto que aprendi o conteúdo de cabo a rabo. Domino o assunto e talvez eu possa dominar até o universo."

Eu mesmo passei por isso quando entrei na faculdade e fiz uma matéria sobre a fisiologia do cérebro. No fim do semestre, eu tinha lido o livro inteiro e tirado notas altas, e sentia que entendia muito bem tudo aquilo. Minha impressão era que eu dominava o material. Se me pedissem para dar uma nota ao meu conhecimento sobre o assunto naquela época, eu me daria 9 numa escala de 10. Desde então, escolhi não me especializar em fisiologia do cérebro, mas leio artigos sobre o assunto de vez em quando ou participo de pesquisas sobre o tema. Todo trabalho que leio e todo projeto de pesquisa no qual me envolvo aumentaram meu conhecimento objetivo sobre a fisiologia do cérebro, só que, a cada ano que passa desde meus tempos de universitário, fica mais claro para mim quanto meu conhecimento é limitado. Na verdade, minha confiança sobre o que sei a respeito da fisiologia do cérebro estava no auge quando terminei a matéria naquele primeiro semestre. Desde então, ela diminuiu sistematicamente, ano após ano. Meu excesso de confiança após a conclusão do curso introdutório é o desencontro básico que gera o efeito Dunning-Kruger.

Se o efeito Dunning-Kruger se limitasse ao nosso próprio conhecimento, não seria tão ruim assim. Só que não termina por aí. Por quê? Porque a discrepância entre o conhecimento objetivo e a confiança abre as portas para consequências muito indesejáveis, como o excesso de confiança. Alguém que acha que entende como a motivação funciona sem saber muito sobre o assunto pode abrir uma empresa e bolar um plano de incentivos para aumentar a motivação dos funcionários e acabar desestimulando-os. Alguém que acha que entende de mudanças comportamentais sem saber muito sobre o assunto pode criar um aplicativo para ajudar as pessoas a perderem peso e acabar causando pouquíssimo impacto. E alguém que acha que entende como os vírus e o sistema imunológico funcionam sem saber muito sobre o assunto pode tomar um monte de decisões sobre vacinas, medicamentos e tratamentos que não têm respaldo científico.

O efeito Dunning-Kruger confirma aquilo que o poeta Alexander Pope escreveu: "Um pouco de aprendizado é perigoso de fato." Podemos achar que isso não se aplica a nós porque sabemos mais do que só um pouco, não é? Mas sabemos mesmo? Realmente sabemos tanto quanto imaginamos?

A ilusão da profundidade explicativa

Outra peculiaridade psicológica associada ao efeito Dunning-Kruger se chama **ilusão da profundidade explicativa**. Antes de nos aprofundarmos mais no assunto, vamos começar com um exercício baseado no trabalho de Rebecca Lawson.

Conhecimento sobre bicicletas

Assinale suas respostas para cada uma das perguntas a seguir. E mais uma vez, por favor, responda por escrito.

1. Você já viu uma bicicleta antes? Sim/Não

2. Você sabe usar uma bicicleta? Sim/Não

3. Você compreende como uma bicicleta funciona? Sim/Não

4. Quanto você sabe sobre o funcionamento de uma bicicleta? (usando uma escala de 0 = não tenho certeza alguma, até 100 = entendo tudo): ___

5. Observe a bicicleta a seguir e pense na aparência real de uma bicicleta de verdade. Então desenhe o quadro, os pedais e a corrente em suas posições corretas.

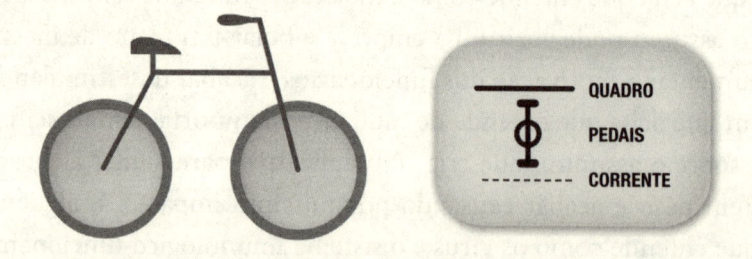

6. Agora vamos pensar na mesma pergunta, mas com foco numa parte de cada vez: usando as próximas quatro imagens como referência, qual bicicleta mostra a posição normal do quadro? (circule sua resposta)

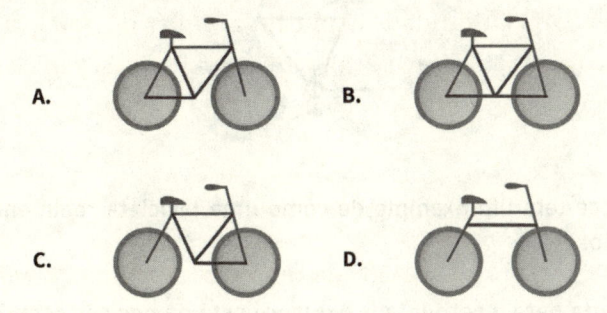

A.   B.

C.   D.

7. Usando as próximas quatro imagens como referência, qual bicicleta mostra a posição normal dos pedais? (circule sua resposta)

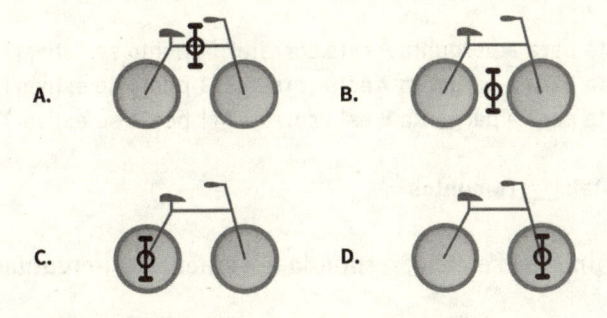

A.   B.

C.   D.

8. Usando as próximas quatro imagens como referência, qual bicicleta mostra a posição normal da corrente? (circule sua resposta)

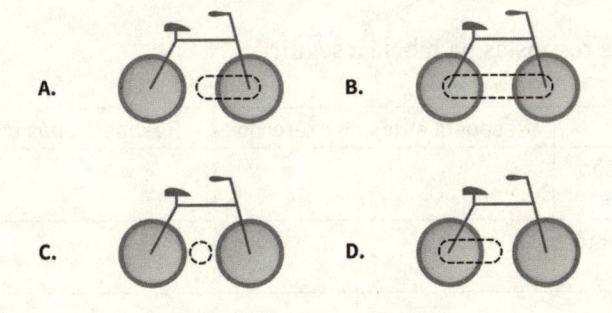

A.   B.

C.   D.

Veja a posição correta das peças da bicicleta na imagem a seguir. Como você se saiu? _____

Agora que você tem um exemplo de como uma bicicleta realmente é, calcule sua pontuação.

Na sua resposta para a pergunta 5, o quadro está na posição certa? (1 ponto se estiver)
Na sua resposta para a pergunta 5, os pedais estão na posição certa? (1 ponto se estiverem)
Na sua resposta para a pergunta 5, a corrente está na posição certa? (1 ponto se estiver)
A sua resposta para a pergunta 6 está correta? (1 ponto se estiver)
A sua resposta para a pergunta 7 está correta? (1 ponto se estiver)
A sua resposta para a pergunta 8 está correta? (1 ponto se estiver)

Pontuação total: ___/6 pontos

Após terminar o exercício, responda novamente às perguntas 3 e 4:

3. (atualizada) Você compreende como uma bicicleta funciona? Sim/Não
4. (atualizada) Quanto você sabe sobre o funcionamento de uma bicicleta? (usando uma escala de 0 = não tenho certeza alguma, até 100 = entendo tudo): _____

Anote suas respostas na tabela a seguir:

	Resposta antes do exercício	Resposta após o exercício
3. Compreensão (Sim/Não)		
4. Conhecimento (0-100)		

Quanto você mudou de ideia? (usando uma escala de 0 = nem um pouco, até 100 = muito): _____

Em que medida você acha que existem outras coisas à sua volta que você pensa que entende, mas está equivocado? (usando uma escala de 0 = deve haver muitas outras coisas sobre as quais superestimo minha compreensão, até 100 = acho que não superestimo minha compreensão sobre mais nada):

_____

Talvez você tenha achado o exercício revelador. Ou talvez não. Talvez você seja especialista na mecânica de bicicletas. Talvez tenha contado com a ajuda da internet. Talvez tenha dado um pulinho na sua garagem para se lembrar da configuração de uma bicicleta. Então vamos falar sobre os resultados de um experimento real que foi conduzido sob condições controladas usando a mesma abordagem básica.

Leonid Rozenblit e Frank Keil decidiram explorar a ilusão da profundidade explicativa: nossa tendência a sentirmos intuitivamente que compreendemos fenômenos complexos com muito mais profundidade do que de fato compreendemos. Para começar, os pesquisadores deram aos participantes uma lista com 48 objetos, processos e fenômenos naturais comuns, como abridores de lata, fígados, fotocopiadoras e eleições presidenciais. Os participantes deveriam ler a lista e avaliar seu nível de compreensão sobre cada um dos itens numa escala de 1 a 7, com 1 sendo o menor nível de entendimento e 7, o maior. Então deveriam escrever uma explicação detalhada, oferecendo o passo a passo do funcionamento de quatro desses itens (selecionados pelos pesquisadores). Por exemplo, um participante poderia ter que descrever detalhadamente como uma descarga, um helicóptero ou uma máquina de costura funcionam.

Após anotar suas descrições, os participantes revisavam sua avaliação sobre quanto sabiam sobre o funcionamento daqueles itens específicos (da mesma forma que você revisou sua compreensão sobre bicicletas). Depois os pesquisadores foram um pouco além: pediram aos participantes que respondessem a uma pergunta "diagnóstica" referente a cada um dos quatro itens – o tipo de pergunta que só conseguiriam responder corretamente se de fato compreendessem o mecanismo. Se o item fosse um helicóptero, por exemplo, eles pediam aos participantes que explicassem como ele sai de um voo estabilizado e passa a se mover para a frente. Após responderem a essa pergunta adicional, os participantes mais uma vez precisavam avaliar seu nível de compreensão. Em seguida, recebiam descrições dos itens escritas por especialistas e, após a leitura, deviam revisar sua avaliação pela última vez.

> **TALVEZ SEJA ÚTIL**
> **Persuasão paradoxal**
>
> Levando em consideração a incrível flexibilidade do sistema cognitivo e da nossa capacidade de rapidamente nos defendermos contra novas informações e desarmá-las, que tipo de persuasão poderia causar impacto? Uma abordagem eficiente é concordar bastante com a pessoa que você deseja persuadir – não apenas concordar, mas assumir uma perspectiva ainda mais extrema do que a dela. Como já vimos, as pessoas muitas vezes adotam uma postura confiante e presumem que entendem as repercussões das suas crenças sem nem pensar direito naquilo. Quando leva as sugestões da pessoa ainda mais a sério do que ela própria, você expõe a superficialidade dessa opinião. Alguém lhe diz que todas as empresas farmacêuticas são perversas? Concorde. Então sugira que essa pessoa pare de tomar todos os medicamentos e cancele imediatamente o plano de saúde. Alguém lhe diz que o 5G é perigoso? Concorde. Sugira que, inclusive, talvez seja melhor se livrar completamente do celular e usar apenas linhas fixas. Ou talvez isso não seja suficiente. Talvez seja melhor se mudar para uma cidadezinha do interior sem cobertura de sinal. Ofereça-se para encontrar para a pessoa um imóvel à venda numa cidade remota. Tudo bem, pode haver desvantagens em morar numa zona livre de tecnologia, mas valeria a pena, não é mesmo, já que o 5G vai acabar matando todo mundo?
>
> Essa abordagem costuma ser bem eficiente para levar as pessoas a refletir sobre suas opiniões extremadas.

Os resultados mostram que as pessoas começam se sentindo bem confiantes em seu conhecimento, mas essa confiança diminui após precisarem dar uma explicação detalhada, caindo ainda mais após responderem à pergunta diagnóstica. No entanto, a confiança permanece igual (baixa, mas igual) após lerem as descrições dos especialistas.

A primeira parte desses resultados mostra que costumamos achar que sabemos menos do que imaginamos, de modo que até pensar de maneira mais concreta nos leva a reconhecer nossas limitações. Seria diferente se, ao aprendermos coisas novas, entendêssemos que não sabemos tanto quanto imaginávamos, só que a primeira parte do experimento sobre a ilusão da profundidade explicativa propositalmente não ofereceu novas informações aos participantes. Eles apenas precisavam refletir de forma mais explícita e prática sobre seu conhecimento e sua compreensão; isso bastou para conseguirem equiparar melhor o que de fato sabiam e o que acreditavam saber.

A segunda parte dos resultados, a descoberta de que não houve mudança após lerem as descrições dos especialistas, mostra que, quando os participantes chegaram a esse estágio, a percepção do seu baixo conhecimento era basicamente exata e não poderia diminuir, mesmo quando confrontados com o conhecimento de um expert.

Outra descoberta interessante do estudo foi que o grau de excesso de confiança não é igual para todos os itens e é especialmente elevado para itens que apresentam uma proporção maior de peças ocultas (como um computador). Nesses casos, é mais fácil nos apegarmos à crença de que entendemos o objeto, o que nos leva ao excesso de confiança. Agora pense no que isso significa no contexto de aparelhos, itens, fenômenos ou processos invisíveis, como vírus, sistema imunológico, vacinas, aquecimento global, chips de 5G e assim por diante. Quando se trata da covid-19, quase tudo era invisível, então os níveis de excesso de confiança das pessoas, seus níveis de ilusão da profundidade explicativa e sua capacidade de manter essa confiança provavelmente eram altíssimos.

Inspirado por esse experimento, decidi conduzir meu próprio estudo envolvendo uma privada. Imagine que você é um dos participantes. Você chega ao laboratório e uma pessoa simpática de jaleco branco pergunta se você sabe como um vaso sanitário funciona. "Claro", você responde, e então avalia sua compreensão numa escala de 1 a 7. (A média da avaliação dos participantes foi 5,1.) Então recebe uma folha de papel e um lápis para desenhar um diagrama exibindo o funcionamento da privada. Quando você termina, recebe a opção de reavaliar sua compreensão. Em geral, nossos participantes acharam que tinham demonstrado um pouco de excesso de confiança e, depois de ter dificuldade para desenhar o vaso sanitário, diminuíram sua avaliação, pontuando 4,2 em média. Em seguida, você é levado até uma mesa onde todas as várias peças de uma privada estão dispostas. Garantimos que elas são novas e limpas e lhe damos a tarefa de montar o vaso sanitário. Para nossos participantes, esse foi um desafio ainda maior do que o desenho. Após mexer um pouco nas peças e tentar montar a estrutura (ninguém conseguiu), sua avaliação média de conhecimento caiu para 2,7.

> **TALVEZ SEJA ÚTIL**
> **Desafie a ilusão da profundidade explicativa em casa**
> Sente-se com seu tio João e peça a ele que explique quanto sabe sobre o funcionamento da falsa teoria em que ele mais acredita. Como exatamente o 5G modifica as células das pessoas e como o processo é diferente do usado pelo micro-ondas na cozinha? Como é que as Nações Unidas, uma organização que não conseguiu impedir a guerra em X (insira o exemplo de sua preferência), consegue mandar no mundo? Como exatamente o governo controla o clima? A ideia é tentar seguir a receita do teste da ilusão da profundidade explicativa e fazer o tio João perceber que não sabe tanto quanto imaginava.
>   E se o tio João não quiser debater as próprias crenças? Ou se ele acredita em algo tão polêmico que você não se sente confortável em tocar no assunto no pouco tempo que têm juntos? Ou se a discussão da última vez que você falou sobre isso tiver sido tão dolorosa que você não tem mais forças para tentar? Curiosamente, parece existir um jeito de lidar com isso e desarmar a ilusão da profundidade explicativa. Como Ethan Meyers e sua equipe demonstraram, reduzir a ilusão da profundidade explicativa numa área pode ajudar a reduzi-la em outras também. Por exemplo, eles mostraram que, após provar para as pessoas que elas não sabiam de fato como um zíper funcionava, elas também começaram a duvidar do próprio conhecimento sobre como a neve se forma. E apesar de Meyers e seus colegas não terem testado em que medida essa transferência de autoquestionamento saudável pode afetar crenças muito fortes e de grande destaque na vida das pessoas, como costuma ser o caso do negacionismo, seus resulta-

> dos sugerem que existe uma possibilidade de reduzir crenças, sim. Então, se a conversa com o tio João sobre sua principal crença deturpada não parecer muito promissora, tudo bem começar desafiando a compreensão dele sobre assuntos mais mundanos e menos polêmicos – como o zíper.

Talvez você esteja se perguntando que diferença faz a sua falta de conhecimento sobre vasos sanitários. Ou sobre zíperes. Ou sobre máquinas de costura. É claro, dificilmente sua vida será afetada de forma negativa se você não entender a maneira exata como muitos desses itens funcionam, mas o objetivo é mostrar o problema mais geral do excesso de confiança. A discrepância entre o que sabemos e o que achamos que sabemos pode ser perigosa, talvez até letal. Um exemplo da minha vida envolve a capacidade de dirigir. Em certo momento, fiz um curso de direção de dois dias e me senti um motorista extremamente confiante. Em menos de duas semanas, sofri um acidente de carro, quase certamente causado pelo meu excesso de confiança, cortesia do curso. Quando tomamos decisões que não se baseiam em nosso nível real de conhecimento ou habilidade, mas na percepção que temos do nosso conhecimento ou da nossa habilidade, uma discrepância perigosa surge – e podemos sofrer as consequências se não tomarmos cuidado.

Persuasão nem sempre funciona

As descobertas da pesquisa sobre a ilusão da profundidade explicativa me fizeram pensar em Maya, que conhecemos no capítulo anterior, e na maneira como ela havia compartilhado comigo a teoria da conspiração dos ímãs. Tenho quase certeza de que, se você perguntasse a Maya se ela entende como um ímã funciona, ela daria uma nota bem elevada a si mesma. Talvez até alegasse entender a misteriosa magnetofecção. Como posso ter tanta certeza. Especialmente se considerarmos que estamos num capítulo focado no fato de que as pessoas confiam demais nas próprias certezas. Bem, neste caso é porque realmente conversei com Maya sobre isso e tentei desafiar sua crença usando física básica. Como eu suspeitava, ela se revelou bem mais confiante do que seu nível real de conhecimento justificaria. Infelizmente, apesar de pessoas razoáveis tenderem a revisar seus níveis de confiança em experimentos como os que descrevi, negacionistas como Maya não costumam fazer o mesmo. O raciocínio deles, como discutimos, é motivado por suas crenças, e isso torna o excesso de confiança ainda mais intratável.

Comecei perguntando a Maya se ela sabia como um ímã funcionava. Sua resposta demonstrou uma confiança modesta no próprio conhecimento. Então a desafiei com alguns fatos, inclusive que o de que seria necessário um ímã muito grande para prender um iPhone ou até uma moeda, bem maior do que o que caberia na agulha de uma vacina. Também informei que as moedas de dólar mostradas em alguns dos vídeos são produzidas com metais não magnéticos. Além disso, argumentei: "Alguns dos vídeos não batem com outros. A força magnética pode estar dentro ou fora do corpo, não nos dois lugares." Se Maya estivesse participando de um experimento que testasse a ilusão da profundidade explicativa, eu esperaria que a explicação sobre o funcionamento dos ímãs nesse momento diminuísse muito a avaliação do seu conhecimento. Só que ela não estava interessada nos fatos, então apenas voltou para as provas sociais. "Eu mesma já vi", declarou ela. "Minha amiga compartilhou fotos de talheres magnetizados no corpo dela."

A capacidade de Maya de permanecer apegada às suas crenças apesar de evidências muito óbvias contra essa teoria específica (e é bem raro encontrar uma teoria da conspiração que seja muito facilmente refutável) sugere que, se estivéssemos falando sobre uma luta de boxe entre pugilistas lendários – num canto, a habilidade de repensar e combater a ilusão da profundidade explicativa; no outro, o raciocínio motivado –, o raciocínio motivado venceria de lavada.

Ao entender isso, mudei de tática e perguntei a Maya se ela poderia me colocar em contato com sua amiga, para que eu visse a "evidência" ao vivo. Ela me prometeu que faria isso, mas nunca fez. Talvez tenha percebido que eu insistia tanto em me manter apegado a minhas ideias equivocadas – apesar de evidências claras em vídeo e uma matéria de Stew Peters e sua convidada médica de credenciais impecáveis – que não havia motivo para desperdiçar mais tempo tentando me convencer.

O excesso de confiança e as fake news

Anteriormente neste livro, quando descrevi o *The Stew Peters Show* ou o site da Associação de Médicos e Cirurgiões Americanos, é provável que você tenha conseguido detectar de cara que se tratava de fontes suspeitas. E talvez você tivesse razão. Ou poderia estar exibindo excesso de confiança. É difícil determinar nesse caso específico, mas acaba que o excesso de confiança é um problema grave quando se trata de fake news. Um grupo de pesquisadores decidiu compreender a relação entre o excesso de confiança na avaliação de notícias e a suscetibilidade a relatos falsos. Benjamin Lyons e sua equipe conduziram ensaios em grande escala que revelaram resultados perturbadores. Primeiro, descobriram que 75% dos americanos superestimam sua capacidade de detectar fake news (em média, superando em 22% sua precisão). Além disso, observaram que essas pessoas excessivamente confiantes apresentavam uma propensão maior a errar quando deviam distinguir alegações verdadeiras de falsas sobre eventos atuais, oferecendo mais provas da relação entre menor conhecimento e maior excesso de confiança. Pior ainda, eles descobriram que os participantes com menos conhecimento factual estavam mais dispostos a compartilhar conteúdo falso em redes sociais. Em outras palavras, as pessoas sem conhecimento são as que mais se sentem confiantes em seu julgamento sobre notícias, são mais influenciáveis por fake news e mais propensas a divulgá-las.

Em resumo...

A relação entre a mente humana e a informação que ela busca e processa não é nada simples. Tendemos a achar que somos máquinas de processamento de dados, pegando as informações de forma objetiva, registrando-as, analisando-as e chegando a conclusões lógicas. Mas isso não chega nem perto de ser verdade. Desenvolvemos um conjunto complexo de atalhos, às vezes sofisticado, às vezes falho, às vezes completamente equivocado, para entender o mundo avassalador que habitamos. Esses mecanismos de compreensão são ótimos – até não serem mais. No mundo atual, atormentado por todos os estresses que já examinamos, nos encontramos confrontando um oceano de informações e desinformações, que chegam a nós por canais que às vezes tentam se aproveitar de nossas parcialidades sem que saibamos disso. E não para por aí. A mente humana tem uma capacidade extraordinária de criar narrativas que se encaixem nas conclusões a que desejamos chegar. Se não gostamos de uma conclusão, reescrevemos a história.

Além disso, apesar de o mundo ser complexo, costumamos ficar satisfeitos demais com explicações muito simples. Não processamos informações de maneira aprofundada e, para a maioria de nós, a *sensação* de entender algo já basta. Todos esses fatores contribuem para a criação do negacionismo. Junto com os desafios emocionais como o estresse imprevisível e a sensação de descontrole, eles podem criar convicções poderosas que são difíceis de abalar. Isso significa que qualquer pessoa que pense assim se torna negacionista? Não necessariamente. Como veremos daqui a pouco, a personalidade tem um papel importante nesse processo. Algumas características nos tornam mais suscetíveis. Vamos nos aprofundar nelas nos próximos dois capítulos. Então veremos como as falsas crenças são intensificadas e reforçadas pelos círculos sociais dos negacionistas, pelas forças que incentivam a lealdade das pessoas a teorias da conspiração e às comunidades que as disseminam.

Figura 6. Os elementos cognitivos do funil da falácia

- Quando o estresse nos leva para o funil e começamos a procurar por respostas e por um vilão em quem colocar a culpa, elementos cognitivos nos levam mais fundo na falsa crença.

- Estruturas cognitivas humanas problemáticas nos tornam suscetíveis à desinformação, assim como nossas predileções evolutivas nos tornam suscetíveis a fast-food.

- Quando buscamos informações, o viés de confirmação nos faz procurar coisas que confirmem nossas suspeitas em vez de desmenti-las.

- Depois que passamos a acreditar em algo, nos esforçamos para nos convencer da sua veracidade – um processo conhecido como raciocínio motivado. Às vezes o medo das soluções implícitas para um problema nos leva a negar o problema em si – um viés conhecido como aversão à solução.

- Teorias da conspiração são projetadas para tirar vantagem de nossas parcialidades cognitivas.

- Tudo isso é exacerbado pelo nosso raciocínio falho sobre nossos próprios pensamentos, e acabamos nos tornando vítimas do excesso de confiança no nosso conhecimento sobre o funcionamento das coisas.

PARTE IV

OS ELEMENTOS DE PERSONALIDADE E NOSSAS DIFERENÇAS INDIVIDUAIS

7

O QUE NOS ENSINAM OS ABDUZIDOS POR ALIENÍGENAS

Todos os dias conhecemos alienígenas que nos oferecem algo.
Eles surgem na forma de pessoas com opiniões diferentes.

— WILLIAM SHATNER

Uma alma Saulfrida

Nunca conheci Saul em pessoa e, infelizmente, nunca conhecerei. Entretanto, em algum momento nos últimos anos, ele passou a aparecer no meu feed do Facebook com tanta frequência que comecei a segui-lo. Imagine um homem parrudo com 60 e poucos anos, calvo, gravando a si mesmo em modo selfie enquanto caminha pelo próprio quintal, compartilhando com uma audiência real e imaginária suas visões e reflexões sobre o que *realmente* está acontecendo no mundo. Passei muitas manhãs assistindo aos vídeos dele e desenvolvi certo afeto por Saul – o tipo de afeto que sentimos por um vizinho aposentado que passa pela nossa calçada todos os dias, bem-intencionado e gentil, mas com tempo livre de sobra para se apoiar na nossa cerca e compartilhar sua filosofia de vida.

No meu panteão pessoal de negacionistas, Saul era um dos personagens mais simpáticos, obviamente motivado por compaixão e por um desejo de ajudar as pessoas, por mais equivocado que fosse. Ele se apresentava como um tipo de ancião tribal sábio, adotando um ar de autoimportância como se tentasse transmitir para nós, seus seguidores, que era alguém em quem deveríamos prestar muita atenção. A julgar pela quantidade de visualizações dos seus vídeos, muita gente fazia isso. E eu também fazia – mas não pelos motivos que ele queria.

Numa manhã específica, a voz de Saul ganhou uma gravidade extra ao declamar seu discurso diário. O assunto era o Event 201, que discutimos no Capítulo 5. Talvez você lembre que, em novembro de 2019, a Universidade Johns Hopkins, o Fórum de Economia Mundial e a Fundação Gates participaram juntos de um exercício que simulava uma pandemia causada por um coronavírus. Isso não era prova suficiente, perguntava Saul, de que a covid-19 era uma "plandemia" (uma pandemia planejada)? Poderia ser coincidência? Era óbvio que não. Para Saul, essa era uma prova irrefutável de que a "plandemia" tinha sido iniciada por aqueles vilões.

Com o tempo, Saul começou a gravar seus vídeos no meio de manifestações. Ele fazia lives no Facebook enquanto protestava contra as vacinas e as restrições relacionadas à covid-19. A cada postagem, se tornava mais agitado – primeiro, verbalmente agressivo; depois, fisicamente violento com a polícia. Parecia menos um vizinho tagarela e inofensivo e mais um cara escandaloso que você evita ao encontrar na rua. Enquanto assistia a essa progressão ao longo dos meses, eu vivia me perguntando: o que aconteceu com Saul? Como ele chegou a esse ponto? Estava claro para mim que ele devia ter perdido algo muito importante nos primeiros meses da pandemia e agora buscava atenção e conexão social. Nos seus vídeos de discurso matinal, nas suas lives mostrando os protestos e na intensidade cada vez maior com que assumia um papel de liderança entre os negacionistas, sua necessidade de atenção era palpável.

Em algum momento, Saul conseguiu um selo de aprovação de uma fonte inesperada: foi preso devido ao seu comportamento agressivo numa manifestação. Após passar a noite na cadeia, parecia que ele havia encontrado um pote de ouro. Agora ele era oficialmente um fora da lei com antecedentes criminais. Depois disso, parecia que tentava ser preso em todos os protestos, sempre filmando tudo. Toda vez que era solto após passar uma noite na cadeia, ele falava sobre como tinha sido maltratado pela polícia. Era como se achasse que era um discípulo de Nelson Mandela, lutando pela liberdade e pelos direitos humanos contra os poderosos globalistas.

Saul continuou publicando seus vídeos e eu continuei assistindo. Numa de suas gravações matinais, ele comentou o recente aumento de hospitalizações entre idosos. Isso não era fake news, declarou ele. Era verdade. Mas explicou que a imprensa não citava o verdadeiro motivo para o aumento das internações. Então o que estava acontecendo? Saul mencionou um relatório que afirmava que, desde o começo da pandemia, os idosos tinham passado a usar cada vez mais tecnologia. Esse aumento, segundo ele, era a causa real das internações. Seu argumento era que, por ter um sistema imunológico mais frágil, a população idosa era mais sensível à radiação nociva dos aparelhos eletrônicos. Em outras palavras, o aumento de hospitalizações entre a terceira idade era culpa das restrições governamentais e do aumento do uso de tecnologias, sem qualquer relação com a "plandemia".

Certo dia, cliquei num vídeo de Saul e fiquei surpreso ao ver que ele não estava numa das suas habituais caminhadas nem num protesto. Em vez disso, estava numa maca de hospital, conectado a um tubo de oxigênio, a respiração nitidamente ofegante. Ainda assim, fazia uma live para seus dedicados seguidores. Ele nos contou que seus exames tinham dado positivo para covid-19 e que agora estava internado numa ala isolada. Mas insistia que não tinha covid. Ele havia sido preso num protesto alguns dias antes e tinha certeza de que a polícia o envenenara na cadeia. Ele descrevia os efeitos do veneno, que incluíam muita dificuldade para respirar. Seu envenenamento devia ser um sinal de que a polícia estava ficando desesperada. Ele concluiu implorando aos seus seguidores que continuassem lutando por aquela causa tão importante.

Saul faleceu alguns dias depois, naquela ala hospitalar. Não sei quantos dos seus seguidores foram ao seu enterro ou se foram bem recebidos por sua família enlutada, mas sua página do Facebook foi inundada por mensagens de amor e admiração de pessoas que prometiam investigar seu envenenamento.

Como Saul conseguiu manter suas crenças diante de tantas evidências contrárias? Mesmo com seus exames dando positivo para covid-19 e com sua dificuldade para respirar? Como alguém que parecia ser tão gentil podia ter se tornado tão verbalmente agressivo e depois fisicamente violento com a polícia? Que forças o motivaram a tirar conclusões tão criativas, ainda que equivocadas? O que o levou a negar a realidade e se manter apegado às próprias convicções?

É claro que é difícil saber o que de fato se passava pela mente de Saul, e, com sua morte precoce, jamais poderemos ter certeza. Mas observá-lo por tantas horas me fez acreditar que sua personalidade teve um papel importante no processo. Havia nele uma constante necessidade de reconhecimento e aprovação dos outros, o que ficava evidente em suas lives intermináveis no Facebook, em seu comportamento cada vez mais violento e no papel de mártir encarcerado que adotou para ganhar influência entre os negacionistas. Também havia seus monólogos constantes que demonstravam uma propensão a associar questões desconexas e inexistentes. E, é claro, havia a falta de pensamento crítico que se tornou gritante quando ele foi diagnosticado com covid-19 e se recusou a aceitar a verdade. Essas características poderiam justificar seu mergulho em falsas crenças? Não sozinhas. Mas nos ajudam a compreender o que torna algumas pessoas mais suscetíveis ao funil da falácia.

Minha teoria é que Saul – assim como Sara, Jenny, Brad, Richard, Eve, Maya e todos nós, em graus variados – passou por um estresse anormal e inesperado no começo desta década. Então começou a buscar respostas e alguém em quem colocar a culpa. Com a ajuda de suas parcialidades cognitivas e de seus traços únicos de personalidade, Saul mergulhou facilmente pelo funil da falácia. Nesta parte do livro abordaremos o papel da personalidade e como ela nos induz ao negacionismo. Especificamente neste capítulo, tentaremos compreender a interação delicada entre a estrutura da personalidade e a suscetibilidade à desinformação.

Comentário geral sobre a personalidade

Antes de discutirmos os tipos de personalidade mais propensos a falsas crenças, permita-me fazer um comentário geral. Podemos resumir a personalidade como uma mistura específica de características que compõem o caráter singular de uma pessoa e a qualidade essencial que nos faz ser quem somos. É como adicionar pontos de cor a uma foto em preto e branco. Na nossa jornada até aqui, nos concentramos principalmente nas nossas semelhanças, e os seres humanos têm mesmo muito em comum, como nossas reações emocionais ao estresse e nossas parcialidades cognitivas. Só que é importante reconhecer que não somos exatamente iguais e que duas pessoas podem reagir de maneiras diferentes à mesma situação e às mesmas informações.

Por exemplo, já vimos que a personalidade pode impactar nossa percepção do estresse e, portanto, nossa suscetibilidade a ele. Duas pessoas podem ser expostas aos mesmos fatores estressantes e reagir de formas opostas. Apenas tente se colocar no meu lugar e imagine como você reagiria caso se tornasse alvo de teorias da conspiração e ódio nas redes sociais. Você se sentiria mais afetado do que eu ou ficaria mais despreocupado? Espero que você nunca precise descobrir. Mas tente imaginar como seria e então compare sua possível reação com a de seu cônjuge ou amigo próximo. É provável que perceba que, apesar de o estresse incomodar a todos nós, o impacto desse incômodo varia de acordo com a pessoa. Sendo assim, podemos pensar no estresse como uma força externa significativa. Também podemos pensar na suscetibilidade ao estresse como uma diferença pessoal importante. O mesmo vale para a necessidade de entender o mundo. Esse impulso por buscar compreensão difere em intensidade para cada pessoa e, como é um elemento importante no funil da falácia, pode explicar em parte por que algumas pessoas são mais influenciáveis que outras.

Há momentos (a perda de um emprego, uma doença na família, a covid-19) em que qualquer um de nós se tornaria mais suscetível aos efeitos nocivos do estresse. Jenny, por exemplo, passava não apenas pelo estresse coletivo da pandemia como também pelo estresse pessoal no trabalho e em casa. Tudo isso foi exacerbado por sua personalidade específica, o que a levou a cair pelo funil da falácia.

É claro que a personalidade é algo bem mais complexo e muito mais interessante do que a maneira como reagimos ao estresse. Neste e no próximo capítulo tentaremos elucidar algumas de suas complexidades.

Decodificando a personalidade: traços e estados

Nos exemplos citados anteriormente, vimos dois tipos de estruturas de personalidade: traços e estados. **Traços de personalidade** são aquilo a que costumamos nos referir quando descrevemos a personalidade de alguém: Sally é muito empática; Bill é meio narcisista; Julio é pão-duro. A mistura peculiar de Saul, meu repórter tagarela do Facebook, incluía certo grau de narcisismo, uma tendência a enxergar padrões inexistentes e uma capacidade de tirar conclusões criativas. Os traços são diferenças individuais que pessoas como Saul levam consigo aonde quer que vão. São relativamente estáveis ao longo do tempo e, portanto, tornam-se uma lente através da qual as pessoas vivenciam tudo.

Mas nem é preciso ser formado em psicologia para saber que as pessoas nem sempre são consistentes. Às vezes nos comportamos de um jeito "atípico", que destoa dos traços que exibimos na maior parte do tempo. É aí que entra o conceito de **estados de personalidade**. Estados são mudanças temporárias que ocorrem em circunstâncias específicas e nos alteram, por um breve período, de muitas formas. Pense na agressividade no trânsito. Talvez você já tenha passado por isso. Você estava dirigindo tranquilamente pela rua com seus entes queridos quando, de repente, alguém o fechou em disparada, colocando todos em perigo. Aposto que, nesse momento, você se tornou uma pessoa levemente diferente (ou não tão levemente assim). Se depois disso o motorista imprudente tivesse parado ao seu lado num sinal de trânsito, talvez você tivesse soltado uns impropérios. Quem fica furioso ao volante quase sempre se choca com a própria reação. E os outros passageiros ficam mais chocados ainda. Não acredita em mim? Experimente perguntar a um parente ou amigo sobre algum de seus ataques de fúria.

Esse tipo de transformação repentina é um exemplo de estado de personalidade – uma situação em que temporariamente nos tornamos uma pessoa diferente. Se você não se identifica com a agressividade no trânsito, pense numa ocasião em que esteve perdidamente apaixonado. Sem dúvida, no meio dessa embriaguez, você fez coisas que não condiziam com sua personalidade típica. Talvez tenha sentido a necessidade súbita de demonstrar carinho em público, quando costuma ser mais reservado. Ou pode ter se tornado generoso demais, comprando presentes caros para a pessoa amada, quando tem o hábito de ser mais contido nos gastos. Mudanças semelhantes podem ocorrer durante uma emergência ou um desastre natural. Pessoas normalmente tímidas podem exibir uma coragem inesperada e pessoas que costumam ser passivas ou obedientes de repente tomam as rédeas da situação e se tornam líderes. Em todos esses exemplos estilo *O médico e o monstro*, vemos que as mudanças no ambiente podem nos levar a fazer coisas que "não são do nosso feitio".

Nos capítulos anteriores, quando falamos de personalidade, quase sempre falamos de estado. Mas este capítulo vai se concentrar principalmente nos traços. Que fique claro: essas duas estruturas são interligadas. Por exemplo, se pessoas mais sensíveis ao estresse (traço de personalidade) têm mais chance de deturpar a realidade, então isso pode sugerir que o estresse temporário (estado de personalidade) também influencia esse processo. E vice-versa.

Outra questão que merece ser mencionada é a maneira como interpretamos a noção de personalidade. Ao ouvirmos que uma pessoa tem a personalidade X ou Y, tendemos a pensar que essa personalidade molda o comportamento dela em várias circunstâncias. Alguém que é generoso será generoso sempre que tiver oportunidade. Alguém que é criativo expressará criatividade em todas as atividades. Alguém que é narcisista demonstrará sua presunção a cada instante. Mas não é assim! A personalidade é como uma corrente na margem de um rio. Sim, ela pode ajudar a empurrar objetos em certa direção, mas é apenas parte de um esquema geral. Na verdade, ela é pequena em magnitude se comparada com o restante do rio e agirá de formas diferentes com objetos diferentes. Por exemplo, uma vez fiz um estudo com atletas de esportes radicais – do tipo que desce montanhas de bicicleta, escala penhascos rochosos ou voa naqueles macacões como um esquilo voador. Ou seja, gente muito intrépida. Era óbvio que aquelas pessoas se arriscavam muito em suas empreitadas atléticas. Faria sentido concluir que um de seus traços de personalidade seria a disposição a se arriscar muito. Mas, em geral, elas se expunham a muitos riscos? Gostavam de se arriscar em vários contextos? Na bolsa de valores? Na vida profissional? Na vida pessoal? A resposta que encontrei foi *não*. Nessas outras áreas, elas eram quase avessas a riscos.

O que isso significa quando se trata do papel da personalidade na trajetória de um negacionista? Bem, é complicado, como tudo mais de que já tratamos aqui. Só porque alguém apresenta nível elevado de narcisismo (falo muito disso porque, como ficará claro, o narcisismo tem uma forte conexão com o negacionismo), não significa que essa pessoa necessariamente vá deturpar a realidade. E uma pessoa pouco narcisista também não estará protegida de seguir esse caminho. No fim das contas, nenhum traço de personalidade nem uma coleção de traços são suficientes para transformar alguém em negacionista. Esse é um processo que decorre de vários fatores, e a personalidade é apenas um deles, ainda que significativo.

Tentando estudar um negacionista

Se você fosse um cientista social tentando compreender o papel da personalidade na adoção de certo comportamento, sua pesquisa provavelmente incluiria escalas detalhadas de personalidade. Enquanto escrevo este livro, tento conduzir esse tipo de pesquisa com pessoas que têm crenças alternativas sobre a covid-19. Só que isso tem sido extremamente difícil, como eu deveria ter imaginado desde o início. Não é nada fácil convencer pessoas que não confiam nem um pouco no "sistema" a participar de um simples estudo.

Comecei com algumas pessoas que eu afetuosamente considero guias espirituais nesse reino desconhecido: os negacionistas que conversam comigo e me ajudam a entender o mundo deles. Perguntei se estavam dispostos a me ajudar com minha pesquisa. No começo eles se mostraram hesitantes, porém abertos a ouvir detalhes sobre o estudo. Enviei para eles por e-mail um questionário com uma longa lista de teorias da conspiração (apresentada a seguir) e pedi que avaliassem a própria crença em cada uma. A ideia era avaliar a crença geral deles no conspiracionismo. Depois os participantes teriam que responder a pelo menos uma escala de personalidade que avaliava traços como solidão e ansiedade, confiança, otimismo, maquiavelismo, narcisismo, entre outros.

Meu objetivo era avaliar a intensidade da crença de cada participante em teorias da conspiração e sua classificação em algumas escalas de personalidade, e então calcular quais traços estavam mais ou menos associados ao negacionismo. Por exemplo, o otimismo estaria associado a uma crença intensa ou fraca em teorias da conspiração? Ou uma coisa não teria nada a ver com a outra? E a confiança? A humildade intelectual? O pensamento crítico? E assim por diante.

Teorias da conspiração que incluí na minha escala geral de crenças conspiratórias

Se quiser responder ao questionário, escreva seu nível de crença ao lado de cada uma das declarações usando uma escala de 0 (com certeza é mentira) a 100 (com certeza é verdade). No fim, calcule a média de todas as notas para descobrir sua pontuação.

- A covid-19 foi criada num laboratório chinês ou americano para servir de arma biológica. _____
- Foi Donald Trump quem venceu a eleição presidencial americana de 2020. _____
- A chegada à Lua foi forjada pela NASA num estúdio de filmagem. _____
- Pessoas que morreram de outras doenças foram categorizadas como vítimas da covid-19. _____
- O vírus da covid-19 não existe de verdade. _____
- A covid-19 não é tão grave quanto dizem. _____
- O governo esconde provas de vida alienígena. _____
- Agentes do governo ameaçam ou assassinam testemunhas que viram provas de óvnis ou vida alienígena. _____
- Os efeitos colaterais da vacina contra a covid-19 são omitidos. _____
- Os dados científicos sobre o aquecimento global são inventados ou distorcidos por motivos ideológicos ou financeiros. _____
- Um grupo de elites internacionais controla governos, imprensas e indústrias com o objetivo de criar uma hegemonia global. Essas organizações incluem o Banco Mundial, as Nações Unidas, a União Europeia e o Sistema de Reserva Federal dos Estados Unidos. _____
- Tiroteios em massa e outros grandes eventos trágicos costumam ser falsos, e as vítimas e seus familiares são atores. _____
- Os ataques do 11 de Setembro foram demolições controladas do World Trade Center. _____
- Várias mortes de famosos foram forjadas, como as de Martin Luther King Jr., princesa Diana, The Notorious B.I.G., Kurt Cobain, Mozart e John Lennon. _____
- Empresas de combustíveis fósseis impedem o desenvolvimento de carros elétricos. E agências do governo, grupos de interesse especial ou inventores fraudulentos sabotam tecnologias de movimento perpétuo e fusão a frio. _____
- Chips de identificação por radiofrequência, como os usados em animais de estimação, também estão sendo secretamente implantados em humanos. _____

- Os Illuminati são uma sociedade secreta formada durante o Iluminismo que foi responsável pela Revolução Francesa. _____

- Datas e fatos de eventos históricos foram propositalmente distorcidos. _____

- Seguindo políticas governamentais secretas, os rastros de condensação de água de aeronaves são substâncias químicas, agentes biológicos ou contêm uma mistura tóxica de alumínio, estrôncio e bário. _____

- O mundo é controlado por uma quadrilha secreta de pedófilos satanistas. Donald Trump está lutando para conter essa quadrilha. _____

- Imigração, integração, baixas taxas de fertilidade e aborto são promovidos em países de população majoritariamente branca para fazer com que caucasianos se tornem minoria. _____

- As nações ricas da OCDE, com apenas uma pequena porcentagem da população do planeta, são responsáveis pela maior parte do PIB mundial, e as pessoas mais ricas são responsáveis por mais da metade das emissões de carbono no mundo. _____

- As Nações Unidas estabelecerão uma nova ordem mundial de acordo com os objetivos da Agenda 21 e da Agenda 2030 para o Desenvolvimento Sustentável. _____

Quando meus guias espirituais viram a lista, ficaram preocupados. O que eu estava querendo estudar, afinal de contas? Meu plano era zombar deles? Como poderiam ter certeza de que a pesquisa seria conduzida do jeito certo? Richard era a pessoa com mais influência no grupo, então decidi conversar com ele primeiro.

– Você entende que está tentando estudar pessoas que não confiam no sistema, não confiam em você e não confiam em muitas outras coisas? – perguntou ele.

– Entendo – respondi –, e foi por isso que procurei você. Achei que seus seguidores aceitariam participar se você pedisse, porque eles confiam no seu julgamento.

– Mas o que você quer estudar? – questionou ele.

– Estou tentando entender a estrutura da personalidade em geral e como ela influencia pessoas que não confiam muito no governo e na sociedade. Quero determinar quais traços de personalidade são mais fortes e mais fracos nessas pessoas.

(A verdade era que eu queria estudar a associação entre traços de personalidade e crença em teorias da conspiração, mas tentei descrever o estudo da maneira mais positiva possível.)

– Parece que você está tentando zombar da gente – reclamou Richard, receoso.

– De forma alguma. Só quero saber quais traços de personalidade são mais e menos comuns entre pessoas desconfiadas. Não faço nenhum julgamento, e esses traços não são necessariamente ruins. Juro que não quero julgar ninguém, só entender. Você não tem curiosidade de saber o que torna esse grupo diferente de todo mundo? Talvez possamos descobrir muita coisa com essa pesquisa.

Lá estava a palavra mágica: *pesquisa*. Essa era minha arma secreta para incentivar Richard, e fiquei muito satisfeito comigo mesmo. Afinal, depois de colocar tanta banca sobre ser ele mesmo um "pesquisador", eu tinha certeza de que Richard não perderia a oportunidade de fazer uma pesquisa de verdade, com um pesquisador de verdade.

– Mas como posso confiar nos resultados? – perguntou ele.

– Que tal participar da pesquisa comigo? Podemos trabalhar juntos. Se ela acabar sendo publicada, você pode ser um dos autores do trabalho. E, para garantir que você confie nos resultados, vou lhe dar acesso ao banco de dados virtual para que possa verificar todos eles. O que acha?

Foi então que Richard mudou de postura. Segundo ele, me ajudar com a pesquisa prejudicaria sua reputação dentro do grupo de um jeito que ele não estava disposto a arriscar. Era a mesma linha de raciocínio que ele já havia usado, cerca de um ano após nos conhecermos, quando lhe pedi que me ajudasse a limpar minha barra com seu grupo, já que ele mesmo não achava mais que eu fazia parte da quadrilha. Na época, ele recusou, num tom meio pesaroso, dizendo que não podia arriscar sua posição na comunidade e que me defender lhe custaria um preço social alto demais. Agora ele usava a mesma lógica, mas sem o tom de quem pede desculpas.

Minhas conversas com outros negacionistas não renderam resultados melhores, então precisei testar outros métodos. Meu desejo de compreender a relação entre tipos diferentes de personalidade e a crença geral em teorias da conspiração permanecia intenso. Sendo assim, armado com esperanças ilusórias e uma boa dose de excesso de confiança, entrei nesse projeto com Nina Bartmann e Shaye-Ann McDonald no meu laboratório na Universidade Duke (como ficará claro daqui a pouco, saber como funcionam o raciocínio motivado e o excesso de confiança não nos protege totalmente contra eles). Começamos pelo site de David Icke. Só para lembrar, David Icke (que, curiosamente, faz aniversário no mesmo dia que eu) foi atleta profissional e locutor esportivo; em algum momento, começou a acreditar na existência de uma raça interdimensional de reptilianos, os arcontes, que controla a Terra. De acordo com Icke, os arcontes criaram uma raça híbrida geneticamente modificada de humanos-arcontes reptilianos que mudam de forma. Ele alega que esses híbridos ocupam posições de poder em muitas profissões para controlar o planeta e criar uma nova ordem mundial. A boa notícia sobre o site de Icke é que é possível comprar anúncios exibidos aos visitantes, e fizemos isso. Após gastarmos alguns milhares de dólares em anúncios, conseguimos seis participantes para nosso questionário. (Pois é, seis. Não foi erro de digitação.) Tivemos uma experiência semelhante no Reddit, dessa vez com oito participantes, e o Truth Social, a rede social de Donald Trump, nos rendeu mais sete. Dava para perceber que minha confiança não fazia sentido e custava caro.

As dificuldades em conduzir pesquisas com negacionistas não são, obviamente, um problema que apenas eu encontrei. Quase todos os estudos sobre teóricos da conspiração deparam com esse problema. Como resultado, boa parte das pesquisas se concentra em negacionistas leves a moderados, não nos casos extremos. E por que isso é um problema? Observe a Figura 7 adiante. No eixo horizontal está a força das crenças conspiratórias, de 0 a 100. No eixo vertical está o traço de personalidade, no caso a tendência a confiar na própria intuição, também de 0 a 100.

Para conduzir a pesquisa de maneira adequada, o ideal seria encontrar participantes que se classificassem em todos os pontos do eixo horizontal: alguns com níveis baixíssimos de crenças conspiratórias, alguns no meio-termo e outros com pontuações muito elevadas. Se tivéssemos essa variação, poderíamos obter resultados como os do gráfico A, revelando uma relação muito clara e forte entre a tendência a acreditar na própria intuição e crenças conspiratórias.

Figura 7. O problema de uma amostra parcial

A figura ilustra a dificuldade de estudar a relação entre duas variáveis quando pessoas com opiniões mais extremas não participam da pesquisa. O gráfico A representa todo o escopo de crenças conspiratórias e a correlação resultante. A área sombreada no gráfico B representa como os resultados seriam apresentados se fossem baseados apenas em participantes com crenças conspiratórias baixas e médias. É isso que encontramos quando os extremos não participam.

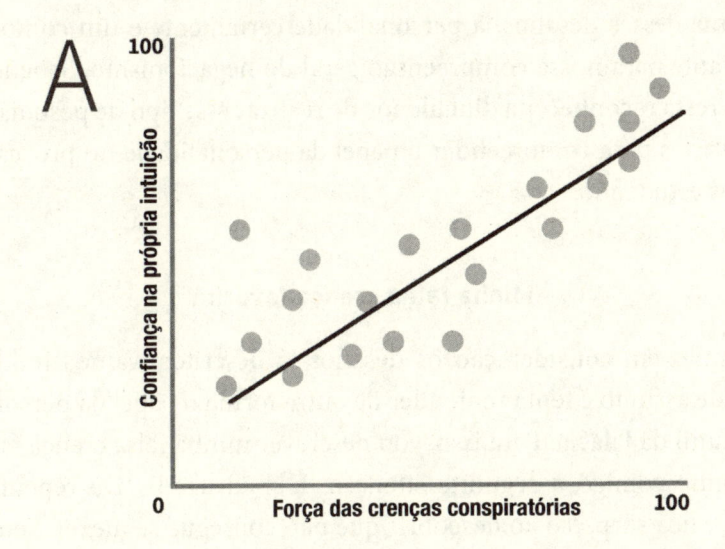

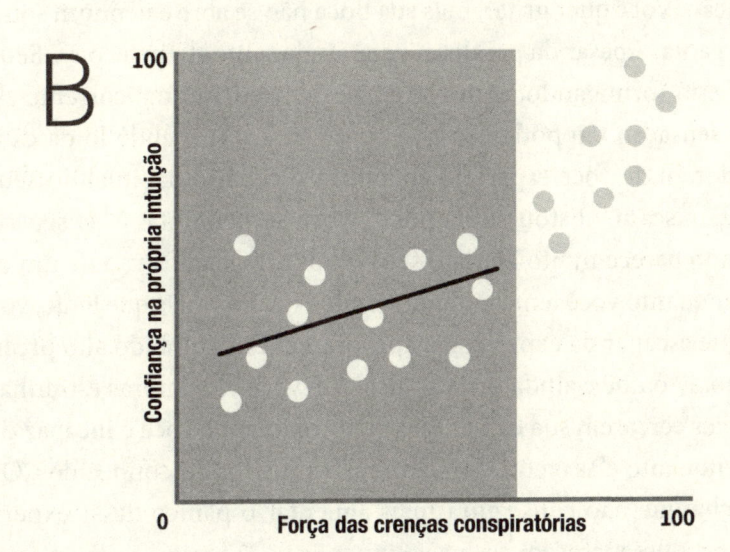

Mas e se os pesquisadores deparassem com os mesmos desafios que eu ao abordar os negacionistas? E se, no fim das contas, os participantes tivessem apenas convicções conspiratórias fracas ou moderadas, porque ninguém mais extremado aceitou participar? Nesse caso, veríamos apenas parte dos dados (a área sombreada no gráfico B). O alcance do eixo horizontal seria truncado e não conseguiríamos entender com clareza a relação entre a crença na própria intuição e em teorias conspiratórias.

Apesar desses desafios, a personalidade certamente é um componente importante para nossa compreensão geral do negacionismo. Sabendo disso, nos resta reconhecer a dificuldade de realizar esse tipo de pesquisa e nos esforçarmos para compreender o papel da personalidade no processo que estamos estudando.

Minha falsa crença favorita

Levando em consideração os desafios já descritos, vamos mudar um pouco de assunto e tentar entender de outra forma o papel da personalidade no funil da falácia. Para isso, vou descrever minha falsa crença favorita.

Imagine comigo a seguinte situação. É madrugada. De repente você acorda e fica surpreso ao descobrir que não consegue se mexer. Seu corpo está paralisado e você sente uma pressão forte no peito, dificultando sua respiração. Você quer gritar, mas sua boca não se abre e nenhum som sai da sua garganta. Apesar da paralisia, você ainda sente alguma coisa. Seu corpo inteiro está formigando, como se estivesse ligado a uma corrente elétrica. É uma sensação tão poderosa que quase parece suspendê-lo da cama. Ao seu redor, onde você esperaria encontrar o cenário habitual do seu quarto, luzes piscam. "Estou sonhando?", você se pergunta. Mas seu coração disparado parece muito alerta e seus olhos arregalados vão de um canto a outro enquanto você tenta entender onde está. Por mais que tente, você não consegue escapar da experiência apavorante. Um zumbido alto preenche o cômodo. E, o que é ainda mais assustador, você vê sombras estranhamente disformes cercarem sua cama. Elas se aproximam e você é incapaz de afastá-las enquanto elas o cutucam com instrumentos desconhecidos. Quando você acha que não conseguirá mais aguentar o pânico dessa experiência, as sombras desaparecem, as luzes somem e você sente o peso do seu corpo afundando na maciez familiar da sua cama. Você recupera os movimentos e, quando corre para acender a luz, tudo está exatamente como esperado.

Se algo assim acontecesse, em que você acreditaria? Talvez concluísse que foi um sonho. Ou poderia chegar a uma conclusão diferente: você foi abduzido por alienígenas. Você pode estar achando graça. Mas uma quantidade surpreendente de pessoas acredita exatamente nisso. A parte mais esquisita sobre essa crença é que todas as pessoas que acreditam que foram abduzidas contam histórias relativamente parecidas com a que acabei de descrever. Entre os detalhes em comum estão a restrição de movimento, as sensações de formigamento que lembram choques por todo o corpo, a impressão de estar levitando, zumbidos altos, luzes piscando e, mais impressionante, silhuetas de alienígenas cercando a cama e examinando seus corpos. As pessoas que passam por essa experiência costumam acreditar que foram temporariamente teletransportadas para uma nave extraterrestre e sujeitadas a experimentos invasivos antes de serem devolvidas ao próprio lar.

À primeira vista, é muito tentador desmerecer essas pessoas e chamá-las de loucas. Porém há muitas delas que descrevem experiências muito semelhantes e cuja sanidade é avaliada dentro dos parâmetros normais. Por fim, e talvez mais importante, chamá-las de insanas não nos ajuda de maneira alguma a compreender o que está acontecendo. Quando fazemos isso, perdemos a oportunidade de aprender com elas. Em muitos casos, estudar experiências extremas é uma oportunidade de elucidar experiências rotineiras. Por exemplo, quando estudamos maratonistas e alpinistas, a força de vontade desses atletas pode nos ensinar muito sobre a determinação de reles mortais que não lidam com dores extremas e dedos congelados. Isso foi algo que também observei na minha vida pessoal. As situações extremas em que me encontrei ao ser internado após o acidente agiram como uma lente de aumento para me ajudar a entender minha relação rotineira com a dor, o desamparo aprendido e o medo.

Voltando aos abduzidos por alienígenas, será que podemos aprender algo com eles e aplicar esse conhecimento à nossa compreensão do negacionismo e da sua relação com os tipos de personalidade? A resposta é *sim*.

Um grupo de pesquisadores liderados por Susan Clancy examinou a experiência geral descrita pelos abduzidos. (Quando nos conhecemos, Susan me contou que eles queriam ser chamados de "abduzidos" e não de "pessoas que acham que foram abduzidas".) Os pesquisadores observaram que as experiências descritas (formigamento semelhante a choques elétricos, sensação de levitar, zumbidos altos, luzes piscantes, figuras alienígenas ao redor) eram muito semelhantes a uma conhecida situação fisiológica chamada de **paralisia do sono**.

O que é a paralisia do sono? Durante os períodos em que sonhamos (ou seja, durante o sono REM, sigla em inglês para "movimento rápido dos olhos"), o cérebro está ativo e envia para o corpo comandos para ações diferentes: *Ande para a frente. Incline-se para pegar uma flor. Desembainhe a espada. Pule por cima do carro. Dê um soco no vilão. Voe!* Então por que não costumamos obedecer aos comandos do cérebro durante o sono REM? Por que não saímos correndo pelo quarto ou tentamos pular da janela? Porque, por sorte, o organismo humano se adaptou para se proteger dessas situações perigosas. Durante o sono REM, o cérebro basicamente se desconecta do corpo, o que significa que o corpo não reage aos sinais do cérebro.

Às vezes, no entanto, as coisas não funcionam como planejado e o cérebro acorda do sono REM enquanto o mecanismo que paralisa o corpo permanece ativo. Nesses casos, por pouquíssimo tempo, a pessoa fica desperta, em certo grau, mas não consegue se mover. É então que ela percebe o formigamento, a levitação, os zumbidos, as luzes piscando e as alucinações. Curiosamente, em períodos mais antigos da História e em outras culturas, as alucinações durante essa experiência assumiam formas diferentes: as pessoas viam demônios, bruxas ou fantasmas sentados sobre seu peito, impedindo-os de se mover. Fica claro que as imagens descritas dependem da época e da cultura em que isso acontece, o que acaba influenciando a interpretação da experiência.

Seria de esperar que os pesquisadores declarassem vitória nesse ponto. Afinal, a paralisia do sono e os relatos das pessoas abduzidas por alienígenas são extremamente semelhantes, então talvez pessoas que sofram de paralisia do sono cometam o equívoco de pensar que tiveram contato com extraterrestres – caso encerrado. Mas não foi bem assim. Por quê? Porque, de acordo com a Sleep Foundation, pelo menos 8% da população sofre de paralisia do sono em algum momento da vida (aliás, o estresse aumenta as chances de isso acontecer), porém a grande maioria desses indivíduos jamais alega ter sido abduzida por alienígenas. Qual é a explicação para isso? O que diferencia aqueles que interpretam a experiência como uma história de abdução daqueles que simplesmente acordam e seguem com a vida com as mesmas crenças sobre o mundo que tinham quando foram dormir naquela noite? É isso que torna as coisas interessantes e nos faz refletir de novo sobre a importância da personalidade nesse processo.

Susan e sua equipe examinaram algumas diferenças essenciais de personalidade que podem levar alguém a acreditar ter sido abduzido por alienígenas. Eles começaram com dois anúncios: um que convocava voluntários para um estudo de memória (o grupo de controle) e outro que convocava participantes que acreditassem ter interagido ou sido abduzidos por extraterrestres para um estudo de memória. Eles criaram os dois grupos: o de controle e o de abduzidos (o trabalho original faz uma distinção mais abrangente sobre os diferentes tipos de contato extraterrestre, mas isso não faz diferença para nós).

Assim que as duas condições foram estabelecidas, os pesquisadores estavam prontos para estudar diferenças individuais. Primeiro analisaram certos aspectos da falha de memória. É claro que todos os seres humanos têm uma memória imperfeita de vez em quando, porém certas pessoas têm uma tendência especial a confundir as próprias lembranças. Em outras palavras, alguns aspectos da falha de memória podem ser considerados um traço de personalidade. Os pesquisadores queriam saber se esses traços específicos eram mais marcantes nos supostos abduzidos.

Imagine que você esteja participando do experimento (não sei se acredita já ter tido contato com alienígenas, então, por enquanto, digamos apenas que você é um participante). Ao entrar no laboratório, lhe entregam uma série de instruções. Na primeira tarefa, você escutará vinte listas de palavras sobre um mesmo tema, cada lista contendo entre três e quinze termos, que serão anunciados uma vez por uma caixa de som, com intervalos de 3 segundos entre cada um. Você precisa prestar atenção, já que precisará se lembrar das palavras. Depois de cada lista ser tocada, você deve solucionar quatro problemas simples de matemática. Por exemplo, quanto é 16 + 52? Após terminar, você tem 90 segundos para anotar num papel todas as palavras de que se lembra da lista. Depois a próxima lista é tocada, seguida pelo próximo conjunto de quatro problemas simples de matemática, e então você precisa se lembrar das palavras, e assim por diante para todas as vinte listas.

Por exemplo, aqui vai uma delas:

Azedo, bala, açúcar, amargo, bom, gosto, dente, gostoso, mel, refrigerante, chocolate, coração, bolo, ácido, torta

Ao terminar de escutar todas as vinte listas, você terá sido exposto a 180 palavras no total. Talvez pareça que o principal parâmetro de interesse seja a quantidade de palavras lembradas corretamente. De fato, isso é interessante para medir a capacidade de memória, só que a pesquisa não era sobre lembrar, mas sobre lembrar errado. A questão eram as peças que a memória prega em nós e a possibilidade de poder pregar mais peças em algumas pessoas do que em outras. O que mais importava era a quantidade de palavras que os participantes lembraram errado – palavras que *não* eram apresentadas na lista, mas que mesmo assim os participantes achavam que tinham sido apresentadas, como "calda" ou "biscoito" na lista que dei de exemplo. A isso chamamos **recordação falsa**.

A recordação falsa não era o único tipo de erro de memória que interessava aos pesquisadores. Eles também queriam entender o **reconhecimento falso**. Digamos que, após passar pelo processo das vinte listas, você receba uma lista-mestra com oitenta termos. Quarenta deles foram citados e quarenta não estavam em nenhuma das listas anteriores, e você precisa indicar qual é qual. Ao fim desse exercício, os pesquisadores teriam outro parâmetro de memória falha: o reconhecimento falso, representado pela quantidade de palavras que você não tinha visto antes, mas que "reconheceu" quando viu.

São dois parâmetros diferentes, porém associados, que quantificam com que frequência a mente confunde palavras já vistas com palavras novas. A recordação falsa se baseia apenas na capacidade de memorização do cérebro, enquanto o reconhecimento falso tem a ver com nossa reação a palavras escritas no papel (não é necessário puxar na memória).

E quais foram os resultados? As taxas de recordações e reconhecimentos falsos foram bem mais altas no grupo dos abduzidos por alienígenas. Esse grupo teve o dobro de recordações falsas e 50% mais reconhecimentos falsos. Juntos, esses resultados mostraram que os abduzidos se lembravam de mais fragmentos que *não* estavam na experiência original. Em outras palavras, eles tiveram mais dificuldade para diferenciar as coisas que viveram das que não viveram. Essa peça específica do quebra-cabeça pode ajudar a explicar como alguém que acorda num estado de paralisia do sono, com sensações estranhas e alucinações oníricas, pode criar uma narrativa falsa e acreditar nela completamente.

Esse poderia ser um bom momento para finalizar a investigação sobre as abduções e comemorar a explicação do mistério. Só que os pesquisadores não se contentaram com a questão da memória. Eles continuaram explorando outros elementos da personalidade, e é por isso que a pesquisa deles nos ajuda a explorar o fenômeno mais amplo que é o negacionismo. Só que, antes de chegarmos a essa pesquisa, vamos continuar mais um pouquinho na arena das memórias falsas.

Os perigos reais da falsa lembrança

De que modo memórias confusas como as descritas anteriormente afetam nosso dia a dia? E como essas memórias falsas afetam a imersão das pessoas no funil da falácia? Que bom que você perguntou. Vou lhe contar sobre uma conversa que tive com uma mulher chamada Jamie.

Jamie era líder de um grupo muito influente de negacionistas. Ela supostamente reunia testemunhos de pessoas que alegavam ter sofrido efeitos colaterais da vacina da covid-19. Ela me contou que havia coletado 5.500 relatos de efeitos colaterais horríveis, que iam desde problemas musculares até doenças crônicas e morte, tudo causado pela vacina. Não apenas Jamie reunia essas histórias como também as repetia e difundia em todos os lugares possíveis. Na minha cabeça, ela estava incentivando as pessoas a acreditar que os efeitos colaterais eram muito mais graves e comuns do que de fato eram. Também imaginei que era provável que seus relatos incluíssem um monte de efeitos colaterais da vida em geral e das consequências de passar pela pandemia (uma tendência maior a comer para se reconfortar, mais solidão, picos de estresse, sedentarismo e assim por diante), que não eram diretamente causados pela vacina. No entanto, meu objetivo ao conversar com Jamie não era questionar suas atividades nem recriminá-la pelo mal que estava causando, mas tentar entender como ela havia entrado nesse ramo de serviço. Que processo a levara a dedicar boa parte do seu tempo a documentar efeitos colaterais e divulgar essa informação? Antes da covid, ela trabalhava numa empresa de tecnologia, analisando tendências de marketing. Pelo que parecia, ela era completamente inserida no sistema. E agora, apenas dois anos depois, ela se tornara parte dos divulgadores mais extremos de fake news sobre a vacina da covid-19 e seus efeitos colaterais.

– Como você chegou até aqui? Quais foram seus primeiros passos? – perguntei.

Também pedi-lhe que se recordasse dos primeiros "sinais de alerta" que a fizeram desconfiar de que as coisas no mundo não eram como pareciam. Ela me contou que, no começo da pandemia, assim como todo mundo, ficou esperando a aprovação de uma vacina que salvasse todos nós. Ela achava que o processo levaria anos, então ficou muito animada ao ver que as coisas estavam acontecendo rápido. Assim que a vacina foi aprovada, ela entrou no site da agência de vigilância sanitária dos Estados Unidos, a FDA, para buscar mais informações. E ficou preocupada com o que encontrou. A execução do ensaio clínico da vacina tinha algumas limitações. O que mais a preocupava era que o grupo de controle tinha sido abandonado e não fora contabilizado nos resultados (uma alegação sobre a qual não encontrei nenhuma evidência). Foi então que ela decidiu que aquela não era a vacina pela qual estava esperando.

Cutuquei um pouco mais sua memória:

– Quando foi que leu essas informações no site da FDA? E você já tinha acessado informações no site antes?

– Li no dia em que anunciaram que a vacina tinha sido aprovada – respondeu ela, confiante. – Estava tudo nos documentos.

É claro que pedi os links, mas ela nunca me enviou.

– E o que aconteceu depois? – perguntei.

– Após alguns dias, escutei uma palestra de uma médica muito famosa, uma especialista nesses assuntos, que sabe muito sobre vacinas e seus efeitos colaterais. Na palestra, ela esmiuçava a metodologia da Pfizer e explicava que aquele ensaio clínico era falho e projetado para alcançar o resultado esperado, sem testar a vacina de verdade.

– Essa médica também mencionou o grupo de controle abandonado? – questionei.

– Sim, ela falou que não havia um grupo de controle de verdade e que o único que existia tinha sido cortado da análise.

Então pressionei sua memória:

– Você leu mesmo sobre o grupo de controle abandonado nos documentos da FDA ou soube disso e das outras falhas metodológicas por essa médica que deu a palestra?

Jamie pareceu confusa.

– Não lembro. Acho que foram as duas coisas.

Esse é o tipo de confusão de memória que vimos mais cedo: algo que não aconteceu de verdade (ler sobre o grupo de controle abandonado em documentos sobre a aprovação da vacina da Pfizer) se misturou a algo que tinha acontecido (ouvir alguém falar sobre possíveis falhas na pesquisa). Acredito que Jamie nunca tenha lido nenhum dos relatórios originais no site da FDA, apesar de se lembrar disso nitidamente. Ela ouviu as alegações da médica e criou uma memória falsa; é o mesmo tipo de recordação falsa que encontramos nos abduzidos por alienígenas.

TALVEZ SEJA ÚTIL

Avalie o risco dos seus amigos

Como é difícil mudar a personalidade, é importante estar ciente da personalidade dos indivíduos ao nosso redor e prestar atenção especial naqueles mais suscetíveis a cair pelo funil da falácia. (No próximo capítulo veremos mais exemplos dos traços que tornam alguém mais suscetível.) A recomendação aqui não é evitar amizades com pessoas que exibam essas características; afinal, os fatores que as tornam suscetíveis podem ser muito positivos. Alguns, como narcisismo ou tendência a ter recordações falsas, são bastante negativos, é claro. Mas outros, como raciocínio criativo ou até uma tendência à desconfiança, podem ser úteis e até desejáveis em muitos casos. É apenas quando outros fatores, como estresse, começam a empurrar a pessoa rumo ao funil que esses traços passam a funcionar de maneira mais negativa.

> Então, se você notar que uma pessoa querida tem características que aumentam o risco dela de descer pelo funil da falácia, preste muita atenção e se esforce bastante para impedir que isso aconteça. Quanto mais cedo você intervier, melhor.

Essa é uma questão séria, porque a tendência a se lembrar errado das coisas e confiar cegamente na própria memória não se resume a memorizar palavras numa lista. Como vimos com os abduzidos, isso pode se estender a vários eventos potencialmente prejudiciais à vida ou à reputação de uma pessoa. Como ficou evidente com Jamie, pode se estender a fatos importantes da vida relacionados à eficácia e aos efeitos colaterais de uma vacina. E como Jamie se tornou uma das figuras mais respeitadas na comunidade de negacionistas, uma referência para encontrar e disseminar informações para muita gente, os desdobramentos de sua memória falha foram muito maiores, com consequências terríveis para si mesma e para as pessoas que acreditavam nela.

Mergulhando na personalidade dos abduzidos

Já vimos que pessoas mais propensas a ter recordações falsas podem ser mais suscetíveis ao negacionismo. Mas e outros traços de personalidade? Os pesquisadores que estudaram os abduzidos pediram aos participantes que preenchessem muitos outros questionários. O objetivo era entender que tipos de personalidade eram mais encontrados entre os que acreditavam ter tido contato com extraterrestres. Nesse exercício, três traços de personalidade se destacaram: **pensamento mágico**, **absorção** e **distorção perceptiva**. Em geral, esses traços de personalidade medem o grau em que pessoas acreditam em formas não convencionais de causalidade; são mais facilmente dominadas por suas imagens mentais e fantasias; são mais facilmente hipnotizadas; e acreditam que certas pessoas têm poderes especiais.

Aqui vai um exemplo de ferramenta para identificar esses traços. Você pode se avaliar. Para cada uma das declarações, classifique-se numa escala de 0 (isso não me descreve de forma alguma) a 100 (isso me descreve muito bem). Quanto maior for a média das suas respostas, maior sua pontuação nesses traços de personalidade.

- Consigo sentir quando alguém está pensando em mim. _____
- Às vezes tenho medo de pisar nas rachaduras da calçada. _____
- Horóscopos acertam coisas demais para ser apenas coincidência. _____
- Às vezes as coisas parecem estar em lugares diferentes quando chego em casa, apesar de ninguém ter estado lá. _____
- Números como 13 e 7 têm poderes especiais. _____
- Já senti que havia uma mensagem para mim na disposição dos objetos, como na vitrine de uma loja. _____
- Amuletos da sorte funcionam. _____
- É possível fazer mal aos outros apenas com a força do pensamento. _____
- Às vezes sinto uma presença maligna ao meu redor, apesar de não conseguir enxergá-la. _____
- Às vezes tenho a sensação de ganhar ou perder energia quando certas pessoas me olham ou encostam em mim. _____
- Faço pequenos rituais de vez em quando para afastar energias negativas. _____
- Já senti que posso atrair algo só de pensar muito nisso. _____
- Minha pontuação média para essas declarações foi _____

No fim das contas, o que todas essas pesquisas mostram? Juntas, elas sugerem um mecanismo interessante, que começa com uma âncora na realidade (a experiência real da paralisia do sono), mas se distancia disso, impulsionado pelo estresse que algumas pessoas sentem nessa situação e por alguns traços de personalidade que pegam essa experiência complexa e a transformam na memória de uma abdução alienígena.

As descobertas do estudo com os abduzidos são importantíssimas porque oferecem um mecanismo claro de algo que antes parecia um absurdo completo. A pesquisa convenceu os abduzidos que homenzinhos verdes nunca tinham entrado em seus quartos? Não. As pessoas se apegam às suas crenças, e é necessário mais do que uma explicação racional embasada num estudo para dissuadi-las. Entretanto, para quem estiver interessado em compreender o fenômeno do negacionismo, o estudo é elucidativo. E a história não termina por aí. Ao longo dos anos, mais e mais pesquisadores analisaram vários traços de personalidade relacionados a diversas crenças e fantasias. É o que veremos no próximo capítulo.

8

UMA TENTATIVA DE CLASSIFICAR O PAPEL DA PERSONALIDADE NO FUNIL DA FALÁCIA

*Seres humanos são animais que buscam padrões
e que sempre vão preferir uma teoria ruim ou uma
teoria da conspiração a teoria nenhuma.*

– CHRISTOPHER HITCHENS

Você já passou uma tarde de verão deitado sobre a grama, olhando as nuvens no céu? Imagino que, após alguns minutos, sua mente tenha começado a criar uma história para descrever tudo aquilo. "Aquela nuvenzinha é tão fofa e feliz... Por que a nuvem grande está correndo atrás dela? Corre! Corre! Por que as outras nuvens não estão ajudando a nuvenzinha fofa? Elas não têm coração? Ah, talvez aquela outra nuvem vindo ao longe seja amiga e queira ajudar. Mas também não importa mais, a nuvenzinha é esperta e conseguiu fugir sozinha."

Se você já inventou histórias assim, não se preocupe: não foi o único! Você foi alvo da tendência humana muito comum de enxergar padrões inexistentes – uma característica que Michael Shermer, escritor e editor da revista *Skeptic*, chama de **padronicidade**. Como acontece no caso das recordações falsas, que vimos no capítulo anterior, a padronicidade é tanto uma característica geral da natureza humana quanto uma diferença de personalidade, no sentido de que algumas pessoas exibem uma propensão muito maior a enxergar padrões do que outras, especialmente em momentos de estresse. Antes de nos aprofundarmos na padronicidade como um traço de personalidade, vamos nos familiarizar com ela como uma característica humana geral.

Talvez você não seja o tipo de pessoa que se deite na grama para observar nuvens e não tenha se identificado com meu exemplo. Em vez disso, considere o seguinte estudo que conduzi com alguns alunos de MBA. Os estudantes foram convidados ao laboratório para um jogo de bolsa de valores. Pedimos que imaginassem que a bolsa havia acabado de fechar e então mostramos o comportamento de uma ação ao longo do dia. Em alguns casos, o preço dela subia; em outros, caía. Após exibir o comportamento de apenas uma ação, mostramos uma análise feita por um expert. E aqui vai a parte importante do estudo: para metade dos participantes, o analista justificou o preço da ação pelo motivo X e para a outra metade justificou pelo motivo oposto. Por exemplo, para alguns ele disse: "A ação da IBM subiu porque a IBM acabou de *comprar* de volta algumas das próprias ações e o mercado reagiu de maneira positiva." Para os outros: "A ação da IBM subiu porque a IBM acabou de *vender* algumas das próprias ações e o mercado reagiu de maneira positiva."

O processo foi repetido para muitos participantes, usando muitas ações e muitas análises diferentes. Então os participantes avaliaram quanto as explicações faziam sentido. E adivinhe só: eles ficaram igualmente impressionados com a lógica por trás de explicações contrárias. É claro que é fácil zombar de gurus da bolsa de valores que explicam as coisas com uma confiança inabalável logo após a bolsa fechar, mas a questão não era essa. A questão é que nossa mente está sempre procurando histórias. Isso vale para todos nós, inclusive para os gurus. Assim que a história começa a ser formada (a IBM comprou de volta algumas das próprias ações), não pensamos de maneira crítica; em vez disso, continuamos procurando outros elementos que possam se encaixar nessa história (mais provas de que nossa nuvenzinha é de fato fofa e de que a grande é malvada). A mente é motivada a encontrar histórias aonde quer que a gente esteja. Só para deixar claro, o fato de nossa mente trabalhar assim tem vantagens muito importantes. Somos projetados para encontrar conexões e, em grande parte, é assim que aprendemos sobre o mundo: enxergamos um padrão, suspeitamos de uma relação causal e às vezes descobrimos coisas novas.

É assim que a ciência e a tecnologia nos impulsionam para a frente. Alguém nota uma conexão entre uma placa de Petri esquecida por um tempo e levedura, e não demora muito para termos antibióticos. Alguém percebe que a mecloretamina, um agente biológico usado em guerras, funciona ao se ligar ao DNA, cruzando duas fitas e impedindo a duplicação da célula, e agora temos um medicamento de quimioterapia usado para combater doenças pulmonares, doença de Hodgkin e linfoma não Hodgkin. Pesquisadores criam o citrato de sildenafila, que acreditam que será útil no tratamento de hipertensão e angina, prestam atenção nos efeitos colaterais e *voilà*: temos o Viagra. E quando vinicultores de uma parte da França tentam produzir vinho com qualidade igual à dos da Borgonha, mas não conseguem porque os invernos frios interrompem a fermentação antes do tempo, eles notam que algo interessante está acontecendo e produzem um vinho novo, que batizam em homenagem à sua região, Champanhe.

O que também deveria ficar óbvio com os experimentos da bolsa de valores é que essa capacidade de enxergar padrões e conectar os pontos tem um preço alto. Esse preço é que, às vezes, encontramos conexões que simplesmente não existem. E podemos ter tanta certeza da sua existência que continuamos insistindo nas conexões, apesar de todas as evidências em contrário.

Agora que discutimos a propensão humana a enxergar padrões, podemos pensar nas diferenças individuais. O que torna algumas pessoas mais capazes de encontrar conexões inexistentes? E a conexão entre o pensamento conspiratório e a observação de padrões ilusórios? Foi exatamente isso que Jan-Willem van Prooijen, Karen Douglas e Clara De Inocencio se propuseram a testar.

Num de seus experimentos, os pesquisadores apresentaram aos participantes uma sequência aleatória de cem jogadas de moeda, como *CcCcCCccCCCccCcCCccc... c*, em que *C* representa "cara" e *c*, "coroa". Então pediram aos participantes que indicassem quanto achavam que a sequência era aleatória ou predeterminada. O resultado dava a cada pessoa uma nota na sua habilidade de enxergar padrões inexistentes ou, em resumo, padronicidade.

Eles também pediram aos participantes que respondessem a muitas perguntas, entre elas um conjunto de "fatos" inventados sobre o energético Red Bull (eles inventaram fatos sobre o Red Bull para minimizar a chance de os participantes terem crenças prévias sobre as declarações). Os participantes precisavam avaliar quanto acreditavam em cada afirmativa.

Você também pode tentar: para cada declaração, indique o grau em que ela lhe parece verdadeira ou falsa usando uma escala de 0 (com certeza é mentira) a 100 (com certeza é verdade).

- Red Bull contém substâncias ilegais que aumentam o desejo pelo produto. _____

- O inventor oficial do Red Bull paga 10 milhões de euros por ano para subornar a vigilância sanitária. _____

- Quando uma lata de Red Bull é aquecida a 40°C, ela libera substâncias nocivas. _____

- Mensagens subliminares nos comerciais de televisão de Red Bull levam os consumidores a crer que o produto faz bem à saúde. _____

- O slogan "Red Bull te dá asas" é usado porque, em experimentos com animais, os ratos desenvolveram asas rudimentares. _____

- O consumo regular de Red Bull aumenta os níveis de dopamina, o que traz malefícios a longo prazo. _____

- No começo, Red Bull era ilegal para menores de idade nos Estados Unidos, o que faz com que sua subsequente legalização seja questionável. _____

- Comerciais durante partidas esportivas passam a impressão de que Red Bull é saudável. _____

- O extrato *testiculus taurus* encontrado no Red Bull tem efeitos colaterais desconhecidos. _____

- Minha pontuação média para essas declarações foi _____

Os pesquisadores então criaram uma "pontuação da conspiração sobre Red Bull" para cada participante e examinaram a correlação entre essa nota e o nível de padronicidade. Como seria de esperar (às vezes, quando nossa mente procura padrões, ela nos leva na direção certa), eles encontraram uma correlação muito forte. Isso mostra que a mente mais desconfiada, representada por aqueles que suspeitavam mais do Red Bull (e provavelmente de tudo e de todos), também é mais capaz de enxergar padrões inexistentes, como numa sequência aleatória de cara ou coroa.

De modo geral, os resultados sugerem que mentes mais propensas a enxergar padrões inexistentes também são as mais ressabiadas. Mas, antes de torcermos o nariz para essas pessoas, vamos deixar algo bem claro: a tendência a enxergar padrões inexistentes (padronicidade) e a desconfiança não são características positivas ou negativas por natureza. Apenas as decisões que as pessoas tomam baseadas nessas percepções é que podem ter impactos positivos ou negativos. E nem sempre é fácil determinar o que é bom ou ruim.

É como o caso da minha bisavó Mina. Ela era uma pessoa muito desconfiada, que enxergava padrões em tudo. Tinha tanta certeza de que coisas terríveis estavam prestes a acontecer que insistiu que sua família fizesse as malas e se mudasse para outro país – duas vezes! Bom ou ruim? Bem, vejamos mais alguns detalhes: minha bisavó nasceu na Rússia em 1890. Quando a Revolução Russa de 1917 começou, ela perturbou meu bisavô para saírem do país, o que acabaram fazendo. Para onde eles foram? Justamente para a Alemanha. Alguns anos depois, conforme Hitler ganhava poder, Mina ficou tão apavorada que convenceu a família a pegar tudo que tinham e sair da Alemanha do dia para a noite. Pela segunda vez, é provável que ela tenha salvado todos ao seu redor. Sua propensão aguçada a enxergar padrões e ser desconfiada foi uma bênção. Mas, verdade seja dita, a história da minha amada bisavó é bem mais complexa e nem tudo em sua padronicidade era bom. Mesmo assim, dá para perceber que esses traços de personalidade podem ter resultados positivos ou negativos dependendo de como forem usados e para qual propósito. Eu sou pessoalmente muito grato pela padronicidade e pela desconfiança da minha bisavó, ao mesmo tempo que fico muito chateado com as pessoas que me acusam de participar da farsa da covid-19.

Uma última observação sobre desconfiança e padronicidade: é difícil entender o que causa o quê. São as pessoas mais desconfiadas que ficam procurando ameaças e acabam enxergando padrões em tudo (isto é, desconfiança gera padronicidade)? Ou são as pessoas que enxergam padrões em tudo, especialmente padrões que os outros não veem, que acabam se tornando mais desconfiadas (isto é, padronicidade gera desconfiança)? É complicado saber, e é provável que sejam as duas coisas. O que fica claro é que ambos os traços trabalham juntos para impulsionar as pessoas pelo funil da falácia.

Como o estresse aumenta a padronicidade

Já aprendemos que a aliança profana de padronicidade com desconfiança acelera bastante a jornada pelo funil da falácia. Mas há outras forças que podem intensificar essas duas características e torná-las ainda mais poderosas e perigosas. Que forças são essas? Se você se lembrar do capítulo sobre estresse, provavelmente concluirá que uma das mais importantes é a falta de controle, que também aumenta a padronicidade.

Para analisar possíveis conexões entre a falta de controle e a padronicidade, Jennifer Whitson e Adam Galinsky conduziram alguns experimentos fascinantes. Eles propuseram que, quando as pessoas *objetivamente* perdem o controle por causa de fatores em seu ambiente, elas tentam recuperar pelo menos parte dele. E fazem isso enxergando padrões, vendo imagens em borrões aleatórios, desvendando conspirações e adotando superstições. Antes de descrever as evidências do experimento, o trabalho lista algumas observações naturais fascinantes que demonstram a relação entre descontrole e padronicidade. Por exemplo, num texto clássico sobre ciência e religião, Bronislaw Malinowski descreveu as tribos das ilhas Trobriand e seus rituais de pesca. Essas tribos pescam em dois ambientes principais: em alto-mar e em águas rasas. Como seria de esperar, a pesca em alto-mar é bem mais imprevisível e depende mais das condições climáticas, fazendo com que o pescador tenha uma sensação maior de descontrole. Pescar em águas rasas é relativamente mais previsível, fazendo com que o pescador se sinta mais no controle. E adivinhe qual tipo de pesca tem mais rituais. Pois é, a pesca em alto-mar. Aparentemente, a imprevisibilidade maior cria a necessidade de sensação de controle; então, para compensar, os pescadores recorrem a rituais supersticiosos.

Outro exemplo levemente mais divertido veio de Pavel Simonov e sua equipe. Eles estudaram uma atividade que a maioria de nós associa a descontrole: paraquedismo. Confirmando o que já sabemos, concluíram que paraquedistas são mais propensos a enxergar imagens em borrões aleatórios. E não só isso: eles também concluíram que os paraquedistas enxergam mais dessas imagens pouco antes de saltarem do avião – um momento obviamente estressante, sem muito controle.

Quando se trata de rituais supersticiosos, poucas atividades superam o beisebol. Há muitos rituais conhecidos no universo desse esporte: recusar-se a lavar o uniforme durante uma sequência de vitórias; nunca pisar nas linhas de falta ao entrar e sair do campo; não fazer sexo no dia do jogo; desenhar símbolos com o bastão antes de acertar a bola; usar bastões e luvas da sorte... Uma observação especialmente interessante foi feita por George Gmelch: assim como os pescadores das ilhas Trobriand, os jogadores de beisebol em posições mais imprevisíveis (por exemplo, arremessadores e receptores) têm mais rituais supersticiosos, enquanto os jogadores em posições mais previsíveis (como os defensores) têm menos.

Apesar de ser muito difícil que experimentos de laboratório sejam tão divertidos quanto essas observações naturais, Whitson e Galinsky se esforçaram para tornar seu estudo interessante. Ele funcionou da seguinte maneira: imagine que você esteja participando do experimento. Na primeira tarefa, você é informado de que o computador à sua frente escolheu um tema. Que tema foi esse? Você não sabe. Sua tarefa é descobrir ao longo de dez tentativas. Parece um pouco estressante, mas você também é informado de que o único objetivo do experimento é compreender seu julgamento intuitivo e, com essa informação adicional, você relaxa e aperta o botão para começar.

Para cada uma das dez tentativas, o computador exibe duas formas, uma do lado direito e outra do lado esquerdo da tela. Sua tarefa é escolher a que você acha que pertence ao tema que está tentando identificar. Você escolhe e, ao fim das dez tentativas, o computador seleciona um novo tema e a mesma atividade é repetida até completar um total de cinco temas e cinquenta tentativas.

Essa é a condição de controle, não estressante. E a condição experimental? Nesse caso, o experimento é projetado para oferecer uma sensação menor de controle. Se você estiver nesse grupo, não recebe a informação tranquilizadora de que os pesquisadores estão interessados apenas em seu julgamento intuitivo. Em vez disso, é informado de que existem respostas corretas e incorretas, e que a sua tarefa é acertar. Você também fica sabendo que o computador vai indicar quando você acertar ou errar e a ideia é você usar esse feedback para se sair melhor na rodada seguinte. Já parece mais estressante, concorda? E fica pior. O que você não sabe é que, na verdade, não existe tema algum e os padrões são selecionados aleatoriamente, assim como o feedback oferecido pelo computador. Você é informado de que acertou em metade das vezes e que errou na outra metade, mas nada disso o ajuda a identificar o tema – porque ele não existe! A cada tentativa, você se sente mais e mais derrotado, frustrado e confuso. É claro que a culpa não é sua, mas você não sabe disso. Você está basicamente sofrendo gaslighting do computador.

Depois que essa tarefa é concluída, você segue para a próxima, que trata de percepção visual e é igual para todos os participantes. Você recebe um conjunto de fotos digitais granuladas ou borradas nas quais é muito difícil distinguir uma imagem, se é que existe alguma. Para essa tarefa, você precisa identificar a figura em cada uma e, se não houver alguma, indicar isso.

Como seria de esperar, as duas tarefas foram colocadas no mesmo experimento por um motivo e sua ordem é fundamental. O objetivo geral do experimento era examinar como um senso de diminuição de controle na primeira tarefa influenciaria a necessidade de recuperar esse controle identificando padrões na segunda, mesmo quando não havia algum. Mas preciso dizer que o nível de diminuição de controle nesse experimento foi bem modesto se comparado a situações estressantes da vida real, como pandemias, doenças graves, desemprego e assim por diante. Mesmo assim, é importante testar se até mesmo uma sensação relativamente leve de falta de controle poderia causar impacto. E causou? Claro que sim! A sensação de estar no controle é tão importante para nós que abalá-la mesmo que um pouco tem um impacto profundo. Os participantes que perdiam um pouco de controle apresentavam uma probabilidade muito maior de enxergar formas nas imagens granuladas e borradas. Após a experiência estressante de não conseguir entender o que estava acontecendo na primeira tarefa, eles sentiam a necessidade de voltar a acreditar que compreendiam o mundo. Então a mente deles se esforçava de tal forma que inventava figuras onde elas não existiam.

Whitson e Galinsky conduziram muitos outros experimentos para explorar essa questão, incluindo um que mostrava que, após se recordar de uma experiência pessoal em que tiveram pouco controle, os participantes se tornavam mais supersticiosos. Em geral, os resultados mostram que o cérebro é um órgão que encontra sentido para as coisas e busca padrões o tempo todo, o que faz com que todos nós os enxerguemos. Só que, quando sentimos que perdemos o controle, a mente se esforça ainda mais para encontrar padrões e nos ajudar a entender o mundo, mesmo que esse entendimento seja uma fantasia.

Confiança e excesso de confiança na intuição

"Desde o começo eu *sabia* que havia algo errado. Eu sentia." Assim começava uma das mensagens de Jenny para seus seguidores em julho de 2022, cerca de dois anos e meio após o começo da pandemia da covid-19. A essa altura, Jenny tinha deixado de tentar lutar contra a vacina e as restrições da covid e tentava estabelecer seu papel de liderança entre os negacionistas. Para isso, ela dava muita ênfase ao poder da sua intuição. "Tive muitas experiências com psicologia e PNL (programação neurolinguística), e dava para sentir que havia algo errado", continuava sua publicação. "Primeiro, com as restrições e as regras, depois com o paninho que todo mundo era obrigado a usar para bloquear o ar limpo e a chegada do oxigênio ao cérebro, e depois, é claro, com a vacina experimental para a covid-19. Não sei o que foi exatamente, um tipo de sensação, mas ela era muito forte, e eu tive certeza de que ninguém deveria tomar essas substâncias ainda em teste. Confiei em mim mesma e segui minha intuição, e muitos de vocês fizeram o mesmo. Sei que alguns acordaram só depois de tomar a primeira dose, outros após duas ou três, mas todos sabemos o que estamos sentindo, confiamos no que sabemos, e ninguém pode nos dizer que o que sabemos não é a verdade."

Entre os negacionistas, é comum esse tipo de convicção interior, acompanhada pela completa indiferença por dados externos. Um dos "gurus" de saúde que ouvi enquanto tentava compreender seu mundo estranho (e o mundo ainda mais estranho de seus seguidores) pediu a seus ouvintes que percebessem que não precisavam ser especialistas, médicos ou biólogos para entender as explicações dele sobre como o corpo é capaz de se curar sozinho e sobre os perigos dos medicamentos modernos. Só o que precisavam fazer era escutar uns aos outros e confiar em sua compreensão intuitiva. Uma mulher, que alegava ser especialista em "astrologia evolutiva", mirava a câmera do seu celular sem piscar enquanto afirmava para seu público que aprender a confiar no "sistema de navegação interior" exige uma separação traumática do rebanho que acredita no consenso, que encontra uma segurança conformada ao confiar em governantes, especialistas, celebridades e na grande mídia. E não são apenas influenciadores místicos que falam coisas desse tipo. Donald Trump frequentemente privilegiava a própria intuição, à qual também chamava de "bom senso", "sensação" ou "instinto", em detrimento dos dados que lhe eram apresentados. Como ele disse ao *The Washington Post*: "Tenho um instinto, e meu instinto às vezes me diz mais do que o cérebro de qualquer outra pessoa seria capaz de me dizer." (Só para deixar claro, todos nós sentimos extrema confiança em nossa intuição de vez em quando, mesmo quando ela aponta na direção contrária à dos dados disponíveis, mas nem sempre nos sentimos confiantes o suficiente para dizer isso em voz alta, e espero que não tomemos atitudes baseadas em nosso instinto sem questionar antes.) Certa noite, enquanto eu escutava discursos assim (ossos do ofício para escrever este livro), até cheguei a sonhar que um aluno que tinha tirado 5 na minha matéria vinha falar comigo por conta da nota baixa, me dizendo que, por dentro, se sentia como um aluno nota 10. Eu acordei (mas não de verdade).

Humildade intelectual

A tendência que Jenny, o guru de saúde, a astróloga, Donald Trump e meu aluno imaginário demonstraram já recebeu muitos nomes com ares científicos. Ela costumava se chamar *pensamento intuitivo*. O termo da moda hoje em dia é **humildade intelectual** (ou, para ser mais preciso, nos casos mencionados, a ausência disso). Humildade intelectual parece um termo bem mais politicamente correto, ao mesmo tempo que parece meio crítico. A ideia básica é que pessoas com alto nível de humildade intelectual reconhecem em grau significativo que suas crenças e opiniões podem estar incorretas.

Verdade seja dita: todos nós seguimos pelo mundo com crenças e opiniões sobre a melhor maneira de investir nosso dinheiro, o melhor partido em que votar, o jeito correto de criar os filhos, o melhor aparelho celular e a dieta mais eficiente. E, como vimos no Capítulo 6, nosso alto nível de confiança geralmente não é justificável (lembra do efeito Dunning-Kruger e da ilusão da profundidade explicativa?). Quem tem alto nível de humildade intelectual (e todos nós gostaríamos de acreditar que temos) segue a vida com as mesmas crenças básicas, mas com menos convicção e mais abertura a mudar essas crenças.

Com isso em mente, podemos entender como a humildade intelectual descreve uma mentalidade geral ou uma característica evidente em muitos aspectos da vida e em muitos julgamentos e decisões.

Aqui vai um teste para calcular seu nível de humildade intelectual. Reflita sobre as declarações a seguir, baseadas na Escala Abrangente de Humildade Intelectual, e seja sincero ao pontuar cada item, usando uma escala de 0 (discordo totalmente) a 100 (concordo totalmente). Neste caso, uma pontuação alta significa alta humildade intelectual (é uma equivalência muito contraditória, eu sei).

- Minhas ideias não costumam ser melhores que as de outras pessoas. _____
- Na maior parte do tempo, tenho mais a aprender com os outros do que eles a aprender comigo. _____
- Mesmo quando me sinto muito confiante sobre uma crença, existe uma chance de ela estar errada. _____
- Prefiro contar com a sabedoria dos outros do que contar com meu próprio conhecimento sobre a maioria dos assuntos. _____
- Mesmo quando se trata de questões importantes, é provável que eu seja convencido pelo ponto de vista dos outros. _____
- Já mudei opiniões que eram importantes para mim quando alguém me mostrou que eu estava errado. _____
- Estou disposto a mudar de postura sobre questões importantes se me forem apresentados bons motivos. _____
- Estou disposto a mudar de opinião com base em motivos convincentes. _____
- Respeito o fato de que existem maneiras de tomar decisões importantes que são diferentes das minhas. _____
- Escutar as perspectivas dos outros me leva muitas vezes a repensar opiniões importantes. _____
- Aceito que haja diferentes maneiras de pensar sobre questões importantes. _____

- Posso respeitar muito alguém mesmo quando não concordamos em relação a assuntos polêmicos. _____

- Mesmo quando discordo dos outros, sou capaz de reconhecer que eles apresentam bons argumentos. _____

- Quando alguém discorda de ideias que são importantes para mim, não me sinto atacado. _____

- Não costumo me sentir ameaçado quando os outros discordam de mim sobre questões que fazem muita diferença na minha vida. _____

- Estou disposto a escutar os outros, mesmo que discorde deles. _____

- Continuo me sentindo bem quando os outros discordam de mim sobre questões importantes na minha vida. _____

- Quando me apresentam uma escala de humildade intelectual e no fundo quero muito descobrir que sou humilde, consigo resistir à tentação de manipular minhas respostas. (Esta não fazia parte do questionário original. Eu só queria ver se você estava prestando atenção.) _____

- A média da minha pontuação nessas 18 declarações foi _____

Em geral, pessoas com alta pontuação em humildade intelectual são mais propensas a achar que suas crenças podem estar incorretas; a prestar mais atenção na força das evidências que lhes são apresentadas; a se interessar mais pelo motivo por que alguém discorda delas; e a dedicar mais atenção e tempo a visões que batem de frente com as suas. Com todas essas diferenças, é fácil enxergar como indivíduos com maior humildade intelectual estão mais abertos a escutar as opiniões dos outros e são mais dispostos a refletir sobre seus comportamentos, crenças e opiniões quando são apresentados a motivos que justifiquem isso. Afinal, como são inerentemente flexíveis sobre suas opiniões preexistentes, eles têm menos apego por essas ideias, deixando a porta aberta para que alguém os convença de que estavam enganados o tempo todo. É claro que, como a maioria das coisas, a humildade intelectual pode ser exagerada. Numa sociedade como a nossa, assolada pelo excesso de confiança, é óbvio que nos beneficiaríamos muito de uma dose maior de humildade intelectual. Mas também não queremos terminar num mundo como o descrito por William Butler Yeats no poema "The Second Coming" (O segundo advento), no qual "Aos melhores falta convicção, enquanto os piores/ São cheios de uma intensidade acalorada". Com isso em mente, devemos almejar um equilíbrio entre a humildade intelectual e a convicção no espectro da crença.

E a relação entre humildade intelectual e pensamento conspiratório? Como seria de esperar, e como Shauna Bowes e sua equipe demonstraram de forma empírica, a força das crenças em teorias da conspiração é inversamente proporcional à humildade intelectual. Ou seja, pessoas com mais humildade intelectual são menos propensas a acreditar em pensamentos conspiratórios, fake news, desinformação e pseudociência, enquanto aquelas com baixa humildade intelectual têm mais chances de acreditar nisso tudo.

Um fator que torna mais difícil compreender os negacionistas é que eles muitas vezes falam como se tivessem humildade intelectual. Nas minhas conversas com eles, achei curioso (além de irritante e preocupante) escutar declarações como:

"Não estou afirmando que as máscaras não diminuem a disseminação de germes, só que não temos dados suficientes."

"Não estou afirmando que os ataques do 11 de Setembro foram armados pelo governo, só comentando que combustível de jato não consegue derreter aço."

"Não estou afirmando que a vacina muda o DNA das pessoas, só acho que deveríamos esperar até termos certeza."

"Não estou afirmando que a viagem à Lua foi forjada, mas você já prestou atenção nos vídeos? Não é *possível* que eles tenham sido gravados em estúdio?"

"Você tem a sua teoria e eu tenho a minha, então por que temos que achar que a sua é mais plausível?"

É claro que essas declarações não refletem uma humildade intelectual de verdade, mas vamos fingir que sim. As pessoas que falam esse tipo de coisa tentam parecer abertas a outras opiniões e passar a impressão de que estão participando de um debate intelectualmente sincero. Elas usam termos da humildade intelectual para camuflar o fato de que não estão nem interessadas em conversar. Se você acabar se encontrando numa conversa assim, meu conselho é: deixe para lá e vá embora, a menos que esteja tentando entender a psicologia do seu interlocutor. Nesse caso, deixe o assunto da conversa de lado e tente entender como a outra pessoa passou a ter aquela opinião.

A esta altura, talvez você esteja pensando que é imune ao negacionismo porque tem bastante humildade intelectual. Não é assim. (Na verdade, aceitar que todos nós somos vulneráveis à desinformação seria uma prova maior de humildade intelectual.) Preciso enfatizar que, assim como aconteceu com muitos outros traços de personalidade que analisamos, apesar de a relação entre baixa humildade intelectual e negacionismo ser evidente, o número de estudos sobre o assunto varia entre baixo e mediano. Isso sugere que a baixa humildade intelectual é um importante fator que induz o pensamento conspiratório, mas com certeza não é o único. Mesmo que alguém tenha pouca humildade intelectual, ainda é cedo demais para concluir que é inevitável que essa pessoa se torne negacionista.

Mais uma informação sobre a pesquisa de Bowes e sua equipe: eles também observaram que o narcisismo está associado ao pensamento conspiratório, e voltaremos a falar sobre isso ainda neste capítulo.

TALVEZ SEJA ÚTIL
Pratique a humildade intelectual

A velha máxima "Finja até que se torne verdade" pode ser útil para aumentar a humildade intelectual. Inserir certas frases nas conversas já é um bom começo. Tente, por exemplo: "Não sei", "Posso estar enganado", "Eu queria saber mais sobre o assunto", "Até onde eu sei". Talvez você nem acredite nelas no início, mas dizê-las pode servir como um lembrete de que talvez saibamos menos do que imaginamos. Além disso, as frases mudam o tom geral da conversa, convidando os outros a também ter mais humildade intelectual.

Outra maneira de aumentar a humildade intelectual é, de tempos em tempos, assumir a opinião contrária à que realmente temos e debater contra nós mesmos da melhor forma possível. Uma abordagem ainda mais potente seria fazer esse debate diante de amigos, mas, se ficar com vergonha, pode começar sozinho.

Um estudo conduzido por Tenelle Porter e Karina Schumann testou outra abordagem, que envolvia adotar uma mentalidade de crescimento para a inteligência. No estudo, os participantes que foram incentivados a encarar a inteligência como um construto psicológico que pode ser melhorado com o tempo (mindset de crescimento) em vez de encará-la como estática e impossível de mudar (mindset fixo) demonstraram maior humildade intelectual e mais disposição a aprender com um ponto de vista oposto.

Teste de Reflexão Cognitiva

Outro parâmetro interessante associado à estrutura geral da humildade intelectual é algo que Shane Frederick chama de Teste de Reflexão Cognitiva (TRC). O TRC básico inclui três questões simples de matemática. Por exemplo, tente responder rápido:

Um bastão e uma bola custam R$ 1,10. O bastão custa 1 real a mais que a bola. Quanto custa a bola?

Rápido. Qual é a sua resposta? ___

Se você respondeu "10 centavos", não foi o único. Essa é uma resposta comum, porém incorreta. É a primeira que vem à mente, mas não é a certa. Com os números 1,10 e 1 rodando na sua cabeça, sua intuição o leva a responder "10 centavos". E algumas pessoas se contentam com essa resposta intuitiva. Outras tiram a prova real. Se você tirou a prova real, só para ter certeza, é provável que tenha seguido algo parecido com o seguinte processo de pensamento: "Acho que 10 centavos é a resposta certa, mas vou só conferir. Se a bola custasse 10 centavos e o bastão custasse 1 real a mais, então o bastão custaria R$ 1,10, o que, junto com a bola, daria um total de R$ 1,20, e não de R$ 1,10. Afinal: $(0,10 + (1 + 0,10) = 1,20)$! Não é isso. Juntos, o bastão e a bola precisam custar 10 centavos a menos que isso, então talvez a bola custe 5 centavos e o bastão custe R$ 1,05. Vamos verificar essa opção: (0,05 + (1 + 0,05) = 1,10). Isso, são 5 centavos. Essa vai ser minha resposta."

O objetivo do TRC é propor um tipo de cálculo que todo mundo possa fazer rápido se quiser. Não é um teste de habilidade matemática; é um teste para saber até que ponto confiamos em nossas intuições iniciais e permitimos que elas guiem nossas decisões, sem questioná-las ou verificá-las.

Aqui vão outras duas questões do TRC (após resolvê-las, consulte as respostas corretas no rodapé da página):*

Se 5 máquinas levam 5 minutos para produzir 5 produtos, quanto tempo 100 máquinas levam para produzir 100 produtos?
Resposta: _____

Num lago, há um grupo de vitórias-régias. Todos os dias o grupo dobra de tamanho. Se forem necessários 48 dias para o grupo cobrir o lago inteiro, quanto tempo seria necessário para o grupo cobrir metade do lago?
Resposta: _____

Agora talvez você esteja se perguntando se o TRC é capaz de prever a crença em conspirações. Em termos de lógica, parece fazer sentido. Algumas pessoas confiam profundamente na própria intuição (lembre-se da declaração de Jenny na página 201: "Confiamos no que sabemos, e ninguém pode nos dizer que o que sabemos não é a verdade"). Assim como as pessoas se apegam à resposta dos 10 centavos logo que ela surge na cabeça, há quem tenha uma fé tão profunda nos seus instintos e intuições que nem verifique as próprias respostas. Essa hipótese geral foi exatamente o que Gordon Pennycook e David Rand testaram. Como seria de esperar, eles observaram que uma pontuação mais baixa no TRC (confiar mais em respostas intuitivas e confirmá-las menos) de fato está associada a um nível maior de crenças conspiratórias.

---

* As respostas intuitivas que costumam ser dadas pelas pessoas são 100 minutos e 24 dias, mas as respostas corretas são 5 minutos e 47 dias.

Habilidade de tomada de decisões

O sucesso na vida envolve basicamente pegar as informações ao nosso redor e encaixá-las da maneira correta para tomar boas decisões. De fato, muito na vida pode ser consequência de escolhas boas ou ruins, e a tomada de decisões reflete praticamente tudo que fazemos. É por isso que nesta curta seção retomaremos alguns assuntos já abordados, agora sob a perspectiva do processo de tomada de decisões. Como ele se relaciona com a personalidade? Bem, essa é uma diferença individual importante. Algumas pessoas são melhores nessa habilidade do que outras.

É fácil entender como traços de personalidade relacionados à habilidade de tomar boas decisões podem ter um papel importante no sucesso geral da vida: a que horas acordar pela manhã; se o botão da soneca será acionado ou não; quanto tempo passar escovando os dentes; se é necessário se pesar ou não; se é necessário tomar remédios ou não; o que comer no café da manhã. E há também as grandes decisões: com quem se casar; que casa comprar; se existe a vontade de ter filhos e quantos; a que distância morar da sogra; onde investir o fundo de aposentadoria; para quem deixar bens no testamento.

Quando se trata de decisões, é raro considerar todos os prós e contras, uni-los da melhor forma possível e chegar a uma decisão ponderada. Mesmo quando anotamos os argumentos contra e a favor, muitas vezes apenas fingimos levar todos eles em consideração. Na maior parte do tempo, tomamos decisões rápidas, com base em heurística. O que é heurística? Trata-se de atalhos. Tomar decisões completamente ponderadas sobre tudo levaria muito tempo e exigiria muito esforço, então a heurística nos oferece um jeito de fazer escolhas mais ágeis e aceitáveis ao mesmo tempo que nos passa a sensação de confiança por termos tomado decisões incríveis. Por exemplo, digamos que você esteja numa loja, na dúvida entre duas bicicletas. A lista de especificações é muito comprida e complexa, e você nem conhece todos os termos (canote, câmbio traseiro e pedivela, só para mencionar três). Então qual escolher? Você escolhe a marca que conhece melhor. Ou opta pela mais cara. Em quinze minutos, já resolveu tudo e está saindo da loja, sentindo-se bem com sua capacidade de tomar decisões. Isso é heurística – mecanismos rápidos e simples que facilitam chegar logo a uma decisão enquanto sacrificamos certa qualidade no processo. É claro que a heurística pode nos levar a uma decisão rápida sem sacrificarmos muito a qualidade da decisão (por exemplo, quando a marca da bicicleta é mesmo muito superior às outras) ou pode nos causar problemas (por exemplo, quando partimos do pressuposto de que a opção mais cara é sempre a melhor).

Todos usamos esses atalhos para tomar decisões, mas eles também estão conectados a traços de personalidade, já que algumas pessoas contam com eles mais do que outras, para o bem e para o mal. Para entendermos melhor a relação entre heurística, traços de personalidade e maior propensão ao negacionismo, vejamos três tipos de erro de tomada de decisões: a **falácia da conjunção**, as **correlações ilusórias** e o **viés de retrospectiva**. A lista não está completa, mas tem a intenção de ilustrar um argumento mais geral sobre crenças e como fazer escolhas.

Falácia da conjunção

O exemplo mais conhecido foi formulado por Amos Tversky e Daniel Kahneman. É mais ou menos assim:

> Linda tem 31 anos, é solteira, extrovertida e muito inteligente. É formada em filosofia. Na sua época de estudante, ela se preocupava muito com questões de discriminação e justiça social, além de participar de manifestações contra armas nucleares.

Agora que você sabe um pouco sobre Linda, circule a opção que acredita ser a descrição mais provável.

1. Linda é bancária.

2. Linda é bancária e defensora do movimento feminista.

A maioria das pessoas escolhe a segunda opção. No entanto, sob um ponto de vista estatístico, a probabilidade de dois eventos diferentes ocorrerem ao mesmo tempo (isto é, em conjunção) precisa ser igual ou menor do que a probabilidade de eles ocorrerem sozinhos. Apenas pense na probabilidade de um raio acertar sua casa no exato segundo em que seu papel higiênico acaba. Obviamente, as chances de as duas coisas ocorrerem ao mesmo tempo são menores do que de acontecerem em momentos diferentes.

Qual é o processo que leva as pessoas a cometer esse erro? Ele se chama **heurística de representatividade**. Não costumamos pensar em termos de probabilidade, mesmo quando nos pedem para fazermos isso (é difícil demais), então simplesmente nos perguntamos qual descrição se encaixa melhor nas informações que temos sobre Linda. A primeira não parece se encaixar, mas a segunda, apesar de menos provável, parece fazer mais sentido. Parece ser mais representativa de Linda. E o que dizer sobre a possível conexão entre falácia da conjunção, traços de personalidade e crença em teorias da conspiração? Robert Brotherton e Christopher French, assim como Neil Dagnall e sua equipe, observaram que alguns indivíduos são mais propensos à falácia da conjunção e que essas mesmas pessoas têm mais chances de acreditar em conspirações.

Correlações ilusórias

Muitas coisas ao nosso redor mudam e, quando observamos que essas mudanças ocorrem ao mesmo tempo, é natural acreditarmos que estão relacionadas. Às vezes, no entanto, as coisas não mudam juntas, mas achamos que isso acontece. É uma **correlação ilusória**. Por exemplo, podemos achar que jovens são mais egoístas ou que nos sentimos mais energizados após tomar vitaminas, não porque essas coisas são verdade, mas porque temos certas expectativas quando observamos o comportamento de um jovem e quando tomamos vitaminas. (Só para deixar claro, não estou alegando de forma alguma que jovens são mais egoístas nem que vitaminas dão mais energia.) A questão é que enxergamos padrões inexistentes (sim, esse assunto já foi mencionado algumas vezes aqui, mas é importante entender correlações ilusórias não apenas como um fenômeno isolado, mas como parte de um conjunto geral de heurística).

E é possível associarmos correlações ilusórias a negacionismo? Como Michael Shermer observou, pessoas mais propensas a correlações ilusórias também são mais suscetíveis a deturpar a realidade.

Viés de retrospectiva

O nome desse viés já diz tudo. É a sensação de que *sabíamos desde o princípio*. Vamos supor que eu lhe peça que volte cinco anos no passado e responda a algumas perguntas com base nas suas opiniões daquela época. Cinco anos atrás, você achava que a Tesla se tornaria mais ou menos lucrativa que a Ford? Na sua opinião, quais eram as chances de a Rússia invadir a Ucrânia em 2022? Você achava que havia a possibilidade de uma pandemia parar boa parte do mundo em menos de cinco anos? É claro que todos sabemos a resposta sobre esses eventos, e saber a resposta nos passa a impressão de que teríamos certa noção delas cinco anos atrás. Isso é o **viés de retrospectiva**. Espero que esses exemplos também demonstrem como é fácil cair nele.

Batizei meu centro de pesquisa na Universidade Duke de "Centro para Retrospectiva Avançada". Escolhi esse nome porque, no começo da carreira, muitas vezes ouvi que os resultados das minhas pesquisas eram óbvios e previsíveis. Ninguém dizia isso na minha cara, mas o tom dos comentários refletia uma postura de "Por que você está desperdiçando tempo estudando algo tão óbvio?". O nome, para mim, foi uma forma de alertar as pessoas sobre o perigo da retrospectiva. Eu também queria lembrar a mim mesmo e à minha equipe desse risco – o risco de, em retrospecto, nos convencermos de que sabíamos o tempo todo sobre determinado fato da natureza humana. O viés de retrospectiva é muito básico e difícil de superar, então não acho que batizar meu laboratório com esse nome seja suficiente, mas espero que ajude um pouco.

Aliás, para combater o viés de retrospectiva nas minhas apresentações, uso dois truques. O primeiro é reunir informações não apenas sobre o que as pessoas *fazem* nos experimentos (digamos que eu esteja conduzindo um estudo para incentivar o controle de despesas e queira testar quais condições nos levam a juntar mais dinheiro), mas também dados sobre o que as pessoas *preveem* em relação aos resultados (o que outro grupo de pessoas imagina que incentivará a poupança). Primeiro apresento o resultado das previsões e (graças ao viés de retrospectiva) as pessoas pensam: "Sim, isso era óbvio para mim." Então mostro os resultados reais, que costumam ser diferentes do que foi previsto, e as pessoas que acabaram de se convencer de que sabiam quais seriam os resultados (errados) desde o princípio não podem reutilizar o viés de retrospectiva, então se surpreendem. Quando não faço um estudo de previsões, uso uma abordagem diferente e peço ao grupo para votar no provável resultado. Depois que alguém se compromete com o resultado (frequentemente errado) ao levantar a mão, a batalha contra o viés de retrospectiva foi vencida – pelo menos nessa questão específica.

E qual é a possível conexão entre o viés de retrospectiva e o negacionismo? Como Shermer observou, pessoas mais suscetíveis ao viés de retrospectiva também têm mais chances de deturpar a realidade.

É claro que existem muitos outros erros e atalhos no processo de tomada de decisões, e não é minha intenção esgotar o assunto. O que importa é observar os tipos de viés associados a uma probabilidade maior de acreditar em teorias da conspiração. Quais são eles? Níveis menores de raciocínio estatístico (falácia da conjunção); tendência maior a encontrar padrões inexistentes (correlações ilusórias); e tendência maior a confiar na própria intuição, sentindo que sabia de algo desde o começo (viés de retrospectiva). Espero que, ao pensar sobre esse assunto, você consiga observar outros recursos de heurística e refletir se eles também podem influenciar o raciocínio de um negacionista.

A questão do narcisismo

O narcisismo não é calculado por uma pontuação específica numa escala absoluta. Assim como todas as escalas de personalidade, trata-se de um espectro em que cada ponto adicional significa que a pessoa é um pouquinho mais narcisista. É possível ter uma pontuação baixa ou alta. Pense, por exemplo, em seus familiares e amigos e use seu conhecimento sobre eles para classificá-los dentro de uma escala de 0 (nem um pouco narcisista) a 100 (extremamente narcisista). Tire um ou dois minutos para fazer isso.

Certo, já acabou? Curiosamente, talvez você nem saiba a definição exata de narcisismo, mas imagino que se sinta confiante sobre seus julgamentos.

Só para esclarecer as coisas, aqui vai uma definição resumida do transtorno de personalidade narcisista, com base na quinta edição do *Manual*

Diagnóstico e Estatístico de Transtornos Mentais (DSM-5), a referência oficial para diagnósticos psicológicos:

> Apresenta claro padrão de grandiosidade. Necessita e exige admiração excessiva. Tem um forte senso de autoimportância. Exagera conquistas e talentos. Espera ser reconhecido como superior sem ter conquistas proporcionais. Alimenta fantasias de sucesso ilimitado. Sente que merece o que deseja. Carece de empatia. Aproveita-se dos outros para alcançar os próprios objetivos.

Ao ler a definição, talvez você tenha pensado que ela se encaixava na sua noção sobre narcisismo. No entanto, pode ser que ela pareça mais séria agora e que você queira voltar e reclassificar seus familiares e amigos; tomara que a nota de narcisismo deles diminua. Mas lembre que estamos falando sobre um espectro, e a definição do DSM-5 se refere ao transtorno extremado. Apesar de usarmos o termo *narcisismo* genericamente nesta seção do livro, é importante observar que não falaremos sobre os indivíduos que se encontram no lado mais extremo da escala – ou seja, os casos patológicos. Em vez disso, falaremos sobre pessoas que podem ter uma classificação um pouco acima do normal. Se você classificou todos os seus parentes e amigos no espectro do narcisismo, estaremos falando daqueles que tiveram pontuações um pouco mais altas que o restante do grupo. Eles podem ser gentis, inteligentes, generosos, mas se encontram num ponto diferente da escala mesmo assim.

O que o narcisismo tem a ver com o processo que leva as pessoas ao negacionismo? Como as duas coisas estão interligadas? Quando parei para pensar nos negacionistas que conheço, comecei a entender o papel do narcisismo nesse processo. Talvez eu esteja apenas inventando histórias, mas aqui vai meu raciocínio.

Imagine um narcisista que precisa reafirmar o tempo todo a própria grandiosidade. Certa manhã, nosso narcisista acorda e sente que há algo errado. Talvez uma guerra tenha começado em algum lugar na Terra e todo mundo esteja preocupado com isso. Talvez astronautas tenham aterrissado na Lua e ninguém fale de outra coisa além dessa conquista incrível para a humanidade. Talvez a esposa tenha perdido o emprego e esteja descontando a frustração no nosso narcisista. Talvez os filhos estejam estudando em casa e exigindo toda sua atenção. Com tudo isso acontecendo, nosso narcisista sente que não está recebendo o nível adequado de admiração e apreciação. Algo está muito errado, e é óbvio que não é culpa dele (porque... narcisismo, lembra?), então ele procura alguém em quem colocar a culpa por não estar recebendo um nível aceitável de atenção e reconhecimento. Por sorte, encontra alguém ou algo para servir de vilão.

Só que a história não termina aí. O estresse já foi mencionado várias vezes e, no caso do funil da falácia, estresse e narcisismo são uma mistura perigosa. O estresse, como já mencionei, tem um efeito negativo em todos nós e cria uma necessidade profunda de encontrar respostas e recuperar certo controle. No caso do narcisismo, essa necessidade é especialmente elevada. Essas duas forças alimentam uma à outra, de modo que um nível elevado de estresse junto com um nível elevado de narcisismo gera um nível bem elevado de desconforto. Narcisistas estressados sentem uma necessidade ainda maior de explicar o que está acontecendo à sua volta, especialmente a pouca atenção que recebem, e com isso vem a tendência a deturpar a realidade.

> **TALVEZ SEJA ÚTIL**
>
> **Cuide dos seus narcisistas**
>
> Sabe seus entes queridos que você classificou como um pouquinho acima da média na escala do narcisismo? Dê um pouco mais de amor, aprovação ou incentivo a eles. Reitere que eles têm um lugar especial na sua vida ou na sociedade em geral. Ou apenas lhes dê um abraço. Isso pode impedir que a necessidade frustrada de atenção os leve pelo mau caminho.

Em resumo...

Muitos dos mecanismos que atraem as pessoas para o funil da falácia são características humanas comuns. Mas nem todos os seres humanos são igualmente suscetíveis – faz sentido, porque não somos todos iguais. Nossas diferenças individuais – nossas personalidades – ajudam a determinar nossa propensão a todos os elementos explorados nestas páginas. Por que algumas pessoas são mais vulneráveis que outras? Parte da resposta envolve diferenças individuais e certos traços de personalidade, como padronicidade, tendência a confiar na própria intuição, vieses no processo de tomada de decisões e narcisismo. Com isso em mente, vamos dar uma olhada nos fatores finais do funil, os que batem o martelo: os elementos sociais.

Figura 8. Os elementos de personalidade do funil da falácia

- A personalidade – amplamente compreendida como diferenças individuais – ajuda a explicar por que algumas pessoas são mais propensas ao negacionismo do que outras.

- É extremamente difícil fazer pesquisas sobre personalidade com negacionistas, já que, por instinto, eles desconfiam da motivação dos pesquisadores. No entanto, algumas características comuns foram observadas.

- Ter uma tendência maior a se lembrar errado das coisas, caindo na armadilha da recordação falsa e do reconhecimento falso, facilita o negacionismo.

- Enxergar padrões inexistentes está associado à deturpação da realidade.

- Confiar em excesso nas intuições também está associado ao negacionismo.

- Erros no processo de tomada de decisões, como falácia da conjunção, correlações ilusórias e viés de retrospectiva, são mais perceptíveis em pessoas que acreditam em teorias da conspiração.

- O narcisismo está associado ao negacionismo.

- Não é possível mudar a personalidade, mas saber quais são os traços associados ao negacionismo pode nos ajudar a identificar os riscos.

PARTE V

OS ELEMENTOS SOCIAIS E O TRIBALISMO

9

OSTRACISMO, PERTENCIMENTO E O APELO SOCIAL DO NEGACIONISMO

> *Pois existem duas possíveis reações ao ostracismo social – ou o homem emerge determinado a ser melhor, mais puro e mais gentil, ou se torna mau, desafia o mundo e tem atitudes ainda piores. Esta última é de longe a reação mais comum ao estigma.*
>
> – JOHN STEINBECK, *A rua das ilusões perdidas*

Nem preciso dizer que, enquanto seres humanos, uma de nossas características mais marcantes é sermos inerentemente sociais. Essa é uma parte profunda da nossa natureza tanto como espécie quanto como indivíduos. Seguimos pela vida como membros de inúmeros círculos sociais, grandes e pequenos: famílias; grupos de amigos; escolas; comunidades locais; grupos religiosos; equipes esportivas; clubes; empresas; partidos políticos; nações; e, é claro, hoje, comunidades on-line e redes sociais. Nossas identidades, ações e crenças são moldadas durante a vida inteira pelas pessoas ao nosso redor, então não é de admirar que, quando alguém muda de crença e começa a descer pelo funil da falácia, os elementos sociais desempenhem um papel importante.

Apresento os elementos sociais como a quarta categoria apenas para analisar as ideias de maneira mais organizada. Só que, na realidade, os elementos sociais interagem com todos os outros e muitas vezes influenciam cada passo que uma pessoa dá pelo funil da falácia. Em linhas gerais, podemos pensar nos elementos sociais como responsáveis por três tipos de processo distintos. O primeiro atrai as pessoas a dar seus passos iniciais na deturpação da realidade. O segundo é o que as mantém nesse caminho. E o terceiro, que discutiremos no próximo capítulo, acelera a imersão da pessoa, fortalece seu comprometimento e aumenta seu envolvimento com a subcultura do negacionismo.

O apelo social

A primeira parte do mecanismo social, o apelo, é o que atrai as pessoas para o funil da falácia. Esse processo inicial é alimentado por nossa profunda necessidade de pertencimento social e pelo impacto negativo no nosso bem-estar psicológico quando nos sentimos isolados. Você já se sentiu excluído de um grupinho na escola ou teve medo de ser o último escolhido na educação física? Já acabou fazendo algo que realmente não queria fazer, como fumar um cigarro ou zombar de um colega de classe, para se sentir aceito? Já adulto, você fez média com seus colegas de trabalho para ser convidado para o happy hour? Ou postou algo nas redes sociais e se sentiu mal quando a única curtida que recebeu foi da sua mãe? Se for o caso, você sabe como é a necessidade tão humana de ser acolhido e o medo do ostracismo social. Essa é uma força importante, de acordo com as ciências sociais. Daqui a pouco daremos uma olhada em alguns estudos que esclarecem essa questão, mas primeiro vamos imaginar como as forças opostas do acolhimento e do ostracismo podem afetar alguém que esteja começando a jornada pelo funil da falácia.

Imagine Chloe, uma moça que se sente estressada e ansiosa por causa da situação do mundo e talvez também esteja passando por dificuldades na vida pessoal. Ela nunca confiou no governo (por bons motivos, segundo ela) e acha que as restrições obrigatórias durante a pandemia da covid-19 foram confusas e frustrantes. Então, um dia, ela assiste a um vídeo compartilhado por um amigo no Facebook que sugere que o governo americano não contou ao público toda a verdade sobre o assassinato de John F. Kennedy. Ela fica curiosa. Desde que aprendeu sobre Kennedy na escola, sempre achou que ele parecia um líder mais iluminado do que muitos presidentes contemporâneos. Ela se sente atraída pela jovialidade e pelo idealismo de JFK, e triste por ele não ter vivido tempo suficiente para promover mudanças mais radicais no país. Chloe assiste a outros vídeos questionando a narrativa que aprendeu na escola. Ela ainda nem era nascida na época do assassinato, mas seus pais eram crianças e viviam relembrando a tragédia como um dia inesquecível de suas infâncias. Os dois, como muitos americanos, lembram exatamente onde estavam quando receberam a terrível notícia. Agora Chloe se pergunta se os pais e seus professores apenas repetiam a versão "oficial" apresentada nos noticiários – uma versão que escondia a verdade. Será que foi uma conspiração da CIA ou de membros do sistema conservador que não gostavam das ideias mais progressistas de Kennedy? Ela até menciona essa teoria algumas vezes para amigos e parentes. As pessoas riem, sem graça, e algumas começam a provocá-la de leve: "Qual vai ser a próxima? Vai tentar contato com alienígenas?" O nível de ridicularização vindo de seus parentes e amigos pode até ser muito baixo, mas ela o sente intensamente, bem mais intensamente do que eles pretendiam. Ninguém a trata mal nem a ignora, mas ela tem a leve sensação de que está isolada. Enquanto isso, na internet, ela conhece pessoas que compartilham das suas opiniões e que a incentivam a investigá-las – pessoas que não desmerecem suas preocupações nem riem pelas suas costas.

É fácil entender como, nesse caso, Chloe começaria a redirecionar sua energia social. Ela pode se afastar de parentes e amigos, que menosprezam suas preocupações, e passar mais tempo com as pessoas que a incentivam. Seria compreensível que ela se sentisse atraída por um grupo de pessoas que compartilha crenças que ela está começando a formar. É aí que ela encontrará o tipo de apoio emocional que se transforma em sensação de pertencimento.

Chloe agora se vê no centro de um cabo de guerra metafórico, sendo puxada pelos dois lados. Um é segurado por seus parentes e amigos, o outro, pelo grupo de negacionistas que acabou de conhecer. Antes da descida pelo funil da falácia, a força dos parentes e amigos era mais forte e o outro lado nem existia. Só que, conforme ela começa a jornada pelo funil (sentindo-se estressada e injustiçada e sendo exposta a novas desinformações interessantes), uma corda surge entre ela e os negacionistas. Nesse momento, devido à sensação de ostracismo causada por ser alvo de chacota ou indiferença de amigos e parentes, ela sente que a força deles enfraqueceu. Sua percepção da rejeição provavelmente é exagerada, mas tem um efeito poderoso mesmo assim. Ela começa a se voltar para o lado menos doloroso.

Seus novos amigos a fazem se sentir inteligente, rebelde e dona dos próprios pensamentos. Ela começa a participar de conversas sobre adulterações de testemunhos, mortes suspeitas, evidências forjadas e trajetória de projéteis. Ela nunca imaginou que aprenderia tanto sobre história e balística! A sensação é que ela adquiriu muito conhecimento que outras pessoas não têm e que é uma das poucas que entendem a verdade. Isso é estranhamente instigante. A conexão de Chloe com os negacionistas se fortalece e ela passa a contar com essas relações sociais para compensar o apoio que acredita ter perdido de parentes e amigos. Conforme sua falsa crença se expande, as pessoas ao seu redor se afastam ainda mais. Agora os sentimentos de Chloe não são exagerados. A essa altura, os amigos e parentes realmente estão frustrados e irritados com seu fascínio pela história de JFK e ofendidos por algumas das coisas que ela compartilha na internet. Eles não querem passar tempo com ela nem ouvir suas teorias.

Na nossa era da internet, é fácil imaginar como esse processo se desdobra e a rapidez com que Chloe consegue encontrar um novo universo social. À medida que suas publicações e opiniões recebem cada vez menos apoio de amigos e parentes e acumulam cada vez mais curtidas e comentários incentivadores de negacionistas, mais ela se transforma. Ela dedica mais atenção aos novos amigos e mais tempo às atividades que esses círculos recompensam. Apesar de as redes sociais talvez acelerarem o processo, ele não é um produto exclusivo da internet. O mesmo processo geral de troca de aliados também pode ocorrer, mesmo que de forma mais lenta e menos intensa, num mundo de relacionamentos presenciais. Em outros tempos, Chloe poderia fazer novas amizades aos poucos e ser apresentada a novas ideias, porém seria bem menos provável que começasse a frequentar um bar ou uma igreja diferentes daqueles em que seus amigos e parentes se reunissem.

A dor do ostracismo

A sensação de ostracismo já foi estudada por cientistas sociais, e a história de como essa pesquisa surgiu é interessante por si só. Também é um lembrete de como é bom prestar atenção nas experiências rotineiras e perceber que nosso ambiente pode ser uma fonte rica em descobertas.

Certo dia, Kipling Williams, um cientista social, passeava com seu cachorro por um parque. Enquanto caminhava, um frisbee caiu aos seus pés.

Ele o pegou e o arremessou de volta para a dupla que brincava. Sorrindo, um deles o jogou de volta, e Williams se viu no meio de uma partida improvisada a três. Depois de alguns arremessos, os dois amigos que estavam jogando antes de ele surgir em cena pararam de lançar o frisbee na sua direção e voltaram a brincar sozinhos. Williams se sentiu isolado e excluído. Ao voltar a caminhar com o cachorro, ficou surpreso com a própria decepção. Afinal, ele não conhecia aquelas pessoas. Elas não lhe deviam nada e ele nem queria ficar jogando um frisbee por horas. Mesmo assim, ficou magoado.

Inspirado por essa experiência, Williams decidiu estudar a sensação que teve naquele dia no parque, que identificou como ostracismo. Ele bolou uma situação que criaria uma experiência semelhante. No experimento, três pessoas, duas das quais trabalhavam com Williams, ficavam esperando o estudo começar. Uma das duas que sabiam o que estava acontecendo pegava uma bola no chão e começava a jogá-la para as outras, como que para se distrair. A terceira pessoa não sabia que isso já era o experimento. Em alguns casos, ela era incluída por toda a brincadeira, recebendo a bola em cerca de um terço das vezes. Em outros, após algumas jogadas, o participante desinformado nunca mais recebia a bola e era basicamente ignorado da mesma forma que Williams fora. No fim da brincadeira, Williams fingia que o experimento estava começando e pedia aos participantes que descrevessem seus sentimentos.

Williams descobriu que até uma experiência rápida e levemente boba de ostracismo pode causar impactos emocionais intensos em muitos aspectos da vida. Nesse caso, após a experiência de serem excluídos por pessoas desconhecidas e com quem não se importavam, os participantes relataram sensações de tristeza e raiva, autoestima baixa, desamparo e falta de controle.

Depois disso, Williams quis estudar mais do que apenas os sentimentos relatados pelos participantes. Ele ficou curioso sobre as mudanças físicas que poderiam ser observadas no cérebro durante uma experiência de ostracismo. O problema era que o mapeamento do cérebro exigiria que os participantes ficassem completamente imóveis; eles não poderiam ficar correndo por um parque, jogando bolas ou frisbees. Então, junto com os colegas Naomi Eisenberger e Matthew Lieberman, ele bolou um jogo virtual chamado Cyberball, que poderia ser jogado enquanto o participante estivesse no aparelho de ressonância magnética funcional. Com essa tecnologia, os pesquisadores poderiam estudar a atividade cerebral do participante enquanto ele era excluído.

Os participantes foram informados de que participariam de um estudo que envolvia os efeitos da visualização mental, e o jogo Cyberball foi apresentado como uma ferramenta para exercitar essas habilidades. Os participantes teriam que jogar com outros dois ou três voluntários. Na verdade, os "outros voluntários" eram programados no computador, mas os participantes não sabiam disso. O experimento tinha três partes. Na primeira, os participantes eram informados de que não poderiam participar do jogo por causa de dificuldades técnicas, mas podiam observar os outros "voluntários". Na segunda parte, os problemas técnicos pareciam ter sido resolvidos e os participantes eram incluídos no jogo, recebendo a bola com a mesma frequência que os outros. Na terceira parte, após algumas jogadas virtuais, os participantes eram excluídos. Assim como os jogadores de frisbee no parque tinham feito com Williams, os participantes virtuais paravam de arremessar a bola para o participante.

O estudo mostrou que, quando as pessoas se sentiam excluídas do jogo, as áreas do cérebro que se iluminavam eram as mesmas associadas à sensação de dor física. A dor social, no fim das contas, compartilha com a dor física uma base neuroanatômica. Esses resultados sugerem que a experiência de ser excluído – mesmo de pequenas formas – é muito significativa para a experiência humana e nos afeta de modo muito negativo. Isso explica por que Chloe se incomoda tanto com as provocações bobas dos familiares e amigos e por que se sente atraída pelos negacionistas que não a menosprezam nem a excluem.

As pessoas mais legais da internet – mas só umas com as outras

"Obrigado por compartilhar!"
"Obrigada por falar isso!"
"Agradeço sua coragem e sinceridade."
"Isso aí!"
Emoji de coração.
Emoji de abraço.

É uma experiência especialmente perturbadora e incômoda ler dezenas e dezenas de comentários assim num post que sugere que eu deveria ser julgado por crimes cometidos contra a humanidade e executado em praça pública. Ainda assim, até os textos mais pesados e venenosos sobre mim (como o que compartilhei no Capítulo 4 sobre o boi sendo levado para o abate, escrito por Jon) eram cercados por uma sensação incrível de amor e apoio social – não direcionados a mim, é claro, mas às pessoas que os escreveram e aos outros colaboradores. Isso não é exclusividade das publicações sobre mim. Em geral, a quantidade de gratidão e amor que os negacionistas expressam entre si nas conversas por rede social é algo que eu nunca tinha visto antes. Eles exibem um grau extraordinário de congratulação mútua nos fóruns que visitei, elogiando e parabenizando uns aos outros de maneira efusiva. Quem são essas pessoas gentis e maravilhosas que demonstram tanto apoio e admiração pelos colegas, mesmo quando falam sobre tramoias terríveis e elites malvadas e genocidas? Cheguei a ver algumas pessoas sugerindo que o colega que desvendou um novo plano ou vilão recebesse um Prêmio Nobel da Paz ou outra honraria humanitária. Afirmo categoricamente que, no meio acadêmico, nunca vi ninguém falar que outra pessoa merecia um Prêmio Nobel por nada, mas, entre os negacionistas, prêmios e reconhecimentos sempre são sugeridos.

Se você não levasse em consideração o conteúdo dos comentários, mas apenas o clima de amizade, acharia que aquele grupo era formado pelas melhores pessoas da Terra. E então poderia se perguntar que causa nobre tinha unido tanta gente maravilhosa. Será que eles queriam erradicar a pobreza? Ou criar acesso igualitário à educação para todas as crianças no planeta? Ou curar alguma doença terrível? Você jamais suspeitaria que eles foram unidos por vários planos para destruir a humanidade.

Como essas pessoas podem ser tão legais umas com as outras, mesmo quando falam sobre coisas tão sombrias e dolorosas? Acho que é porque fica claro demais para cada uma delas que elas mesmas e todos ao seu redor precisam de apoio e aprovação social. Com o tempo, elas entram num acordo tácito de oferecer apoio em abundância, deixando todos os outros círculos sociais no chinelo (com a possível exceção das duas primeiras semanas em que dois adolescentes se apaixonam e não conseguem parar de falar que o outro é absurda e completamente incrível).

TALVEZ SEJA ÚTIL
Comece com um denominador comum

No campo social, o estilo de argumentação "nós contra eles" é improdutivo. Quando seguem a "mentalidade de soldado" (como vimos no Capítulo 6), as pessoas não escutam com atenção e ficam o tempo todo bolando argumentos na própria cabeça. Imagino que terminem de contra-argumentar mentalmente antes mesmo de a outra pessoa terminar de falar. E, como todos somos talentosíssimos na arte de justificar nossas opiniões, a conversa não chega a lugar algum. Por isso, é importante estabelecer no início pontos em comum, conexões, interesses compartilhados, mesmo com alguém cujas crenças são muito diferentes das nossas.

No livro *Por que acreditamos no que acreditamos: como as opiniões são formadas e como mudá-las*, o jornalista científico David McRaney mergulhou em alguns dos métodos mais comprovadamente eficientes para mudar opiniões, ainda mais sobre assuntos polêmicos e pesados. Em todos os métodos explorados por ele, que incluíram prospecção profunda (do Capítulo 3), epistemologia de rua e política inteligente, o primeiro passo sempre é estabelecer uma conexão. Em outras palavras, certificar-se de que a outra pessoa saiba que você é um amigo, mostrar que não está ali para envergonhá-la, comunicar interesse em escutar a história dela e ter uma conversa sincera sobre o assunto. Essa é uma boa forma de garantir que a pessoa com quem você conversa, seja ela negacionista ou não, sinta-se acolhida e enxergue você como parte do grupo, e não como alguém de fora.

Encontrar um jeito de fazer parte do grupo de um negacionista não significa ter que aceitar ou concordar com tudo que ele diz. Tudo bem achar que algumas das crenças dele são ofensivas ou perigosas. Só que é possível encontrar um ponto de interseção. Isso é especialmente útil porque, quando se sentem parte de um mesmo grupo, as pessoas conversam sobre dificuldades e objetivos mútuos. Para aplicar essa abordagem, primeiro escolha um assunto sobre o qual você e a outra pessoa claramente tenham questões em comum para debater – algo local, talvez, como o preço de imóveis ou o aumento na taxa de criminalidade. Ou encontre uma questão comum que exista na vida de ambos, como filhos adolescentes. Assim você transmitirá a mensagem de que é muito mais semelhante àquela pessoa do que diferente dela.

Manutenção social

Depois que as pessoas se integram a um grupo social negacionista, um processo diferente é acionado: o processo de manter as crenças e a sensação de conexão com o grupo. Há dois grandes componentes em ação aqui: um que leva as pessoas a consolidar suas crenças e outro que as leva a consolidar seus círculos sociais. Nesta seção vamos falar sobre esses dois subcomponentes da manutenção social como se fossem dois mecanismos completamente independentes, mas é claro que estão conectados. E essa associação é mais bem ilustrada por aquilo que Robert Cialdini chamou de **prova social**. Vejamos do que se trata.

Prova social: a manutenção social em ação

Ao longo da vida passamos por muitas situações em que não sabemos como deveria ser o comportamento ideal, então usamos outras pessoas como exemplo. Prova social é basicamente isso. Imagine que você tenha sido convidado para conhecer o rei da Inglaterra no Palácio de Buckingham e não saiba como se comportar. Você simplesmente observaria o que acontece ao seu redor e seguiria o fluxo: faria uma mesura quando os outros fizessem, andaria na mesma direção e no mesmo ritmo que todo mundo, e assim por diante. O mesmo vale, ainda que em intensidade menor, para o primeiro dia num emprego novo, a primeira ida ao festival Burning Man ou a primeira reunião de pais e mestres na escola nova do seu filho. Em todos esses casos, buscamos por prova social para entender como nos encaixar. A prova social também controla o comportamento em grupos virtuais, especialmente naqueles em que somos recém-chegados e não compreendemos direito todas as normas.

Ao usar as pessoas que admiramos como uma fonte que nos ajuda a deduzir o que devemos dizer, o que devemos fazer e em que devemos acreditar, a prova social conecta círculos sociais com comportamentos e crenças, especialmente em casos de grande incerteza. Um dos meus trabalhos prediletos sobre prova social foi conduzido por Jessica Nolan e sua equipe. Em um de seus estudos, eles perguntaram a habitantes da Califórnia o que os motivaria a economizar energia. Os participantes responderam que ficariam mais motivados pela importância ecológica, depois por benefícios à sociedade e então pelo corte de gastos; o fator menos importante foi se as outras pessoas também estavam economizando energia ou não. Veja bem, isso foi o que as pessoas *disseram* que seriam suas motivações – numa autoavaliação ingênua. Só que, quando os pesquisadores avaliaram o que *de fato* motivava as pessoas, observaram que o fator mais relevante era o que as outras pessoas faziam (prova social), enquanto os fatores restantes se mostravam menos cruciais. Esses resultados mostram que a prova social é importante, mas, como não vemos como ela nos afeta, acabamos subestimando essa importância.

Agora que entendemos a conexão entre círculos sociais e crenças, falemos sobre cada elemento separadamente.

Como círculos sociais consolidam falsas crenças

Talvez você já tenha ouvido falar sobre os clássicos experimentos de conformidade de Asch, conduzidos na década de 1950, em que os participantes olhavam para três linhas do lado direito de um quadro e para uma linha do lado esquerdo. Eles precisavam determinar qual das três linhas do lado direito (linhas A, B ou C) tinha o mesmo comprimento que a linha da esquerda. O mais interessante sobre esse experimento era que, quando os participantes chegavam a uma conclusão sozinhos, eles basicamente acertavam toda vez. Mas, quando tomavam a decisão com um grupo de cúmplices (todos a serviço de Asch) e os cúmplices faziam a escolha errada cheios de confiança (digamos que eles dissessem "linha A" quando a resposta correta era linha B), o participante verdadeiro geralmente respondia errado também. É um exemplo clássico da pressão que todos sentimos para nos adequar à opinião das pessoas ao nosso redor.

Asch conduziu muitas outras versões desse experimento básico. Numa delas, testou o que aconteceria se as outras pessoas na sala (os cúmplices que trabalhavam para ele) fossem indivíduos de status social elevado. Como esses experimentos costumam acontecer em universidades, imagine que os cúmplices eram alunos veteranos e populares. O que você acha que aconteceria nesses casos? A pressão social era ainda mais intensa, e o número de decisões influenciadas pela pressão social aumentou de acordo com o desejo de fazer parte do grupo.

O experimento básico de Asch nos mostra que, em geral, somos influenciados por outras pessoas. Tendemos a seguir a multidão. O que a versão de "status social elevado" do experimento de Asch nos mostra é que, quando admiramos outras pessoas, nos sentimos ainda mais pressionados a nos adaptar e concordar com suas opiniões. Voltemos a Chloe por um instante. Recentemente ela ingressou em alguns grupos em redes sociais, atraída pela sensação de acolhimento, que compensa o ostracismo que sente entre familiares e amigos. Ela admira as pessoas que lideram o grupo: as que participam dele há muito tempo, as que os outros nitidamente seguem. Por admirá-las, é mais provável que ela se sinta pressionada a concordar com as coisas que dizem. É assim que o processo de consolidar falsas crenças funciona: uma pessoa se une a um grupo, a pressão social gera mais concordância, que gera mais exposição, e a crença é mantida.

Como falsas crenças consolidam círculos sociais

Se os círculos sociais consolidam falsas crenças, o oposto também é verdadeiro. Encontrei um exemplo muito claro (e triste) desse processo quando fui visitar um casal chamado Stacy e Ron. Antes da covid-19, Stacy era uma personalidade da "grande mídia". No começo da pandemia, porém, ela mudou de rumo e criou com Ron seu próprio programa matinal na internet. No novo programa, os dois questionavam a lógica de tudo associado à covid-19 – desde as formas como os governos trabalhavam com a comunidade científica até as informações e recomendações que vinham de órgãos de saúde pública e da Organização Mundial da Saúde. Inicialmente os dois faziam perguntas sensatas, só que o programa também oferecia uma plataforma para uma série de convidados mais propensos a acreditar em fake news sobre a covid-19 e a vida em geral. O programa não concordava explicitamente com as opiniões desses indivíduos. Em vez disso, sob a bandeira da liberdade de expressão e a alegação inocente de que "só estamos fazendo perguntas", Stacy e Ron permitiam que esses convidados dissessem tudo que queriam, os rebatiam com pouquíssimo ceticismo e então conversavam com eles para entender melhor suas opiniões e perspectivas. Com o tempo, o público do programa mudou, assim como o conteúdo. E as crenças de Stacy e Ron seguiram junto.

Observei o processo a distância, com alguma curiosidade, fascinado ao ver um exemplo tão público de duas pessoas mergulhando no negacionismo. Após cerca de um ano de pandemia, pedi a um amigo em comum que nos apresentasse. Depois de alguns telefonemas, fui visitar Stacy e Ron no seu estúdio domiciliar. A primeira coisa que eles quiseram saber foi quais eram minhas crenças sobre a covid-19, mas redirecionei a conversa de volta para os dois. Eu queria entender o que acontecia em seus círculos sociais; especificamente, como eles eram tratados por seus amigos pré-pandemia e por seus familiares.

A resposta deles não me surpreendeu, mas foi triste mesmo assim. Ela representava, suspeito eu, uma experiência geral compartilhada por muitos negacionistas. Descobri que nenhum dos amigos que Stacy e Ron tinham antes da pandemia os procurava para saber como estavam ou para oferecer apoio pelo trabalho que faziam contra o sistema. Eles também me contaram que alguns desses amigos tinham parado de retornar seus telefonemas e que a maioria não seguia mais sua página profissional no Facebook. Alguns tinham até ligado para acusá-los de disseminar fake news. Stacy me contou que sua irmã havia cortado relações com ela e que a enteada de Ron não queria que eles visitassem sua casa, então fazia um tempo que ele não conseguia ver os netos.

Como os dois haviam perdido praticamente todo o círculo social que tinham antes da pandemia, fiquei me perguntando como andava sua vida social. Eles me descreveram em detalhes as muitas interações que tinham agora, tanto na internet como fora dela, com novos amigos. Qual era o ponto em comum que unia todas essas pessoas? Pois é, o negacionismo. Assim, as falsas crenças consolidavam seus novos círculos sociais. Agora eles conversavam sobre a humilhação e a pressão social que sofriam, e se solidarizavam uns com os outros. Também debatiam com os novos amigos sobre as novas regulações que o governo deveria impor; lamentavam a triste situação do mundo; e bolavam estratégias para fazer mais pessoas enxergarem a realidade. É compreensível que se concentrassem quase exclusivamente nessas questões, já que eram elas que uniam o grupo e conectavam seus membros. Compartilhar a tristeza quase certamente servia para gerar apoio entre o grupo e unir ainda mais as pessoas, fortalecendo e consolidando sua nova estrutura social. É assim que o processo funciona depois que as pessoas se juntam a esses grupos. Mais exposição gera mais concordância, que gera mais exposição, e a estrutura social é mantida.

> **TALVEZ SEJA ÚTIL**
> **Resista à tentação de excluir alguém**
>
> Se quiser impedir que seus entes queridos caiam pelo funil da falácia, aqui vai uma sugestão importante: tente não excluí-los nem um pouquinho. Afinal, o ostracismo social começa quando as pessoas que não são negacionistas se voltam contra as pessoas que são. Se o negacionismo contagiou alguém na sua vida, é provável que você tenha se afastado dessa pessoa, um comportamento compreensível porém nada prestativo. Não é fácil ter mil vezes a mesma conversa sobre ideias tão obviamente falsas e que podem até ser ofensivas — conversas que podem transformar reuniões de família em campos de batalha ideológicos. Entendo que pode ser embaraçoso convidar essa pessoa para uma festa e vê-la compartilhando suas teorias disparatadas com parentes, amigos e colegas de trabalho. É mais fácil simplesmente dar as costas a ela, não atender suas ligações, parar de chamá-la para sair, ignorar suas publicações nas redes sociais ou até mesmo bloqueá-la. Só que isso é perigoso. Quem tem amigos e parentes seguindo pelo caminho do negacionismo tem o poder e a responsabilidade de fazer algo para melhorar a situação. Até um pouco de ostracismo social é capaz de causar um estrago enorme na pessoa excluída — provavelmente maior do que quem exclui é capaz de perceber ou prever. Em vez de ostracismo, é importante demonstrar apoio social, por mais difícil ou desconfortável que isso seja.

Por que o ostracismo foi especialmente implacável durante a pandemia?

O ostracismo dói em qualquer contexto — mesmo num jogo falso de videogame. Só que, durante a pandemia, as pessoas se sentiram especialmente excluídas. No começo de 2022, quando o presidente francês Emmanuel Macron declarou publicamente que sua estratégia era "irritar" as pessoas que se recusavam a ser vacinadas contra a covid-19, ficou claro que o ostracismo em massa estava em ação. E, quando ele chamou pessoas não vacinadas de "irresponsáveis" e declarou que elas "não eram mais cidadãs", nem foi preciso usar técnicas sofisticadas de mapeamento cerebral para perceber a dor dos negacionistas. Esse nível de ostracismo foi bem extremo, talvez até sem precedentes, pelo menos em tempos modernos. Dá para imaginar um líder mundial – ou qualquer pessoa, na verdade – usando esses termos para descrever gente com diferentes crenças religiosas, econômicas ou sociais? Eu não consigo (com a exceção, talvez, de alguns brasileiros contra argentinos – e vice-versa – quando o assunto é futebol).

Por que os negacionistas da covid-19 despertavam sentimentos tão intensos? Para responder a essa importante pergunta, façamos um rápido desvio para um dos meus paradigmas experimentais favoritos: o jogo de bens públicos. Gosto do jogo de bens públicos porque ele é elegante, mas principalmente porque mostra uma das estruturas mais cruciais, porém negligenciada, de uma sociedade humana funcional: trabalho em equipe!

O jogo funciona da seguinte maneira. Imagine que estamos jogando em Nova York. Começamos escolhendo dez pessoas aleatórias que moram lá. No primeiro dia do experimento, ligamos para elas pela manhã e explicamos as regras do jogo: "Parabéns, você foi escolhido como um dos dez participantes do jogo. Sua identidade será mantida em segredo. Nunca contaremos a ninguém que você participou e também nunca revelaremos para você quem são os outros nove participantes. (Parece a série *Round 6*, eu sei, mas confie em mim, não tem nada a ver com isso.) Todos os dias vamos ligar para você às 9 da manhã e lhe dar 100 dólares. Você poderá fazer uma de duas coisas com o dinheiro: guardá-lo para si ou colocá-lo no cofre coletivo. Se você quiser guardar o dinheiro, vamos transferi-lo imediatamente para sua conta bancária. Mas, se preferir mandar o dinheiro para o cofre coletivo, vamos colocá-lo lá na mesma hora. Depois que todos os dez jogadores tomarem sua decisão, a quantia total do cofre será multiplicada por 5. À noite, todo o dinheiro do cofre será dividido igualmente entre os dez jogadores. O jogo continuará assim por um tempo."

O que aconteceria? No primeiro dia, as dez pessoas receberiam a ligação, seriam lembradas das regras e tomariam sua decisão. Os resultados mostram que, em geral, todas decidem colocar o dinheiro no cofre. As dez pessoas contribuem com 100 dólares cada, totalizando 1.000 dólares. O dinheiro então é multiplicado por 5, totalizando 5.000. À noite, os 5.000 são divididos entre os dez participantes e cada pessoa recebe 500 dólares. A vida é boa! Cada um dos nossos dez jogadores recebeu de presente 100 dólares pela manhã e foi dormir com 500. As coisas continuam assim por um tempo – até que, em algum momento, uma pessoa decide ficar com os 100 dólares e não depositar nada no cofre coletivo. O que acontece agora? Nesse dia, nove pessoas depositam 100 dólares, totalizando 900. Essa quantia é multiplicada por 5, totalizando 4.500, e à noite o valor é dividido igualmente entre os participantes, incluindo o fulaninho egoísta que não contribuiu com nada. Todo mundo recebe 450, mas o fulaninho acaba com 550: os 100 dólares da manhã mais os 450 do rateio.

Agora vamos adaptar um pouco as regras do jogo para entender melhor a psicologia humana. Essa versão se chamará jogo dos bens públicos com vingança. Tudo começa do mesmo jeito. Só que, agora, imagine que você seja um dos nove jogadores que colocaram o dinheiro no cofre coletivo pela manhã e, ao receber 450 dólares à noite, perceba que alguém do grupo guardou o próprio dinheiro, fazendo com que você ganhasse menos e o fulaninho terminasse com mais que todo mundo. Como você se sentiria? E se você recebesse a opção de pagar 20 dólares para fazer com que o fulaninho que traiu o grupo perdesse 400? Você aceitaria? Toparia se vingar? Agora, no conforto do seu sofá e apenas imaginando a traição, talvez pense que não, mas acho que, se isso realmente tivesse acontecido, você estaria disposto a se sacrificar e perder 20 dólares para punir aquele sujeito. Aliás, para sentir na pele o peso da traição, pense numa discussão séria no trabalho ou numa briga com um ex e, com a lembrança fresca desses sentimentos, responda novamente à pergunta: você pagaria 20 dólares para punir o fulaninho que acabou de traí-lo?

Agora que fizemos essa reflexão, voltemos à pergunta inicial: por que o ostracismo foi especialmente implacável durante a pandemia? Espero que a analogia com o jogo dos bens públicos com vingança tenha ficado clara. Durante os anos de covid-19, as pessoas que seguiam as regras e restrições pagavam um alto preço social e financeiro, enquanto as que desobedeciam às regras dificultavam as coisas para todo mundo. E, numa pandemia, esse comportamento é muito pior, porque mesmo um grupo pequeno de pessoas que só fazem o melhor para si mesmas a todo momento, sem considerar o bem-estar público, pode tornar a situação muito pior e prolongar o sofrimento de todos. Foi essa sensação – de que os negacionistas estavam traindo o bem-estar público e causando graves danos – que deixou o restante da sociedade tão irritada com eles, levando à ânsia de excluí-los e puni-los.

Infelizmente, como já discutimos, o ostracismo e o desejo de punir alguém são contraproducentes. Isso só fez com que os negacionistas mergulhassem ainda mais fundo no funil, impulsionados por forças sociais poderosas.

Um tiro que sai pela culatra: os efeitos do ostracismo sobre os outros

Como já vimos, o ostracismo social causa vários efeitos negativos na pessoa excluída. Entre eles estão a depressão, uma visão mais pessimista sobre a vida e a necessidade de buscar apoio social e emocional em outro lugar. E a história não termina aí; essa pessoa também muda a própria forma de tratar os outros. Nesse sentido, o ostracismo é um tiro que sai pela culatra.

Como Jean Twenge e sua equipe mostraram, o ostracismo faz com que as pessoas excluídas façam menos doações, trabalhem menos como voluntárias e ofereçam menos ajuda. Num dos experimentos, os pesquisadores começaram fazendo apenas alguns participantes se sentirem excluídos. Eles informaram a esses participantes que, devido à sua personalidade, eles teriam mais chances de terminar a vida sozinhos; que eles afastariam a maior parte dos amigos e pretendentes antes de completarem 30 anos; que, caso se casassem, a união duraria pouco; e que, no fim das contas, eles acabariam solitários. Por outro lado, os participantes não excluídos, que formavam o grupo de controle, foram informados de que sua personalidade indicava que teriam relacionamentos felizes; manteriam amizades e relações por toda a vida; teriam casamentos muito duradouros; e passariam a vida toda cercados por pessoas que se importavam com eles e que estavam dispostas a ajudá-los. Ao fim dessa primeira etapa, um grupo se sentia desprezado, enquanto o outro se sentia muito bem.

Logo em seguida, os participantes de ambos os grupos foram expostos a uma tarefa para avaliar seu comportamento. Por exemplo, num dos experimentos, a pesquisadora mencionou que estava angariando doações para o Fundo de Emergência Estudantil. Ela acrescentou que era uma ótima causa e que seria incrível se todo mundo colaborasse. Ela também deixou claro que ninguém era obrigado a doar. Havia uma caixa de doação sobre a mesa, com uma placa que dizia "Fundo de Emergência Estudantil: para auxiliar universitários com gastos inesperados". Então a pesquisadora saiu da sala.

Como você já deve ter imaginado, os participantes que se sentiam excluídos se mostraram menos propensos a fazer uma doação. Em outro experimento, participantes dos dois grupos, aparentemente por acaso, davam de cara com uma pessoa que parecia ter espalhado um monte de lápis pelo chão. Elas ajudavam? Mais uma vez, os participantes que se sentiam excluídos se mostraram menos propensos a ajudar.

Esses experimentos demonstram os efeitos do ostracismo. E a notícia ainda pior é que eles não se resumem a emoções negativas. Comportamentos sociais negativos também podem vir à tona. Kai-Tak Poon, Zhansheng Chen e C. Nathan DeWall queriam determinar se o ostracismo também aumentava a disposição para agir com desonestidade. Para esse experimento, os pesquisadores recorreram ao ostracismo em sua forma mais básica e pediram aos participantes que jogassem Cyberball. Os voluntários foram informados de que jogariam com outros dois participantes por um total de trinta arremessos. Na verdade, o adversário era um computador que aleatoriamente decidia se eles fariam cerca de dez dos trinta arremessos (a condição de inclusão) ou se receberiam apenas duas das primeiras jogadas e então mais nada pelo restante da partida (a condição de ostracismo). A esta altura, talvez você esteja se perguntando que gênios do mal são essas pessoas que estudam o ostracismo. Mas dou minha palavra de que todos são pessoas incríveis e gentis.

Em seguida, os participantes foram apresentados a quinze anagramas (por exemplo, estudo = duetos; quarto = quatro; editor = direto) numa tela de computador, cada um exibido por quinze segundos. Eles receberam um envelope com 30 dólares e foram informados de que haveria um intervalo após a exibição de cada palavra, durante o qual poderiam pegar 2 dólares se tivessem certeza de que solucionaram o anagrama que tinham acabado de ver. O que eles não sabiam era que apenas oito dos quinze anagramas tinham solução; não havia resposta para sete deles. Mais uma vez, como você já deve ter imaginado, a sensação de ostracismo fez com que os participantes alegassem que tinham solucionado mais anagramas, incluindo aqueles sem solução. Em suma, eles foram menos éticos e roubaram mais.

Resumo da ópera: quanto mais as pessoas se sentem excluídas, mais elas perdem seus valores morais, tanto em termos sociais (passando a achar que ajudar os outros não é importante) quanto pessoais (considerando aceitável pegar mais dinheiro do que ganharam). Devo admitir que essas conclusões me deixam bastante preocupado. Se levarmos essas descobertas para o campo das redes sociais, onde as pessoas podem se sentir isoladas e desprezadas com muita facilidade, veremos como isso pode motivar, por exemplo, valores morais mais maleáveis quando se trata de compartilhar informações verdadeiras e demonstrar bondade pelos outros. Já falei isto antes, mas vale a pena repetir: quando você notar que o funil da falácia está sugando alguém próximo, resista à tentação de se afastar dessa pessoa. O preço é alto demais. Concentre-se em oferecer apoio emocional, por mais complicado que isso seja.

Neste capítulo vimos como as forças sociais opostas do ostracismo e do acolhimento podem afastar as pessoas e arrastá-las para o funil da falácia. E vimos como essas mesmas forças aumentam as chances de alguém permanecer por lá. Porém o negacionismo raramente é um estado constante, imutável. Ele é capaz de acelerar, de sugar ainda mais as pessoas e de se tornar cada vez mais extremado. No próximo capítulo veremos o papel das forças sociais nessa aceleração.

10

O ACELERADOR SOCIAL

Brian: Ei, vocês entenderam tudo errado! Vocês não precisam me seguir, não precisam seguir ninguém! Vocês precisam pensar com a própria cabeça! Todos vocês são indivíduos!
Multidão (em coro): Sim! Somos todos indivíduos!
Brian: Todos vocês são diferentes!
Multidão (em coro): Sim! Somos todos diferentes!
Homem na multidão: Eu não sou.

— A vida de Brian (1979)

Como foi que *aquela* pessoa passou a acreditar *naquilo*? Essa foi a pergunta que iniciou nossa jornada, e analisamos várias maneiras pelas quais uma pessoa geralmente racional pode começar a acreditar em ideias que parecem irracionais. Porém há outras perguntas que se tornam interessantes enquanto exploramos os elementos sociais do negacionismo. Aquela pessoa *de fato* acredita naquilo? O que a motiva a acreditar e até a disseminar algo em que talvez nem acredite tanto assim? Por que as pessoas compartilham informações comprovadamente falsas? Por que teimam em adotar crenças que já foram desmentidas? Por que suas opiniões se tornam cada vez mais extremadas? Para responder a essas perguntas, precisamos observar o poder das forças sociais dentro de um grupo e a maneira como seres humanos tentam provar sua lealdade, ganhar status e manter laços.

Depois que as pessoas chegam a certo ponto do funil, tornam-se profundamente engajadas nos grupos sociais que compartilham da mesma visão – tão engajadas que esses grupos e as forças sociais dentro deles começam a ganhar um papel descomunal na aceleração do negacionismo, fazendo com que seja muito difícil escapar do funil. Neste capítulo vamos nos concentrar em como as forças sociais aceleram esse processo.

Começaremos com uma das minhas forças prediletas na psicologia, uma velha conhecida que mudou nossa compreensão sobre o raciocínio humano: a **dissonância cognitiva**. Apesar de eu ter certeza de que você sabe alguma coisa sobre dissonância cognitiva, talvez até muito, vale a pena revisar esse conceito básico devido ao seu importante papel no funil da falácia e, em especial, como um acelerador social.

Dissonância cognitiva

Um dos pontos de partida para a compreensão da dissonância cognitiva foi um estudo conduzido por Leon Festinger com dois amigos próximos, Stanley Schachter e Henry Riecken. Para o estudo, eles se aproveitaram de um evento um tanto inusitado que aconteceu em 1954 em Lake City, Minnesota (na verdade não foi em Lake City, mas, para proteger a privacidade das pessoas, os pesquisadores alteraram nomes e localidades quando publicaram o estudo).

Aqui está a descrição do evento num jornal local:

Profecia do planeta Clarion clama à cidade: fujam da enchente.
"Ela nos engolirá no dia 21 de dezembro", avisa o espaço sideral

Lake City será destruída por uma enchente nos Grandes Lagos pouco antes da alvorada de 21 de dezembro, de acordo com uma dona de casa. A Sra. Marian Keech, residente na rua West School, 847, afirma que a profecia não é de sua autoria. É o recado por trás de muitas mensagens que ela recebeu por psicografia. [...] As mensagens, de acordo com a Sra. Keech, são enviadas por seres superiores de um planeta chamado Clarion. Segundo ela, os seres visitam a Terra naquilo que conhecemos como naves espaciais. Durante suas visitas, eles observaram na superfície do planeta falhas geológicas que anunciam o dilúvio. A Sra. Keech relata que a enchente se espalhará até formar um mar dentro do continente, que se estenderá do Círculo Polar Ártico até o Golfo do México. Ao mesmo tempo, ela alerta que o cataclismo tornará submersa toda a Costa Oeste americana até o Chile, na América do Sul.

Poucas pessoas cogitariam passar as férias de inverno em Minnesota, e menos ainda com um pessoal que acredita num apocalipse iminente anunciado por seres superiores vindos do planeta Clarion. Mas era exatamente desse tipo de evento que Festinger, Riecken e Schachter precisavam para testar sua teoria da dissonância cognitiva, que é o desconforto que sentimos quando nossas crenças entram em conflito com nossos comportamentos, bem como as maneiras estranhas como lidamos com esse desconforto.

De que modo o peculiar evento que supostamente aconteceria em Minnesota os ajudaria a entender a dissonância cognitiva? Para começar, eles partiram do princípio de que Lake City *não* seria destruída por uma enchente nos Grandes Lagos pouco antes da alvorada de 21 de dezembro! E, como Marian Keech tinha muitos seguidores que acreditavam em suas declarações, os pesquisadores queriam saber o que aconteceria no dia 22 de dezembro, quando essas pessoas precisassem encarar a realidade inesperada de que o mundo permanecia o mesmo.

Pouco depois de os pesquisadores chegarem a Lake City, Marian Keech recebeu outra mensagem que dizia que, graças às suas atividades e crenças, ela e seus seguidores não morreriam na enchente. Um visitante extraterrestre iria até a casa dela numa nave espacial pouco antes do evento e os levaria para a segurança do espaço sideral.

Agora vamos partir do princípio de que Marian Keech tinha dois tipos de seguidores – alguns que acreditavam pouco em suas previsões e outros que acreditavam muito. Quanto você acha que a força da crença de um seguidor nas profecias de Marian Keech interferiria em seu nível de decepção quando ele descobrisse que o mundo não acabou? Qual dos dois tipos ficaria mais desapontado e demonstraria uma propensão maior a abandonar Marian Keech e voltar para casa?

A previsão-padrão é que as pessoas mais crédulas ficariam mais decepcionadas, porque sentiriam mais frustração com Marian Keech e, portanto, seriam as primeiras a ir embora. No entanto, a previsão da dissonância cognitiva era o exato oposto. A teoria dos pesquisadores era de que os seguidores mais fiéis teriam uma necessidade maior de justificar sua dedicação inicial a Marian Keech e essa pressão os levaria a aumentar seu empenho em segui-la. Foi exatamente isso que aconteceu. Os seguidores convictos, que sentiam um nível mais intenso de dissonância, deram passos extras para validar sua decisão original e sua crença em Marian Keech. Eles até aumentaram seus esforços para convencer mais gente de que Keech falava a verdade.

Como a dissonância cognitiva produziu esse efeito? Os seguidores pouco convictos sentiram um conflito entre seu apoio a Keech e a nova informação de que ela não era uma profetisa de verdade. Mas, como a crença deles era fraca, isso não foi um problema tão grave. Eles simplesmente aceitaram que apoiá-la havia sido um erro e seguiram com a própria vida.

Por outro lado, os seguidores convictos sentiram um conflito bem mais profundo. Como suas crenças eram intensas e seu apoio tinha sido mais ostensivo (alguns, por exemplo, chegaram a abandonar a família e a dar todo o seu dinheiro a Keech), eles não podiam simplesmente admitir que estavam errados o tempo todo. Em vez disso, a solução deles foi se recusar a aceitar a nova informação. Quando nossos atos e novas informações não se encaixam, sentimos um desconforto intenso e um desejo de consistência, e isso nos motiva a distorcer aquilo que seja mais fácil (geralmente a nova informação). Assim, os seguidores convictos rejeitaram a verdade e até intensificaram sua fidelidade a Keech, tentando se convencer novamente de que estavam certos desde o começo em apoiá-la.

Talvez você esteja pensando que a Sra. Keech e suas naves espaciais são um exemplo isolado, mas é provável que já tenha encontrado muitos casos de dissonância cognitiva na sua vida ou que os tenha visto acontecer na vida de seus amigos. Já vimos vários nas páginas deste livro, incluindo o exemplo de Saul no Capítulo 7, que não acreditava na covid-19 e teve uma dissonância cognitiva tão extrema quando contraiu o vírus que criou uma história nova e ainda mais complexa para explicar sua doença, mesmo enquanto a covid o matava.

Assim como outras forças psicológicas, a ideia básica da dissonância cognitiva está presente no cânone da literatura e da filosofia. Numa das fábulas de Esopo, da Grécia Antiga, uma raposa não consegue alcançar os cachos de uva que tanto deseja. Frustrada, a raposa soluciona sua dissonância cognitiva ao se convencer de que as uvas deviam ser azedas e que, por isso, não se interessava mais por elas. Até hoje, em inglês, ainda usamos a expressão *sour grapes* (uvas azedas) para descrever uma situação do tipo "Quem desdenha quer comprar".

Benjamin Franklin fez uma observação semelhante, mas sua versão de dissonância cognitiva assumiu a forma de provérbio. A ideia básica era que "Aquele que já lhe prestou um ato de caridade estará mais disposto a prestar outro do que aquele a quem você já favoreceu". Em outras palavras, depois que ajudamos alguém, dizemos a nós mesmos que devemos gostar daquela pessoa, então continuamos sendo legais com ela em vez de lidar com a dissonância cognitiva de talvez mudar de opinião. Em sua autobiografia, Franklin expande essa ideia e explica como lidou com a animosidade de um legislador rival:

> Após ser informado de que ele tinha em sua biblioteca certo volume deveras raro e curioso, escrevi-lhe um bilhete expressando meu desejo de examinar tal livro e solicitando que ele me fizesse a gentileza de emprestá-lo por alguns dias. Ele o enviou de imediato e o devolvi após cerca de uma semana com outro bilhete, expressando minha gratidão com fervor. Na próxima ocasião em que nos encontramos na Câmara, ele falou comigo (algo que jamais fizera antes), e com extrema cortesia; depois manifestou uma disposição a me auxiliar em todas as ocasiões, de forma que nos tornamos grandes amigos, e nossa amizade se estendeu até sua morte.

Além de nos ajudar a prever quando as pessoas se mostrarão mais ou menos propensas a aceitar novas informações e modificar suas crenças, a dissonância cognitiva elucida uma velha e importante questão: fugimos porque temos medo ou temos medo porque fugimos? Em geral, há duas maneiras de associar comportamentos a emoções. A primeira (e principal) visão é que emoções causam comportamentos (fugimos porque temos medo), enquanto a segunda diz que comportamentos causam emoções (temos medo porque fugimos). Nesses termos, a descoberta da dissonância cognitiva é que comportamentos *podem* causar emoções. Mas, veja bem, trata-se de uma via de mão dupla. Emoções causam comportamentos e comportamentos causam emoções sob circunstâncias diferentes.

Quando o assunto é dissonância cognitiva e negacionismo, a conexão deveria ser clara: atos (dedicar tempo e recursos a uma causa, por exemplo) podem levar a mudanças de opinião (acreditar ainda mais numa causa, mesmo que ela não seja confiável). No caso dos negacionistas, esses atos são, em sua grande maioria, sociais: convencer outras pessoas, protestar, publicar informações sem verificá-las, reagir a posts, debater com pessoas que não concordem com eles, cortar relações com amigos e parentes, e assim por diante. É por isso que a dissonância cognitiva se encaixa tão bem dentro da parte social do funil da falácia, e é por isso que ela é uma força poderosa que empurra as pessoas rapidamente pelo funil.

Conspiração de mentira, união de verdade?

Quando olhou por sua janela em Memphis, Tennessee, e encontrou na rua lá embaixo um mar de manifestantes contra e a favor do novo governo, Peter McIndoe sentiu como se o mundo tivesse entrado em colapso. Era começo de 2017, pouco depois da eleição de Donald Trump, e o protesto era uma de muitas marchas de mulheres que aconteciam pelo país naquela época. Sentindo-se desesperançado, McIndoe foi tomado por um impulso repentino de reagir à situação absurda que testemunhava com algo igualmente absurdo. Ele arrancou um pôster da parede, pegou uma caneta hidrocor e escreveu três palavras no verso: "Pássaros não existem". E então desceu para se juntar à multidão pró-Trump.

As pessoas logo começaram a perguntar sobre seu cartaz, então ele bolou uma história: os pássaros que vemos voando são, na verdade, drones de vigilância. O Estado paralelo matou todos os pássaros de verdade décadas atrás e os substituiu por robôs-pássaros emplumados.

Foi uma reação ridícula ao que parecia ser um mundo ridículo – um momento de arte improvisada. McIndoe não tinha qualquer plano ao escrever o cartaz, mas, conforme ia ganhando impulso e elaborando sua história, usando todas as teorias da conspiração em voga, as pessoas foram se juntando ao seu redor e alguém começou a filmar. Quando deu por si, ele já tinha viralizado e sua piada meio que virou um movimento. McIndoe entrou na onda e criou um site, vídeos (inclusive com atores alegando ser ex-operadores de drones-pássaros), produtos e até outdoors, tornando-se o porta-voz da "Brigada dos Pássaros" nacional. Ele manteve a persona por muitos anos e foi até entrevistado em talk shows da extrema direita, descrevendo o genocídio aviário e as complexas maquinações da trama da CIA.

Estima-se que centenas de milhares de jovens tenham acreditado nessa conspiração falsa. É provável que alguns deles (espero que a maioria) saibam que nossos amigos alados são, na verdade, de carne e osso, mas tenham encontrado certo conforto no humor ácido da piada. O mais curioso é que eles encontraram algo real no meio da ficção: um senso de comunidade. McIndoe o descreveu para o *The New York Times* como "um espaço seguro para pessoas se reunirem e processarem a dominação das conspirações nos Estados Unidos. É um jeito de rir da loucura em vez de se sentir arrasado por ela".

Eu queria que vivêssemos num mundo onde a criação de McIndoe pudesse ser uma comunidade segura e inofensiva. Mas, infelizmente, não vivemos. Então talvez não seja surpresa que muitos negacionistas tenham se apegado à alegação de que "Pássaros não existem" e McIndoe tenha se sentido na obrigação de sair do personagem. Agora os negacionistas acham que ele é um espião da CIA.

Enfim, seja lá qual for o desfecho dessa história, trata-se de um estudo social fascinante. Aliás, já percebeu como aquele pombo ali está olhando para você?

O uso do extremismo para aumentar a identificação

A dissonância cognitiva não é o único mecanismo de aceleração social. Outro recurso importante e muito lamentável é o uso do extremismo para aumentar a identificação. Funciona mais ou menos assim: se somos parte do grupo 2, como as pessoas do grupo 2 saberão que somos leais à causa? Podemos tatuar um "2" em alguma parte visível do corpo ou podemos expressar uma opinião muito extremada que se alinhe à ideologia do grupo. Imaginemos um conjunto de pessoas que queiram reduzir a ingestão de carne por questões éticas, ambientais e de saúde. Elas se esforçam para comer carne apenas de vez em quando. Agora imagine uma pessoa que deseje demonstrar lealdade ao grupo e talvez até crescer em sua hierarquia e se tornar um de seus líderes não oficiais. Essa pessoa tem medo de agulhas, então fazer uma tatuagem está fora de cogitação. Publicar na internet que ela vai se abster de comer carne num dia específico da semana não chamará atenção nem abrirá caminho para uma posição de liderança. Ela precisa causar burburinho. Talvez possa declarar que odeia carnívoros, dizer que vai doar todas as suas peças de couro, que não vai mais frequentar restaurantes não vegetarianos ou que não irá a jantares em que carne seja servida. Opiniões extremas são o segredo para chamar atenção; para demonstrar lealdade e comprometimento; e para crescer em hierarquias sociais (reais ou imaginárias) dentro de um grupo. Esse mesmo triste mecanismo faz com que seja mais fácil entender por que discursos extremados são a moeda social em circulação pelas redes sociais e por que essas plataformas são uma emboscada de opiniões radicais.

É claro que cada uma dessas opiniões, depois de externada, torna-se a norma após um tempo, fazendo com que as pessoas sintam a necessidade de se expressar de maneira *ainda mais* radical para chamar atenção. Esse mecanismo não justifica violência verbal e ódio, mas nos ajuda a compreender parte do problema.

TALVEZ SEJA ÚTIL

Não interprete o extremismo ao pé da letra

Compreender o papel social de opiniões radicais na consolidação de identidades e na demonstração de lealdade pode nos ajudar em situações em que elas sejam externadas por alguém que conhecemos e amamos. Quando sua melhor amiga começa a compartilhar crenças sobre banqueiros judeus que comandam o mundo, sua primeira reação talvez seja se ofender e parar de falar com ela (especialmente se você for judeu, mas também se for apenas um ser humano empático que não gosta de estereótipos preconceituosos). Apesar de você ter todo o direito de se sentir assim, como já conversamos, não é muito produtivo cortar relações com sua amiga, já que isso pode acelerar a imersão dela no negacionismo. Quando ela começar a expressar esse tipo de opinião, tente reconhecer que ela está numa situação perigosa. Pode ser que ela não acredite em tudo que diz, mas tenha sido capturada por uma comunidade de negacionistas. Quando conseguimos deixar a mágoa de lado, fica mais fácil estender a mão para ajudar nossos amigos antes que seja tarde demais.

A triste história da enfermeira Nadine

Para exemplificar a escalada do extremismo, quero lhe apresentar outra pessoa que conheci nas minhas aventuras pelo funil da falácia: a enfermeira Nadine. Nadine chamou minha atenção no começo da minha jornada pelo mundo dos negacionistas. Eu a segui porque era uma personagem interessante e radical. Se alguém pedia sua opinião profissional sobre a vacina da covid-19, ela recomendava que não a tomasse. Ela era especialmente categórica quando se tratava de crianças, alertando os pais sobre os efeitos colaterais terríveis daquelas vacinas experimentais e sobre os danos irreversíveis que causariam aos seus filhos. Sempre que conseguia convencer um pai ou uma mãe, postava seu sucesso nas redes sociais e recebia muito apoio e incentivo dos amigos virtuais. Ela era quase uma super-heroína nos círculos negacionistas. Isso acontecia, em parte, porque ela não só falava; ela fazia. Mas também tinha a ver com o fato de que era uma profissional da saúde e, como tal, oferecia credibilidade às suas crenças. Com o tempo, a enfermeira Nadine expandiu suas atividades e recrutou outras enfermeiras para se juntar aos esforços de convencer mais pessoas, especialmente pais, a ser contra a vacina.

Certo dia, algo mudou. Notei que a enfermeira Nadine estava sendo atacada na internet pelos negacionistas – as mesmas pessoas que antes a elogiavam e incentivavam. O que tinha acontecido? Alguém havia encontrado (veja só!) uma foto dela com o demônio dissimulado e de meia barba que também fazia bicos com os Illuminati e Bill Gates. A foto havia sido tirada após uma palestra que dei quatro anos antes do começo da pandemia. Na época, a enfermeira Nadine foi assistir à minha palestra, tirou uma foto comigo e a publicou no Facebook. Ela devia ter se esquecido daquilo. Quando os negacionistas desencavaram a foto e começaram a compartilhá-la e deixar comentários, a lealdade dela ao grupo foi subitamente questionada. Começaram a especular se ela não seria uma agente dupla, trabalhando em parceria comigo a serviço do sistema. Que outra explicação haveria para aquela foto?

As acusações contra a enfermeira Nadine foram ganhando nuances bem rápido. Um grupo de negacionistas sugeriu que todo o empenho dela era uma farsa e que seu objetivo real era encontrar todos os profissionais da saúde que criticavam a vacina e entregar a lista para o governo. Como prova, apresentaram uma análise da frequência com que ela havia sido banida de redes sociais. A análise mostrava que ela havia sido banida com menos frequência que outras pessoas, um claro sinal de seu envolvimento com o sistema.

Para a enfermeira Nadine, seu status social no grupo dos negacionistas era importante. Como ela poderia limpar sua barra? Ela tentou várias táticas, incluindo ataques cada vez mais raivosos contra mim e um vídeo muito bem produzido promovendo sua causa e seu movimento de enfermeiras antivacinas.

Os negacionistas não se convenceram. Agora faziam outro questionamento: de onde ela havia tirado dinheiro para produzir um vídeo profissional? A enfermeira Nadine se defendeu, dizendo que todo mundo que participara no vídeo a ajudara de graça, inclusive o editor, o maquiador e o cabeleireiro. Enquanto tudo isso se desdobrava, tive vontade de escrever uma mensagem para a enfermeira Nadine no seu mural do Facebook: "Nadine, nós dois trabalhamos muito bem por um tempo, mas precisamos admitir que fomos desmascarados." Eu queria muito ver o que aconteceria. Eu já tinha observado muitos negacionistas e sabia quão rápido brigas internas começavam. Fiquei me perguntando se jogá-los uns contra os outros seria uma boa estratégia (como os orcs, de *O senhor dos anéis*, que às vezes matam a si mesmos, e não os inimigos). Se eu pudesse semear a discórdia e desviar a energia deles para brigas internas, talvez conseguisse diminuir o ritmo de disseminação de fake news. Apesar de ficar curioso com a estratégia e me divertir com a ideia, não tive coragem de fazer isso. Parecia que a enfermeira Nadine já estava sofrendo o suficiente.

Alguns dias depois, uma das líderes mais influentes do grupo publicou que tinha se encontrado com a enfermeira Nadine e estava disposta a colocar a mão no fogo por ela. A seu pedido, as pessoas voltaram a confiar nela e pararam com as acusações. Mas a enfermeira Nadine nunca recuperou seu nível anterior de atividade ou prestígio social. Nos meses seguintes, suas participações na rede foram desaparecendo. Ver isso acontecer me fez entender por que Richard ficou tão hesitante em participar da minha pesquisa ou me defender, mesmo depois de admitir que não achava mais que eu fizesse parte da quadrilha.

O caso da enfermeira Nadine é interessante porque ilustra a importância da hierarquia social dentro de grupos virtuais e o papel do extremismo como estratégia para ganhar capital social e unir ainda mais as pessoas enquanto o grupo como um todo se torna mais radical. Também ilustra como o medo do ostracismo social continua desempenhando seu papel. Só que, nessas situações, os negacionistas temem o ostracismo pelas mãos de seus pares, então buscam maneiras ainda mais extremas de provar que fazem parte do grupo. Uma última lição sobre isso tudo: se você pretende se unir a um grupo de negacionistas, certifique-se de não ter nenhum segredinho que levantaria suspeitas. Afinal de contas, é de suspeitas que eles vivem.

Identidade, polarização e aceleração do negacionismo

Em alguns casos, quem expressa visões extremadas começa a acreditar nas coisas que compartilha, mesmo que seu objetivo inicial fosse apenas melhorar sua posição dentro do grupo. E há casos em que as teorias são tão absurdas ou improváveis que precisamos nos perguntar: essa pessoa acredita *mesmo* nisso? Se colocássemos a pessoa para fazer o teste do polígrafo e questionássemos quão convencida ela realmente está de que a Terra é plana, de que pais enlutados que acabaram de perder os filhos num tiroteio são apenas atores ou de que Hillary Clinton é pedófila, o que descobriríamos? A pessoa (ou o detector de mentiras) revelaria que talvez suas crenças não sejam tão literais? Se for o caso, por que ela espalha tantas mentiras? Compreender o funcionamento de grupos sociais – especialmente os que se conectam por crenças compartilhadas, como grupos religiosos, seitas e cultos – pode ajudar a elucidar essa questão. Como Jonathan Haidt sugeriu, o compartilhamento proposital de uma mentira pode funcionar como um **xibolete** – um tipo de senha linguística que identifica pessoas dentro de um grupo. "Muitos estudiosos de religião notaram que é justamente a impossibilidade de comprovar uma alegação que a torna um bom sinal do comprometimento de alguém com a fé", escreveu ele. "Ninguém precisa de fé para acreditar em coisas óbvias. Proclamar que a eleição presidencial de 2020 certamente foi fraudada funciona para identificar alguém no espectro político dos Estados Unidos hoje em dia."

Indo um pouco além, Michael Shermer sugere que as alegações extremadas e obviamente questionáveis de alguns negacionistas servem como substitutas para verdades mais profundas que são sagradas para grupos específicos, que estão dispostos a alimentar uma mentira porque acreditam na causa subjacente. Por exemplo, se você faz parte de um grupo que defende, acima de tudo, o direito de portar armas e se dedica a protegê-lo a todo custo, talvez esteja disposto a adotar e divulgar a teoria de que tiroteios em massa são encenados e fazer vista grossa para a natureza ridícula (e extremamente ofensiva) da sua alegação. Ou, se você suspeita da medicina moderna e tem sérias preocupações com o poder da indústria farmacêutica, talvez não pareça tão exagerado dizer que o Dr. Fauci (e Dan Ariely) estão tentando matar todos nós ao incentivar a vacinação.

Tudo isso reforça a grande mistura entre nossos instintos sociais, crenças e afiliações. Numa era de profunda polarização cultural e política, isso ganha ainda mais força. Quando a lealdade a uma posição política específica se torna sua motivação principal, fatos se transformam em símbolos identitários, e não em verdades objetivas.

Um exemplo especialmente estranho disso aconteceu pouco antes das prévias da eleição americana, em 2022. Em eventos de campanha por todo o país, alguns candidatos conservadores esbravejaram contra uma moda bizarra e perturbadora que tomava as escolas: professores estavam disponibilizando caixas de areia para crianças que se identificavam como gatos. Isso mesmo, como gatos. Vinte políticos diferentes mencionaram essa "crise crescente", incluindo membros eleitos do Congresso, causando uma onda de publicações em redes sociais e uma menção num famoso podcast. Adianto logo que nada disso era verdade, como foi confirmado por uma extensa investigação conduzida pela NBC News. Mas a maneira como a acusação se espalhou nos ajuda a entender como a identidade social motiva e acelera a deturpação da realidade.

Parece que os boatos começaram nas redes sociais entre pais de alunos. É provável que tenham surgido como um exemplo extrapolado numa crítica a políticas de gênero nas escolas. É fácil imaginar um pai dizendo a outro: "A escola agora tem banheiros de gênero neutro para crianças que se identificam como não binárias. O que mais falta inventar? Caixas de areia para as crianças que se identificam como gatos?" Seja lá como começou, o boato logo saiu de controle e passou a ser repetido como fato. Assim como muitas fake news, essa história contém uma pitada de verdade (lembre-se da teoria da magnetofecção, no Capítulo 5). Existe mesmo uma subcultura de pessoas autodenominadas *furries* (peludos, em inglês) que gostam de se fantasiar de animais, porém é mais uma espécie de encenação do que uma identidade. E não, elas não usam caixas de areia. Além disso, não há evidências de que essa moda tenha chegado às escolas e de que tenha sido incentivada por professores.

Para alguém na direita política, as concessões feitas em escolas para estudantes de gênero não conformista parecem tão perturbadoras e bizarras quanto a história da caixa de areia. E, se o eleitorado não ficar suficientemente chocado com o que está acontecendo, talvez seja preciso um exemplo mais radical. Esses políticos acreditavam *mesmo* na história da caixa de areia? Ou só a utilizaram para agitar eleitores na batalha contra a "pauta moralmente perigosa" dos direitos LGBTQIAPN+? Muitos alegaram ter ouvido relatos em primeira mão ou assistido a vídeos; um apresentador famoso de podcast até alegou que a esposa de um amigo tinha visto a cena com os próprios olhos. Mas nenhuma alegação foi comprovada. Ainda assim, o mito se perpetuou – uma prova estranha da maneira como a polarização motiva e acelera a desinformação.

Se você observar o atual panorama político nos Estados Unidos e em muitos países, encontrará a essência da mentalidade do negacionista. Tudo é visto sob a lente do "Como o outro lado está conspirando para tirar vantagem? Qual é sua pauta obscura?" Em certo sentido, quando caímos por reflexo em formas partidárias de enxergar o mundo – e todo mundo faz isso em algum momento –, nos tornamos um tanto conspiratórios. Encontramos uma informação que veio do outro lado político e imediatamente presumimos que não apenas ela é errada como projetada para prejudicar nosso lado. Um debate sério sobre como combater a polarização política não faz parte do escopo deste livro, mas espero que cada um de nós se esforce para controlar os próprios impulsos tribais e partidários. Não tenho dúvidas de que quanto mais fizermos isso, mais causaremos impacto nas questões de desinformação, negacionismo e coesão social.

Pelo menos uma palavrinha sobre redes sociais

Ao longo deste livro, a questão das redes sociais foi majoritariamente ignorada. Sim, falamos sobre fake news que circulam e ecoam por essas plataformas, mas não exploramos a fundo os diferentes mecanismos que tornam as redes sociais tão poderosas, complexas e perigosas. E, se você estava torcendo para eu finalmente estar chegando a esse assunto, sinto muito decepcionar. Este livro trata da psicologia do negacionismo, não de plataformas e mecanismos usados para disseminar desinformação. No entanto, quero mencionar um elemento das redes sociais que ilustra as diferenças entre nossos meios de comunicação naturais (os que evoluíram ao longo do tempo e refletem nossa natureza humana) e essas novas formas artificiais de comunicação. Nem preciso mencionar que redes sociais não foram desenvolvidas para se encaixar nos métodos de comunicação humanos naturais e, como consequência, produziram alguns resultados muito indesejáveis. A boa notícia, como você verá, é que isso não significa que devemos abandonar categoricamente as redes sociais. Na verdade, se seguirmos uma abordagem diferente e imaginarmos redes sociais que melhorem a comunicação sem ignorar a natureza humana, poderemos criar plataformas que ofereçam ferramentas incríveis para nosso desenvolvimento.

Assim que descobri meu linchamento virtual, não consegui entender como as redes sociais permitiam aquele tipo de comportamento sem qualquer tipo de controle. No início, tentei denunciar todas as publicações cheias de ódio, esperando que as plataformas bloqueassem seus autores, mas a única resposta que eu recebia era que aquela conduta raivosa não violava as regras e políticas da comunidade. Fiquei muito surpreso ao descobrir que ameaças de morte e vídeos alegando que eu era um maníaco homicida amargurado eram aceitáveis pelas regras da comunidade, e era esse o feedback que eu recebia o tempo todo. Em algum momento, resolvi que era necessário levar a questão a um patamar acima na cadeia de comando, então fiz algumas ligações para pessoas poderosas dentro de uma das maiores redes sociais. Com o tempo, consegui me reunir com o grupo responsável por conter fake news.

Após algumas apresentações rápidas, expliquei para a equipe minha experiência geral com negacionistas em sua plataforma e mostrei alguns posts específicos sobre mim. Minha intenção era contextualizar a conversa e também mostrar que pessoas de verdade sofriam com o que acontecia no espaço virtual que eles gerenciavam. Rapidamente passei para a questão maior: como melhorar isso?

Pedi que deixassem de lado a maneira exata como a plataforma havia sido construída e os recursos presentes ou não, e se concentrassem no que sabíamos sobre boa comunicação, levando em conta o que a plataforma *deveria* fazer para se tornar uma ferramenta útil. Os rostos na sala de reunião (virtual) exibiam certa confusão, então parti para o meu primeiro exemplo. Aqui vai um resumo do que falei.

Vejamos como a comunicação ocorre no reino animal. O **princípio da desvantagem** é um dos mais básicos e foi originalmente descrito pelo biólogo Amotz Zahavi. O que é o princípio da desvantagem? O exemplo clássico é a cauda do pavão. Um pavão fraco não consegue sobreviver com uma cauda pesada, porque ela aumenta sua vulnerabilidade aos predadores. Por outro lado, um pavão forte consegue sobreviver com a cauda pesada. Isso faz com que essa característica seja um bom sinal a ser compartilhado com a pavoa: "Olhe só para mim. Sou um pavão muito poderoso." Por que isso é um bom sinal? Porque tem um custo. Um pavão fraco não conseguiria viver por muito tempo com uma cauda pesada, fazendo dela um ótimo indicador da força real do animal. Esse é o princípio da desvantagem em ação. O pavão ostenta sua desvantagem (uma cauda mais pesada) para que os impostores, que são, na verdade, machos fracos, não consigam fingir que são fortes (bem, eles até conseguem, mas não por muito tempo).

A questão é que a natureza não permite papo furado. Não dá para um pavão escrever na sua página do Facebook sobre quanto ele é forte. Ele precisa sacrificar algo para comprovar que sua força é real. O princípio da desvantagem permite eliminar comunicações desonestas e garantir comunicações sinceras – talvez não completamente, mas quase. É uma versão extrema de uma categoria mais ampla, denominada **sinais caros** (em geral, quanto mais caro for um sinal, maior a chance de a comunicação ser honesta). Imagine que alguém deseje comunicar que é rico. Dizer "Ei, olhe só para mim, eu sou rico" não prova nada. Usar roupas bonitas e dirigir um carrão talvez ajude, mas ambos são sinais de custo baixo, já que os itens podem ser alugados. Se a pessoa compra presentes generosos e mostra que tem uma casa luxuosa, os sinais se tornam mais caros e mais difíceis de forjar, fazendo com que os outros acreditem neles com mais facilidade.

O princípio da desvantagem tem outro aspecto interessante, que é o fato de a comunicação começar pelo receptor, não pelo emissor. Isso significa que, para um sinal de comunicação (cauda pesada, casa luxuosa) ser bem-sucedido, ele precisa ser escolhido com base em sua credibilidade para o receptor. Imaginemos um pavão com olhos lindos e cílios longos que deseje convencer uma pavoa de que olhos lindos e cílios longos são as únicas características que deveriam interessar a ela. De agora em diante, todas as pavoas deveriam julgar os pavões por seus olhos lindos e cílios longos. Não vai dar certo. Por quê? Porque a comunicação precisa começar por algo que o receptor (a fêmea, nesse caso) ache convincente, não pelo sinal que o emissor deseja comunicar.

Redes sociais obviamente não foram projetadas para contar com o princípio da desvantagem. Em geral, as plataformas idealizam a comunicação livre sem consequências, o que parece ótimo até percebermos os malefícios que um espaço que prioriza o papo furado pode causar. Nas redes sociais, as pessoas podem sinalizar o que quiserem, sem qualquer compromisso com os fatos. O princípio da desvantagem não existe e os sinais selecionados não são aqueles que o receptor acharia úteis. As redes sociais facilitam o papo furado e, com o tempo, essa passou a ser a norma.

Pode-se dizer que as redes sociais violam regras básicas da comunicação natural e, assim, são incompatíveis com os instintos evolucionários que desenvolvemos para reagir e lidar com informações. Em nossa história evolutiva, aprendemos a respeitar sinais honestos associados a um custo (o princípio da desvantagem) e, como consequência, desenvolvemos uma confiança intuitiva na informação que recebemos. Afinal de contas, se a informação for em boa parte correta, confiar nela é uma boa estratégia. Mas aí vieram as redes sociais e o custo das comunicações desapareceu. A realidade é que não podemos mais confiar na maioria das informações que encontramos na internet, mas ainda temos os mesmos instintos evolutivos que nos levam a confiar na informação mesmo quando ela deixou de ser digna de confiança.

A equipe com que me reuni se interessou bastante pela ideia do princípio da desvantagem e por outras estruturas básicas de comunicação. Por um lado, isso era uma boa notícia. Por outro, deixou claro que as pessoas encarregadas de controlar fake news numa das maiores redes sociais não sabem muito sobre comunicação. Elas quiseram marcar outra reunião comigo e, ao longo das semanas seguintes, conversamos sobre outros princípios, como reputação, confiança, sensação de anonimato, maioria silenciosa, bolhas de informação, aumento de normas sociais negativas, extremismo, etc. Em cada reunião debatíamos como esses princípios poderiam ser integrados numa versão mais positiva da plataforma, que se encaixasse melhor no processo evolutivo da mente humana. Por exemplo, pensamos em maneiras de recompensar quem divulgasse a verdade e em formas de aplicar o princípio da desvantagem.

Como seria de esperar, as ideias fluíram e as pessoas à mesa ficaram empolgadas – até alguém mencionar questões associadas ao atual modelo financeiro da plataforma, minando o entusiasmo de todos. Paramos alguns meses depois, quando ficou claro que, apesar de muito interessantes, nossas conversas não levariam a mudanças reais.

Haters são mais calminhos na vida real?

Pessoas que criticam as redes sociais e a internet como um todo costumam alegar que o relativo anonimato e a falta de proximidade física oferecida por espaços virtuais agem como um acelerador do ódio. É mais fácil ser hater quando não precisamos olhar na cara do outro. Sem dúvida há certa verdade nisso. Espaços virtuais talvez sejam governados por morais sociais diferentes das usadas em espaços físicos. Quando me vi sendo alvo do ódio dos negacionistas da covid-19, tive a inesperada oportunidade de testar se eles seriam mais legais comigo na vida real do que eram no Telegram.

Numa bela tarde de outono, me encontrei com Oded, um dos meus melhores amigos, para tomar uma cerveja na parte externa de um bar. Eu tinha acabado de voltar de uma longa trilha e estava tomado por uma paz que não sentia havia muitos meses.

A calmaria durou pouco. Ouvi o som de uma multidão cantando e marchando. Ergui os olhos e, tarde demais, descobri que estávamos sentados bem no trajeto de uma manifestação de negacionistas da covid. Eles estavam tão perto que dava para ler as palavras nos cartazes que empunhavam: "Não mexam com nossos filhos", "Nossa saúde não está à venda", "Meu corpo, minha escolha", "Vacinas obrigatórias são ditadura".

Baixei a cabeça sobre minha cerveja, ciente de que minha meia barba poderia facilmente ser reconhecida. Por sorte, os manifestantes marchavam do outro lado da rua e havia um ônibus parado no trânsito entre mim e eles. Fiquei torcendo para o ônibus não sair do lugar até que eles fossem embora. Talvez ninguém me visse. Mas dois homens e uma mulher se separaram do grupo e vieram até mim. A mulher parou feito uma estátua, apontou para mim e começou a berrar:

– Assassino! Assassino! Psicopata!

Um dos caras se juntou a ela:

– A gente te viu! A gente sabe quem você é! A gente sabe o que você anda fazendo! Estou sofrendo há dois anos por *sua* causa!

Tentei responder, mas ele não me ouvia. As pessoas sentadas ao meu redor ficaram chocadas e o gerente do bar tentou se enfiar entre mim e os manifestantes raivosos. A briga deve ter durado menos de dois minutos, mas pareceu bem mais demorada. Foi como um acidente de moto que sofri uma vez. Tudo se movia em câmera lenta. Cada palavra berrada e cada gesto raivoso me atingiam com nitidez e intensidade.

Quando eles finalmente foram embora, um pensamento horrível passou pela minha cabeça. Eu sempre disse a mim mesmo (e vários especialistas também concordam) que a internet intensifica a raiva das pessoas – que elas nunca seriam tão agressivas ao vivo. Mas talvez os limites entre os mundos virtual e físico não sejam mais tão claros, e talvez devêssemos nos preocupar ainda mais com a violência na internet.

Como riscos sociais tornam difícil abandonar o negacionismo

Ao que parece, o funil da falácia é, muitas vezes, uma via de mão única. Sim, já ouvi histórias de pessoas que admitiram estar erradas e recuperaram a relação com parentes e amigos. Muitos desses relatos se parecem com histórias de sobreviventes de seitas. Só que, infelizmente, há muito mais histórias de pessoas que continuaram se afastando da família, dos amigos e da sociedade em geral, sem jamais voltar. Há muitos motivos para isso, como vimos ao longo do livro, e o elemento social mais uma vez tem um papel importante.

A famosa citação atribuída a Upton Sinclair, "É difícil convencer um homem a entender qualquer coisa quando seu salário depende de ele não entender nada", é a chave para compreendermos a dificuldade de fazer um negacionista mudar de ideia. A citação é certeira ao apontar que temos uma propensão a enxergar a realidade a partir de incentivos financeiros, um hábito muito difícil de abandonar. É claro que motivações financeiras são uma pequena parte do nosso conjunto de motivações. Podemos facilmente trocar a palavra *salário* por "orgulho", "ego", "identidade" ou "acolhimento". A questão é que nossas opiniões costumam suprir uma série de profundas necessidades emocionais, psicológicas e sociais: a necessidade de se sentir no controle, a necessidade de se sentir incluído, a necessidade de se sentir amado e empoderado, a necessidade de se sentir parte de um grupo. Portanto, mudar a opinião de alguém é um processo muito mais complexo do que simplesmente oferecer informações e argumentos.

Nesse sentido, as necessidades sociais são especialmente poderosas. Assim como seitas, as comunidades de negacionistas cobram um preço caro por supostas traições. Se alguém já foi excluído por familiares e amigos por ter adotado falsas crenças, o risco psicológico de mudar novamente de opinião é muito alto. Existe a possibilidade de perder a nova comunidade, os novos amigos e as novas redes sociais. Talvez essas pessoas tenham ganhado status dentro dos grupos, como a enfermeira Nadine ou Richard, e tenham medo de perdê-lo. Todos esses fatores sociais conspiram para tornar quase impossível que as pessoas se recuperem, assim como é muito difícil abandonar seitas ou religiões radicais.

TALVEZ SEJA ÚTIL

Escute ex-negacionistas

Existem pessoas que "abandonaram" grupos como o QAnon, e algumas delas compartilharam publicamente suas histórias e tiveram a generosidade de explicar a experiência de doutrinação pela qual passaram. Há muito a ser aprendido com essas experiências. Acredito que pessoas as-

> sim, e também amigos e familiares, sejam essenciais para ajudar outras pessoas a escapar do funil e até para impedir que entrem nele. Esse é outro motivo pelo qual é tão importante não excluir os negacionistas da nossa vida. Se fizermos isso e eles acabarem conseguindo sair do funil, sentirão vergonha e ressentimento, e se mostrarão bem menos dispostos a falar sobre suas experiências.

Em resumo...

Nesta parte do livro vimos quão poderosas são as forças sociais que atuam em cada etapa da jornada de um negacionista. Como você deve ter notado, a separação que fiz em três componentes distintos – apelo social, manutenção e aceleração – é um pouco artificial, mas espero que você tenha conseguido entender o papel de cada mecanismo. Vimos que até um nível mínimo de ostracismo por parentes e amigos pode ter efeitos catastróficos na mente de alguém que está iniciando a jornada. Ao mesmo tempo, a sensação de ser acolhido, reconhecido, ouvido, respeitado e elogiado por outros negacionistas promove uma sensação poderosa de pertencimento. Depois que começa, a jornada também é mantida por forças sociais. Vimos como as crenças reforçam a comunidade e como a comunidade reforça as crenças. Por fim, examinamos como forças sociais aceleram esse processo, levando as pessoas a adotar posições mais extremas para provar sua lealdade e ganhar status. O medo da rejeição social e do ostracismo mantém as pessoas entranhadas nessas comunidades, fazendo com que seja muito difícil sair de lá.

Figura 9. Os elementos sociais do funil da falácia

- **Forças sociais desempenham um importante papel na jornada de um negacionista.**
- **A sensação de ostracismo é uma forte motivação para adotar falsas crenças.**
- **O apelo social acontece nos estágios iniciais, como resultado de uma dinâmica de "repulsa e atração". A pessoa começa a se sentir excluída por parentes e amigos, e atraída pela sensação de pertencer a uma nova comunidade.**
- **A manutenção acontece quando estamos mais fundo no funil, entranhados no novo grupo social. Por exemplo:**
  - Buscamos "provas sociais" de como nos comportar no novo grupo.
  - O grupo consolida nossas novas crenças.
  - As novas crenças consolidam nossa lealdade ao grupo conforme nos sentimos mais excluídos pelos grupos antigos.
- **A aceleração acontece quando estamos imersos no funil e os laços sociais com outros negacionistas "fecham negócio" e dificultam a fuga. Isso acontece de várias formas:**
  - A dissonância cognitiva nos leva a insistir na falsa crença.
  - A necessidade de demonstrar lealdade e ganhar status nos motiva a extremos, e a polarização acelera o processo.
  - O medo de perder status e relacionamentos dentro do novo grupo faz com que seja difícil nos libertarmos.

PARTE VI

NEGACIONISMO, CONFIANÇA E NOSSO FUTURO

11

É POSSÍVEL CONFIAR DE NOVO – OU DESCONFIAR PARA SEMPRE?

Quando descobrimos que não podemos mais confiar em alguém em quem acreditávamos, somos forçados a reexaminar o universo, a questionar todo o instinto e o conceito de confiança.

– ADRIENNE RICH

– Veja por este lado – disse meu guia espiritual negacionista, Richard. – Você já foi traído por uma namorada?

Ele tentava me explicar como tinha perdido a confiança em tantas pessoas e instituições. O exemplo que ele me ofereceu foi o seguinte. Imagine que você descubra que seu par tem um caso há dez anos. Depois de descobrir a traição, toda a sua confiança na pessoa amada se esvai. Você começa a pensar nos momentos felizes que tiveram juntos e se pergunta se alguma parte daquilo foi real. Mesmo que vocês continuem juntos, não dá mais para confiar nessa pessoa. Você passa a observar seus amigos em comum com desconfiança, se perguntando se eles sempre souberam. Você começa a desconfiar de tudo que diz respeito àquela pessoa.

– É assim que nós, os teóricos da conspiração, como nos chamam, nos sentimos sobre a imprensa, o governo, a indústria farmacêutica e as elites – explicou Richard. – Uma traição basta. Então é só questão de tempo até que a gente ganhe a batalha, porque mais cedo ou mais tarde todo mundo vai passar por uma traição e começar a enxergar o mundo da mesma forma que nós.

A analogia de Richard foi esclarecedora. E me fez pensar mais a fundo sobre a questão da confiança e de como a perdemos, individual e coletivamente. É um assunto que mencionei no Capítulo 1 e que permeou todo o livro, mas merece ser um pouco mais esmiuçado. De certa forma, tudo que discutimos até aqui se resume a confiança. Neste capítulo vamos tentar compreendê-la melhor, reconhecendo quanto ela é importante para a sociedade. Nesse sentido, as ciências sociais e a economia comportamental podem nos ajudar a elucidar onde estamos, aonde vamos e como chegaremos lá.

O lubrificante da sociedade

Acho, infelizmente, que os efeitos nocivos do funil da falácia não vão simplesmente desaparecer; na verdade, eles vão ganhar mais força e impulso. E é aí que as coisas ficam preocupantes. Por quê? Porque a confiança é um dos elementos básicos de uma sociedade funcional, e o negacionismo a corrompe e ameaça nossa capacidade de trabalharmos juntos para superar obstáculos. Se pararmos para pensar, veremos que a confiança é uma força crucial para o mundo. Talvez seja melhor pensar nela como o principal lubrificante que faz o maquinário da sociedade funcionar com eficiência.

Tomemos o dinheiro como exemplo. Nossa crença no dinheiro se resume em grande parte a confiança: confiança de que os bancos guardarão nosso dinheiro; confiança de que as outras pessoas verão o dinheiro da mesma forma que nós; confiança na bolsa de valores; confiança de que os governos não imprimirão papel-moeda demais e manterão seu valor estável. Seguros, é claro, giram em torno de confiança. Pagamos agora e acreditamos que a seguradora cobrirá os gastos caso algo ruim aconteça conosco (apesar de seguradoras não serem as organizações mais confiáveis do mundo, elas ainda dependem apenas da nossa confiança). Confiamos em nossos médicos, advogados e mecânicos. Confiamos na vizinha de 15 anos para ser babá dos nossos filhos quando saímos à noite. Confiamos no adolescente que quer namorar nossa filha (ou nem tanto, nesse caso). Confiamos em alguém para dar comida ao cachorro e pegar nossa correspondência quando viajamos de férias. Confiamos à Amazon os dados do nosso cartão de crédito. Até pedimos a desconhecidos no aeroporto que vigiem nossa mala enquanto vamos rapidinho ao banheiro (basicamente dizendo a eles que, se quiserem nos roubar, a hora é essa). Confiamos no governo para estabelecer regras de segurança em estradas, pontes e elevadores, e confiamos que essas regras serão respeitadas. Confiamos na democracia, na polícia, nos bombeiros e no sistema judiciário. Mesmo que nossa confiança seja limitada ou menor do que gostaríamos, ainda temos muita confiança em várias das nossas instituições.

Como todos esses exemplos ilustram, a confiança tem um papel imenso na nossa vida. Na verdade, a confiança é como a história do peixe que não percebe que está na água porque vive cercado por ela. A confiança é tão importante que é difícil imaginar todos os obstáculos que encontraríamos se não confiássemos mais. Infelizmente, a menos que façamos algo a respeito, acho que vamos ter que enfrentar esses obstáculos mais cedo do que imaginamos.

Pense no que aconteceria se perdêssemos a confiança em tudo. Pararíamos de confiar na medicina moderna e nos recusaríamos a passar por uma cirurgia vital. Iríamos até o banco, sacaríamos todo o nosso dinheiro e o converteríamos em cédulas e ouro. Compraríamos armas de fogo, sem confiar na proteção da polícia e do exército. E o que dizer sobre o resultado de eleições? Se perdêssemos a confiança no governo, continuaríamos pagando impostos? Obedeceríamos às regras básicas da sociedade? Se não confiássemos no sistema, escutaríamos nossos governantes quando nos pedissem para poupar energia ou ficar em casa quando nos sentíssemos doentes? Espero que você esteja começando a entender que as consequências da perda de confiança são muito preocupantes. E talvez você já esteja vendo esses efeitos nas pessoas à sua volta.

Apesar de nem sempre ficar claro, a confiança tem um papel crucial na sociedade moderna. E o funil da falácia mina a confiança entre pessoas, em governos e instituições. Desconfiança gera desconfiança numa perigosa espiral até o fundo do poço.

Como desconfiança gera desconfiança?

Na minha jornada para entender o negacionismo, vi muitos exemplos de como a desconfiança se instaura. Um dos que mais se destacaram aconteceu pouco após a aprovação das vacinas da covid-19, quando conheci o Sistema de Relatos de Eventos Adversos a Vacinas (VAERS, na sigla em inglês), o banco de dados americano que reúne informações do público sobre efeitos colaterais após a vacinação. A ideia do projeto é que esses relatos ajudem os profissionais da saúde a entender quais vacinas podem estar associadas a quais efeitos colaterais, estudá-los de maneira mais aprofundada e, quando apropriado, melhorar a vacina, mudar sua posologia ou até tirá-la do mercado.

Ao mesmo tempo que descobri o VAERS, descobri um site diferente que, segundo me informaram, tinha sido criado por pais cujos filhos haviam falecido ou ficado muito doentes como resultado da vacina. O "VAERS dos pais" era muito mais simples de navegar e facilitava o acesso às informações sobre efeitos colaterais. Supostamente, o site dos pais replicava os dados do VAERS, de modo que o conteúdo deveria ser idêntico, mas apresentado com mais clareza. No entanto, em discussões pela internet, os negacionistas alegavam que havia alguns casos que tinham sido apagados do VAERS original e agora constavam apenas no VAERS dos pais. Os debates virtuais deixavam claro que apagar esses relatos não apenas era ruim por si só como oferecia outro motivo para desconfiar de qualquer informação que viesse do governo. Richard me enviou várias mensagens de pessoas preocupadas com isso. Afinal, se o governo estava apagando informações sobre efeitos colaterais, o que mais poderia estar fazendo?

Decidi verificar por conta própria e de fato havia casos que apareciam no site dos pais e não no site oficial. Pensando racionalmente, esses dados tanto poderiam ter sido apagados do VAERS (como sugeriam os negacionistas) quanto acrescentados ao VAERS dos pais. Seja lá qual fosse a explicação, com certeza a conta não fechava.

Por sorte, alguns dias depois jantei com um amigo médico. Sem termos planejado, uma terceira pessoa se juntou a nós, e por acaso ela trabalhava no departamento de TI da agência de vigilância sanitária americana, a FDA, que controla vários programas, incluindo o VAERS. É claro que fiquei meio sem graça de perguntar sobre os casos deletados, porque não queria de maneira alguma sugerir que a FDA estivesse envolvida na ocultação de dados. Mas não resisti.

Para minha surpresa, essa pessoa sabia exatamente de que eu estava falando e não apenas reconheceu a remoção de alguns casos como disse que isso fora feito sob a supervisão do seu departamento. Ela explicou que isso tinha acontecido porque grupos estrangeiros, principalmente russos e iranianos, encontraram um jeito de disseminar desinformação pelo VAERS.

Então, quando a FDA identificava casos que claramente vinham dessas fontes, eles eram removidos do sistema. Se o VAERS dos pais baixasse as informações no intervalo de tempo entre a inclusão e a remoção do relato falso, isso explicaria a discrepância. Para mim, pareceu plausível, e seguimos para o prato principal e outros assuntos.

Mais tarde naquela noite, relatei minha descoberta a Richard e perguntei o que ele achava dessa reviravolta interessante. Ele hesitou em aceitar a possibilidade de a FDA estar preocupada em transmitir informações corretas, mas também me perguntou por que as pessoas que cuidavam do VAERS não divulgavam o problema dos dados com o restante do mundo, para que todos soubessem e entendessem as discrepâncias. O argumento de Richard me pareceu razoável; então, no dia seguinte, escrevi para a pessoa do TI da FDA e perguntei por que não divulgavam para o público o problema sobre a adulteração dos dados. Resposta: o órgão não queria que as forças estrangeiras soubessem que a fraude havia sido detectada. Tudo bem, isso também fazia sentido. Voltei para Richard para compartilhar essa informação, esperando que ele confiasse mais no VAERS, até mais do que no VAERS dos pais. Mas ele insistiu que era errado apagar os casos, que não estava claro o que a agência estava apagando e que não podíamos confiar no governo. Esse foi o fim da conversa.

A interação deixou claro para mim que, depois que a confiança é destruída – depois que alguém começa a desconfiar da FDA, por exemplo –, qualquer ato que contenha o menor sinal de ambiguidade pode ser interpretado como uma nova prova de transgressão e mais um motivo para a desconfiança.

TALVEZ SEJA ÚTIL
Pratique a confiança

Em muitos aspectos, confiar é como meditar. É uma questão de prática, e quanto mais praticamos a confiança, mais confiamos. Isso significa que, em momentos de mais estresse e tensão, pode ser muito positivo aumentar nossa fé nas pessoas ao nosso redor, de modo que elas se sintam mais confiáveis e mais no controle. Não é fácil, especialmente quando nossa intuição

> nos diz para nos protegermos. Então aqui vão algumas estratégias simples para praticar a confiança: seja vulnerável e revele mais informações pessoais para seus amigos próximos; conclua acordos com um aperto de mão, e não com advogados; ao sair para jantar com alguém, pague a conta e diga que a pessoa pode pagar a próxima. Todos esses passos podem parecer pequenos, e são mesmo, mas a ideia de ganhar prática é justamente essa.

Infelizmente, só percebemos a verdadeira importância da confiança depois que ela é perdida. Ainda assim, espero que nossa sociedade não demore muito para perceber isso. Precisamos recuperar a confiança antes que mais estrago seja feito.

Desconfiança e imprensa: uma questão de responsabilidade

Meu passo seguinte no mundo complexo da desconfiança veio algumas semanas após o incidente do VAERS. Eu conversava com uma médica de uma grande instituição sobre como os profissionais da saúde trabalhavam em excesso, especialmente durante a pandemia, e como a instituição poderia ajudar a amenizar esse fardo. Antes de terminarmos a conversa, não resisti e perguntei qual era a opinião dela sobre o que se dizia na internet: que a vacina da covid-19 provocava efeitos colaterais não divulgados. Para minha surpresa, ela concordou que havia um problema. Disse ter observado muitos efeitos colaterais em sua clínica que não tinham sido relatados e que ela estava reunindo esses dados com seus pacientes. Perguntei se ela poderia compartilhar os dados comigo para que eu os analisasse e talvez ajudasse a elucidar um pouco a situação. Porém ela me lembrou de que se tratava de informações médicas que poderiam ser compartilhadas apenas com órgãos governamentais ou em resposta a um pedido formal da imprensa.

Não desanimei: fui até a sede de um grande jornal e pedi para conversar com o editor-chefe. Expliquei a ele os efeitos colaterais não documentados e sugeri que o jornal solicitasse e publicasse os dados da médica, tanto para expor a história verdadeira quanto para, talvez, conseguir recuperar a confiança dos negacionistas. O editor reconheceu que tinha as mesmas preocupações que eu, mas disse não ter a menor intenção de publicar nada sobre o assunto.

Fiquei muito surpreso ao ouvir algo assim de um editor de jornal, e isso deve ter ficado estampado no meu rosto, porque ele logo tratou de explicar que não queria tocar nesse assunto porque suspeitava que os negacionistas usariam a informação publicada de forma antiética e a distorceriam tanto que ela acabaria se tornando fake news. Era como se ele estivesse pesando, de um lado, a quantidade total de desinformação que seria gerada caso a história fosse publicada (graças à distorção dos negacionistas) e, de outro, a quantidade de desinformação que se perpetuaria se ele não publicasse a matéria.

Saí da reunião muito confuso e questionando a responsabilidade dos jornais. Até que ponto vai o dever da imprensa? Ela deve apenas compartilhar a verdade ou também é responsável por garantir que a informação que oferece seja interpretada de maneira precisa? E quanto peso os jornalistas deveriam dar à possibilidade de as pessoas deturparem essa informação? O trabalho deles é fazer essa análise de custo-benefício para a sociedade ou apenas colocar a verdade no papel? Fiquei decepcionado quando o editor disse que não publicaria a história, mas entendi seu argumento. Devo admitir que fiquei feliz por não estar no lugar dele, tendo que tomar aquele tipo de decisão.

A BUROCRACIA QUE DESMOTIVA

Antes de seguirmos para o próximo assunto associado à confiança, permita-me explicar a relação entre confiança e uma das coisas que mais detesto no mundo: burocracia. A burocracia é um sistema que evolui quando não confiamos em outras pessoas. Instituições criam regras para evitar que as pessoas ultrapassem limites em situações específicas, mas não entendem que, no processo de acrescentar burocracia, diminuem o nível de confiança que as pessoas terão no sistema como um todo. Quando a burocracia aumenta, as pessoas se sentem alvo de suspeita e, portanto, passam a ter menos boa vontade com as instituições (geralmente governos) que determinam as regras. Como consequência, mais coisas dão errado e demandam mais regras, criando um ciclo negativo que aumenta a desconfiança.

> A burocracia pode resolver uma questão específica de determinado regulamento, mas destrói a boa vontade geral e acaba com a motivação das pessoas de contribuir para a instituição. Mesmo com todas essas desvantagens, a burocracia está aumentando em praticamente todos os lugares.

Não importa sua opinião sobre o assunto, a história deixa bem claro que desconfiança e desinformação se retroalimentam. Quando existe pouca confiança, as questões sobre o que deve ser compartilhado se tornam mais complexas, e, se as pessoas e organizações se tornam temerosas e estratégicas sobre o que compartilhar, resta pouquíssima esperança para encontrar a verdade e recuperar a confiança.

TALVEZ SEJA ÚTIL
Incentive a confiança ao mostrar que se importa

Para criar confiança, precisamos nos mostrar dispostos a colocar os interesses dos outros acima dos nossos. Aqui vai um exemplo. Imagine que o garçom de um restaurante se aproxime de uma mesa com quatro pessoas e pergunte: "Posso anotar seu pedido?" O primeiro cliente pede peixe. O garçom responde que o peixe não está bom naquele dia e recomenda o frango. É mais barato e mais gostoso, afirma ele. Agora imagine o mesmo garçom na mesma mesa, só que dessa vez recomendando o filé-mignon em vez do peixe. Custa o dobro, explica ele, mas é incrível. Para cada mesa, avaliamos a probabilidade de cada cliente aceitar a sugestão do garçom sobre a comida e o vinho. Como você já deve ter imaginado, os clientes da primeira mesa apresentam uma propensão bem maior a seguir o conselho do garçom. Por quê? Porque o garçom estava disposto a sacrificar algo (o lucro geral da refeição e o tamanho da gorjeta) para beneficiar os clientes (um sinal caro, como debatemos no Capítulo 10). No segundo caso, o garçom poderia até estar oferecendo um bom conselho, mas os clientes não sabem se é para ajudá-los ou para ajudar a si mesmo. Se quisermos criar confiança, primeiro precisamos mostrar às pessoas que nos importamos mais com elas do que conosco.

Depois que a espiral da desconfiança começa, alguém precisa dar o primeiro passo para quebrar o ciclo. Em nossas relações sociais, nem sempre fica claro quem deve tomar a iniciativa. Mas, quando o governo está envolvido, acho que a resposta é mais óbvia. Considerando a assimetria de poder, cabe às autoridades dar o primeiro passo.

A tentação de desconfiar

Sempre me considerei uma pessoa que confia demais nos outros. Só que, alguns anos atrás, tive uma experiência profissional que me fez questionar essa minha predisposição. Teve a ver com uma amiga de um amigo, uma mulher chamada Clare, com quem acabei aceitando trabalhar num projeto para a imprensa. Ela era inteligente, criativa e divertida, e fiquei empolgado com a parceria. Até recusei outro projeto para trabalharmos juntos. Eu me dediquei bastante à minha parte, produzindo muito conteúdo em vídeo, mas, quando Clare fez as edições, acrescentou um monte de efeitos especiais que, na minha opinião, distorciam a mensagem. Não conseguimos chegar a um consenso sobre como continuar o trabalho; acabamos encerrando o projeto e concordei em pagar pelo tempo dela e do editor de vídeo, assim como pela taxa de cancelamento do site. Foi aí que as coisas ficaram esquisitas. Em resumo, descobri que ela pagava menos ao editor do que alegava para mim e não havia taxa de cancelamento alguma. Na verdade, tínhamos recebido o pagamento adiantado, que nunca foi dividido comigo. Fiquei chocado com essas traições financeiras e, quando a questionei, ela foi evasiva e me enrolou. Com o tempo, decidi esquecer o assunto e seguir em frente.

Infelizmente, tive dificuldade em lidar com os efeitos da experiência. Todo mundo já passou por algo parecido e já teve a confiança traída. Imagino que a maioria das pessoas compartilhe da minha primeira reação instintiva: reavaliar minha tendência a confiar nos outros para não me expor a futuras traições. Como no exemplo de Richard sobre o namorado traído, uma traição nos leva a repensar nossa confiança em termos mais amplos. Podemos até chegar à conclusão de que nunca mais devemos acreditar em alguém e de que é melhor assinar um contrato jurídico para todo projeto. Essa solução parece boa. O futuro se torna mais previsível e controlável.

Alguns dias depois, voltei a refletir sobre perda de confiança. Eu tinha decidido que nunca mais acreditaria na palavra de ninguém e que sempre exigiria advogados e contratos. Mas achei que seria interessante fazer uma análise mais detalhada da relação custo-benefício dessa abordagem. Afinal, eu deveria saber tomar boas decisões.

Perguntei a mim mesmo: ao longo do tempo, o que ganhei e o que perdi ao confiar muito, talvez até demais, em todo mundo com quem trabalhei? As perdas eram óbvias, a maioria associada ao fiasco com Clare, algumas questões financeiras, alguns corações partidos. Entretanto – e aqui está a parte interessante –, apesar de os pontos negativos serem bem claros, as vantagens eram um pouco obscuras. Comecei a pensar em todas as pessoas que trabalhavam comigo e na confiança que eu depositava nelas (em geral, digo para as pessoas com quem trabalho que confio plenamente nelas, que não preciso de relatórios frequentes e que estou disponível para ajudar sempre que precisarem de mim). Claramente, minha confiança trazia muitas vantagens: estávamos administrando projetos de forma mais eficiente, as pessoas se sentiam empoderadas, nos divertíamos mais, não estávamos nos afogando em burocracia e assim por diante. Apesar de as vantagens da confiança não serem tão aparentes ou fáceis de mensurar, ficou óbvio para mim o que aconteceria se eu abrisse mão dela. Claro, eu me protegeria de potenciais traições, mas perderia todas essas vantagens incríveis.

Decidi que os benefícios da confiança eram muito superiores aos custos. Por mais dolorosa que tenha sido a experiência com Clare, eu precisava encará-la como o preço de fazer negócios em vez de matar a mosca da confiança com um tiro de canhão.

Acho que essa lição é ainda mais aplicável quando pensamos na vida em sociedade. Ao perceber que a confiança é um bem cada vez mais raro, pode ser tentador abandonar nossa fé nos outros e procurar maneiras de nos protegermos. Ainda assim, não nos damos conta de que, ao fazer isso, abalamos as estruturas e reduzimos a confiança da sociedade como um todo. Quando empresas – ou pior, governos – fazem a mesma coisa, prejudicam uma das conexões mais importantes que temos uns com os outros. Claro, parar de confiar numa atividade específica provavelmente reduzirá a probabilidade de aquele abuso específico se repetir. Mas, no todo, isso também pode levar a uma redução generalizada da confiança, reduzindo também a boa vontade e a cooperação.

Sempre que diminuímos nossa confiança, a sensação imediata é boa, mas os efeitos a longo prazo são negativos. Podemos fazer coisas incríveis juntos como grupo e como sociedade, mas nossa motivação para colaborar em objetivos comuns se baseia, em boa parte, na confiança. O desafio para indivíduos e instituições é o seguinte: como resistir ao instinto natural de autodefesa e voltar a confiar em prol do bem maior? Uma das maiores crises que enfrentamos hoje como sociedade é o aumento da desconfiança, e precisamos encará-la de frente se quisermos conter a onda de negacionismo.

12

POR QUE O SUPER-HOMEM ME DÁ ESPERANÇA: UMA PALAVRA FINAL (MENTIRA)

*As soluções quase sempre vêm de onde você menos espera,
o que significa que não adianta ficar olhando para lá,
porque não é dessa direção que elas virão.*

— DOUGLAS ADAMS, *O salmão da dúvida*

"Dan, o que você tem feito? Em que está trabalhando?"
Ouvi essas perguntas de muitos amigos durante o verão de 2022 e a conversa seguia mais ou menos assim:

Eu: Estou tentando pesquisar e escrever sobre negacionistas da covid-19, sobre teorias da conspiração e sobre o processo geral de perda de confiança na ciência, nas instituições, no governo e na imprensa.

Amigo: Isso não é perda de tempo? Você não percebeu que a pandemia acabou? Não existem mais negacionistas da covid.

Eu: Concordo em parte. A pandemia acabou de certa forma, mas o impacto que o negacionismo causa na sociedade continua sendo muito intenso. Pense em como deve ser difícil para alguém que passou tanto tempo comprometido com uma narrativa alternativa de repente dizer "Beleza, eu errei, desculpem meus erros, vamos seguir em frente". Depois de investir tanto tempo e energia, os efeitos não são apenas pessoais; causam mudanças profundas na estrutura social dessas pessoas. Você acha que, depois disso tudo, vai ser fácil para elas tocar a vida?

Amigo: É que eu não vejo mais essas pessoas por aí.

Eu: Vai por mim, elas continuam na ativa e, graças à dissonância cognitiva, estão fortalecendo e expandindo suas crenças.

Essas conversas em looping deixaram bem claro que meus amigos não entendiam o funil da falácia: não compreendiam quanto ele transforma as pessoas; quanto demanda comprometimento da parte delas; e quanto as mantém presas. Agora que chegamos ao fim do livro, espero que tenhamos mais noção das forças que favorecem o funil da falácia. Elementos emocionais, cognitivos, sociais e de personalidade aumentam e reforçam uns aos outros à medida que o processo acelera.

Compreender tudo isso nos leva a uma solução perfeita para o problema do negacionismo? Infelizmente não, apesar de eu acreditar que revela muitas maneiras de combatê-lo. Eis o que espero que esta jornada tenha alcançado.

Primeiro, espero que o aprofundamento na psicologia do negacionismo tenha elucidado o perigo e a extensão do fenômeno.

Segundo, espero que o livro seja um guia útil que aponte algumas armadilhas que podem surgir pelo nosso caminho, nos fazendo um pouco mais cuidadosos em relação às crenças que adotamos ou não.

Terceiro, espero que nos ajude a evitar que as pessoas ao nosso redor caiam nessas armadilhas.

Quarto, e em termos mais gerais, espero que também nos ajude a pensar sobre a complexidade da natureza humana. Por um lado, não há dúvida de que somos seres fantásticos e fascinantes. Somos capazes de feitos extraordinários. Por outro lado, podemos causar estragos terríveis para nós mesmos e para o mundo.

Quinto, espero que possa abrir nossos olhos para a importância da confiança e para as consequências da desconfiança.

Por que o Super-Homem me dá esperança

Se você pensar muito sobre os problemas estruturais e sociais que aumentam a desconfiança e disseminam desinformação, provavelmente vai ficar meio desesperançado. Aí você abre seu computador e lê as notícias sobre novas tecnologias de IA, que podem gerar fake news que parecem autênticas e confiáveis, projetadas para se adequar à personalidade de quem lê. Espalhar mentiras se tornou uma atividade mais barata, mais fácil e mais produtiva do que nunca. Será que vamos conseguir controlá-la algum dia? É verdade que algumas plataformas estão tentando criar parâmetros melhores e aprimorar nossa capacidade de identificar fake news, mas é meio que chover no molhado. É por isso que precisamos prestar mais atenção no lado humano do problema – compreender a jornada interior do negacionismo e tentar mitigá-la em nós mesmos, em nossos entes queridos e em nossos círculos sociais. É aí que espero encontrar esperança – nos seres humanos. E isso me leva ao meu super-herói favorito.

Pense um pouco sobre o Super-Homem. Mais especificamente, pense nas habilidades dele em comparação com as de um ser humano comum. Imagine uma tabela: na coluna da esquerda, você insere as habilidades do Super-Homem e, na da direita, as habilidades dos seres humanos. Na coluna do Super-Homem, você listaria características como: voa, enxerga no escuro, corre muito rápido, consegue ficar de pé por muito tempo, aguenta calor escaldante, aguenta frio congelante, escuta a grandes distâncias, consegue se lembrar de tudo e é capaz de não mexer no celular enquanto dirige. Na coluna das habilidades humanas, você escreveria: não, não, não, não, não, não, não, não e nem tanto.

Essa comparação entre o Super-Homem e humanos comuns pode ser um pouco desanimadora, mas há outra forma de encará-la. Nos últimos trezentos anos, mais ou menos, a humanidade se aproximou bastante do Super-Homem. Se você olhar não para nossas habilidades naturais inatas, mas para o que conseguimos fazer, fica claro que tivemos avanços incríveis. Agora somos capazes de atravessar grandes distâncias pelo ar, nos mover muito rápido por terra e passar muitas horas sentados em nossos sofás e cadeiras confortáveis. Inventamos o ventilador e o ar-condicionado, e temos sistemas de aquecimento e roupas térmicas. Temos microfones, alto-falantes, telefones e videoconferências. Temos até aplicativos que nos lembram de tudo. Quanto a mexer no celular enquanto dirigimos, ainda não chegamos lá.

Se você refletir sobre essa lista e sobre como o Super-Homem e a humanidade desenvolveram seus poderes, ficará óbvio que não aprimoramos nossa performance melhorando nossas habilidades naturais. Na verdade, em termos de habilidades físicas, provavelmente estamos mais lentos e fracos. Chegamos perto do Super-Homem ao nos cercarmos com tecnologia.

A despeito de nosso corpo frágil, podemos dizer que a tecnologia nos oferece habilidades semelhantes às do Super-Homem. Pense na cadeira em que você está sentado agora. Alguém pensou muito no design do encosto, no apoio dos braços, nas rodinhas. Uma equipe de designers e engenheiros deve ter passado centenas de horas só pensando na almofada que melhor se adaptaria ao seu traseiro, só para você passar horas sentado confortavelmente. É claro, nossos esforços para projetar nosso ambiente de modo a ampliar nossas habilidades não se resumem a cadeiras. Na busca por habilidades sobre-humanas, inventamos um monte de coisas e continuamos fazendo isso (espere só até termos drones particulares que nos levem voando até o supermercado).

No processo de melhorar nosso ambiente físico, tornamos nossa vida muito mais interessante, aumentamos nossa expectativa de vida, mas também tornamos nossa existência bem mais complexa. Como consequência, agora somos obrigados a sobrecarregar nosso sistema cognitivo de um jeito nunca feito por seres humanos. Pense nos nossos ancestrais na savana. Eles não tomavam decisões sobre aposentadoria e investimentos financeiros, nem se preocupavam em escolher uma escola para os filhos, em que veículos de imprensa acreditar e assim por diante. Não gastavam tempo pensando se seria boa ideia comprar criptomoedas nem se seria melhor optar por tratamentos médicos alternativos. Não precisavam interpretar o manual de instruções para montar uma cômoda.

Não me leve a mal; a vida moderna é incrível e deveríamos nos sentir privilegiados todos os dias por vivermos nesta época. Mas também devemos reconhecer que o ambiente moderno aumentou muito a complexidade das decisões que precisamos tomar todo santo dia. E, às vezes, isso nos leva a decisões que não são ideais.

Sabendo da incompatibilidade humana com a complexidade do mundo moderno, o que devemos fazer? Como seguir em frente? É aqui que a analogia do Super-Homem se mostra útil. Da mesma forma que inventamos suéteres e aquecedores (em vez de esperar que as pessoas se tornassem resistentes ao frio), não devemos esperar que as pessoas sempre tomem boas decisões diante de informações complexas. Da mesma forma que inventamos aquecedores e suéteres para compensar nossas limitações físicas, devemos inventar tecnologias que possam compensar nossas limitações mentais. Claro, podemos presumir que as pessoas são completamente racionais e que todo mundo sempre tomará decisões perfeitas, mas essa presunção faz tanto sentido quanto achar que as pessoas são fisicamente perfeitas e parecidas com o Super-Homem. Se reconhecermos nossas limitações e irracionalidades, poderemos começar a inventar aviões, bicicletas, muletas e travesseiros para nossa mente, alcançando, assim, uma performance superior. Pense, por exemplo, no carro e em todos os recursos que foram criados para diminuir nossas chances de cometer erros fatais. Temos faróis para enxergar no escuro. Temos espelhos retrovisores porque temos preguiça demais de virar a cabeça. Temos monitores de pontos cegos para as partes que os espelhos não refletem. Temos detectores de pista porque nossa atenção se dispersa com facilidade. Temos velocímetros para nos ajudar a saber nossa velocidade. Temos bipes irritantes no cinto de segurança para garantir que não vamos nos esquecer dessa proteção crucial. Quase todos os recursos que passarem pela sua cabeça nasceram por tentativa e erro (principalmente erro). As pessoas que dirigiam sem eles cometiam erros, matando ou ferindo a si mesmas e aos outros no processo, então os incríveis engenheiros da indústria automobilística bolaram novos meios de reduzir as chances de esses erros específicos se repetirem. Basicamente, esses recursos nos protegem de nós mesmos.

A mesma abordagem vale para outras áreas complexas da vida (finanças, saúde, relacionamentos, educação) e também para a desinformação e a desconfiança. É tentador presumir que, se uma informação for compartilhada em sites, noticiários, publicações científicas, fontes governamentais ou redes sociais, as reações a ela serão racionais. A esta altura, espero que você concorde que isso faz tanto sentido quanto achar que as pessoas conseguem enxergar no escuro. Devemos compreender mais profundamente nossas limitações e criar ferramentas que nos ajudem em vez de trabalhar contra nós. Já fizemos isso muitas vezes, em muitas áreas da vida, e podemos fazer de novo. É por isso que sou otimista. A jornada não será fácil, mas podemos tornar nosso mundo mais adequado à maneira como nossa mente funciona e, assim, alcançar resultados muitos melhores.

Concluindo...

Então, a que conclusão cheguei? Como eu disse, sob a perspectiva geral inspirada pelo Super-Homem, estou otimista. Porém, pessoalmente, ainda continuo digerindo tudo que descobri e vivenciei sobre a natureza humana, o negacionismo e a desconfiança. Passar tanto tempo com negacionistas e ser atacado de forma tão brutal quase todos os dias pelos últimos anos com certeza afetou meu bem-estar, minha resiliência e meu otimismo em geral. Dez anos atrás, se você me perguntasse se a desconfiança e a desinformação eram problemas graves, eu as desmereceria como questões pouco urgentes. Hoje elas estão no topo da minha lista de prioridades. Hoje encaro a desinformação não apenas como um equívoco que pode ser solucionado com informações corretas, mas como uma inverdade corrosiva que pode mudar profundamente uma pessoa, muitas vezes para sempre. Enxergo isso como uma ameaça real à nossa capacidade de nos unirmos para solucionar os grandes desafios que nos assolam.

Há momentos em que as forças em jogo e o papel descomunal do funil da falácia em nossa vida parecem grandes e aterrorizantes demais para serem enfrentados, que dirá superados. Porém a humanidade se aprimorou de muitas formas e já conseguiu superar muitos obstáculos. Por que não esse? E, sim, quando uma nova tecnologia é inventada, ela costuma ser usada de maneira questionável no começo e então aprendemos e eliminamos os problemas. Por outro lado, o funil da falácia não é uma tecnologia, mas uma mistura complexa de processos humanos, tecnologias e forças externas. Como tal, consertá-lo será muito complexo. Bem mais complexo do que apenas consertar plataformas de redes sociais.

Como vimos ao longo do livro, há muitas coisas que podemos fazer para mitigar o problema, e há muitas outras questões que não sabemos como resolver – por enquanto. Tomara que reconhecer a importância da confiança e os efeitos devastadores do funil da falácia nos ajude a dar passos importantes na direção certa. E tomara que, ao compreender a psicologia mais profunda que forma a base para a questão do negacionismo, possamos começar a encontrar maneiras de diminuir a distância entre nós e trabalhar em equipe. No fim das contas, apesar de eu ter sido transformado no demônio, consegui humanizar, entender um pouco e ter empatia com as pessoas que me demonizaram. E isso já basta para me deixar otimista.

Figura 10. Para recapitular, o funil da falácia e os elementos que o constituem

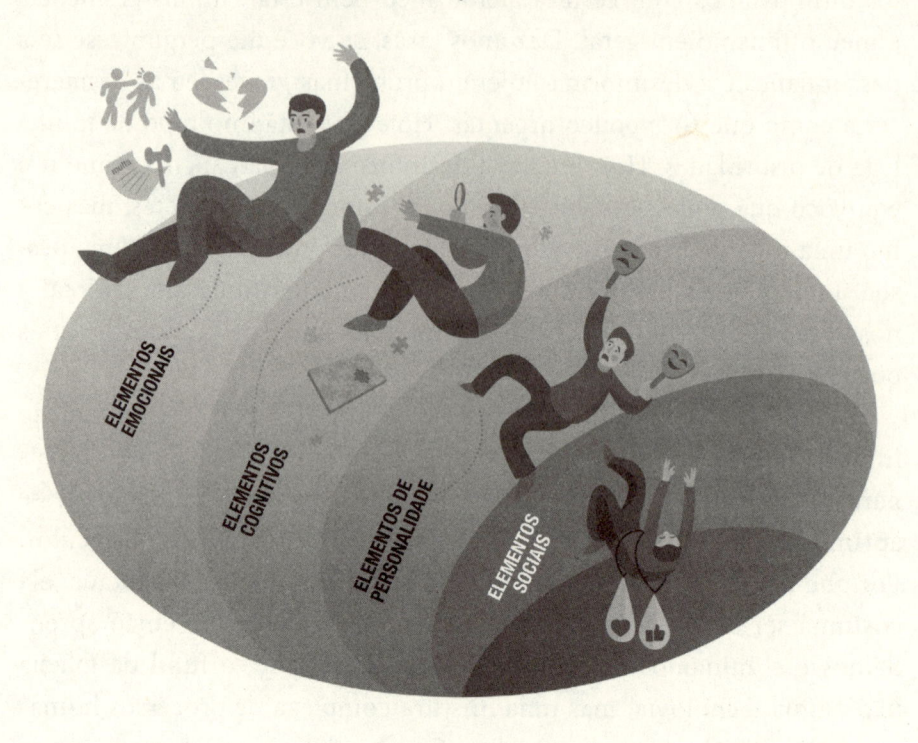

AGRADECIMENTOS

Escrevo estas linhas em um Dia de Ação de Graças, uma época maravilhosa para pensar sobre gratidão em geral e sobre a gratidão específica que sinto por quem me ajudou com este livro.

Um dos principais superpoderes que me permitiram conseguir lidar com essa fase complexa e sair dela só um pouquinho perturbado foi Liron Frumerman. Eu e Liron somos amigos há algum tempo e, quando os ataques começaram a se intensificar, ela decidiu ser meu escudo humano. Liron monitorava as redes sociais e repassava para mim apenas as coisas que achava que eu deveria saber. Ela também entrou em diversos grupos virtuais, foi a manifestações e, em nome do dever, quase aceitou sair com um negacionista. Por tudo isso, ela foi não apenas uma das minhas principais fontes de resiliência como também essencial para me ajudar a compreender o mundo do negacionismo. Eu não poderia ter uma amiga e colega de trabalho melhor durante essa complexa jornada.

A experiência que descrevo aqui foi difícil e complicada, e Ellen Daly não apenas me ajudou a desenvolver as ideias e esclarecê-las com graça e humor; ela também me ajudou a entender os sentimentos conflitantes que eu experimentava. Agora vejo que ela também me serviu de terapeuta – então um agradecimento extra por isso. Não consigo imaginar uma parceira melhor para me acompanhar nessa aventura. Meu único arrependimento é não termos conseguido passar mais tempo trabalhando lado a lado, presencialmente. Também quero agradecer a Talia Krohn, que me incentivou a seguir em frente com este livro e me deu ótimos conselhos sobre como abordar a questão. Dana Kindler me ajudou com muitas das pesquisas; Nathaniel Barr e Ben Heller ofereceram feedback e opiniões muito úteis; e Rotem Schwartz criou as belas ilustrações. Muito obrigado a todos vocês.

Como sempre, quero agradecer ao meu incrível amigo e agente Jim Levine por estar ao meu lado em todos os momentos da minha carreira e da minha vida pessoal há tantos anos. Muito obrigado também ao meu editor, Matt Harper, e a todos os meus muitos amigos na HarperCollins.

Um obrigado especial aos pesquisadores que citei aqui, cujo trabalho foi elucidativo, informativo e muito útil para mim enquanto eu tentava entender esse fenômeno complexo. Também quero agradecer à talentosa equipe do meu laboratório na Universidade Duke, não apenas pelos estudos que incluí no livro, mas por manter minha vida acadêmica interessante e divertida.

Fora do contexto do livro, quero agradecer às pessoas que tornam minha vida mágica todos os dias: Megan Hogerty e Yifah Hermony. Muito do que considero maravilhoso na minha vida se baseia no privilégio de poder contar com vocês duas. Recebam minha gratidão e meu amor.

Por fim, quero agradecer a todas as pessoas que me cederam um pouco do seu tempo, seja para escutar minhas ideias, compartilhar as próprias ideias e experiências ou me ajudar a compreender sua perspectiva sobre os acontecimentos do mundo. Agradeço especialmente aos muitos negacionistas que generosamente compartilharam suas opiniões e seus pontos de vista, e que passaram muitas horas conversando e brigando comigo (e às vezes colocando a culpa em mim). Sou grato por terem se mostrado disponíveis e me ajudado a entender este mundo complexo em que vivemos.

Um abraço irracional,

BIBLIOGRAFIA

Introdução
MANI, Anandi; MULLAINATHAN, Sendhil; SHAFIR, Eldar; ZHAO, Jiaying. Poverty Impedes Cognitive Function. *Science*, v. 341, n. 6.149, p. 976-980, 2013.

Capítulos 1 e 2
A Figura 1 foi adaptada de: ENDERS, Adam; FARHART, Christina; MILLER, Joanne; USCINSKI, Joseph; SAUNDERS, Kyle; DROCHON, Hugo. Are Republicans and Conservatives More Likely to Believe Conspiracy Theories? *Political Behavior*, p. 1-24, 2022.
HAIDT, Jonathan. *The Righteous Mind: Why Good People Are Divided by Politics and Religion*. Nova York: Pantheon, 2012.
Sobre o uso da desinformação para promover interesses políticos em 2017: LEVIN, Sam. Fake News for Liberals: Misinformation Starts to Lean Left Under Trump. *The Guardian*, 6 fev. 2017.

Leitura adicional
SHERMER, Michael. *Conspiracy: Why the Rational Believe the Irrational*. Baltimore: Johns Hopkins University Press, 2022.
FRANKFURT, Harry G. *Sobre falar merda*. Rio de Janeiro: Intrínseca, 2005.
BIDDLESTONE, Mikey; GREEN, Ricky; CICHOCKA, Aleksandra; DOUGLAS, Karen; SUTTON, Robbie. A Systematic Review and Meta-analytic Synthesis of the Motives Associated with Conspiracy Beliefs. *PsyArXiv*, 8 abr. 2022.
PROOIJEN, Jan-Willem van. Psychological Benefits of Believing Conspiracy Theories. *Current Opinion in Psychology*, n. 47, p. 101.352, 2022.
DOUGLAS, Karen; SUTTON, Robbie. Why Conspiracy Theories Matter: A Social Psychological Analysis. *European Review of Social Psychology*, v. 29, n. 1, p. 256-298, 2018.

SULLIVAN, Daniel; LANDAU, Mark; ROTHSCHILD, Zachary. An Existential Function of Enemyship: Evidence That People Attribute Influence to Personal and Political Enemies to Compensate for Threats to Control. *Journal of Personality and Social Psychology*, v. 98, n. 3, p. 434-449, 2010.

Capítulos 3 e 4

HEBEL-SELA, Shira; STEFANIAK, Anna; VANDERMEULEN, Daan; ADLER, Eli; HAMEIRI, Boaz; HALPERIN, Eran. Are Societies in Conflict More Susceptible to Believe in COVID-19 Conspiracy Theories? A 66 Nation Study. *Peace and Conflict: Journal of Peace Psychology*, v. 29, n. 3, p. 286-293, 2023.

DUTTON, Donald; ARON, Arthur. Some Evidence for Heightened Sexual Attraction Under Conditions of High Anxiety. *Journal of Personality and Social Psychology*, v. 30, n. 4, p. 510-517, 1974.

SELIGMAN, Martin; MAIER, Steven. Failure to Escape Traumatic Shock. *Journal of Experimental Psychology*, v. 74, n. 1, p. 1-9, 1967.

MANI, Anandi; MULLAINATHAN, Sendhil; SHAFIR, Eldar; ZHAO, Jiaying. Poverty Impedes Cognitive Function. *Science*, v. 341, n. 6.149, p. 976-980, 2013.

CHOU, Eileen; PARMAR, Bidhan; GALINSKY, Adam. Economic Insecurity Increases Physical Pain. *Psychological Science*, v. 27, n. 4, p. 443-454, 2016.

JACHIMOWICZ, Jon; CHAFIK, Salah; MUNRAT, Sabeth; PRABHU, Jaideep; WEBER, Elke. Community Trust Reduces Myopic Decisions of Low-Income Individuals. *Proceedings of the National Academy of Sciences of the United States of America*, v. 114, n. 21, p. 5.401-5.406, 2017.

JACHIMOWICZ, Jon; SZASZI, Barnabas; LUKAS, Marcel; SMERDON, David; PRABHU, Jaideep; WEBER, Elke. Higher Economic Inequality Intensifies the Financial Hardship of People Living in Poverty by Fraying the Community Buffer. *Nature Human Behaviour*, v. 4, n. 7, p. 702-712, 2020.

KALLA, Joshua; BROOCKMAN, David. Reducing Exclusionary Attitudes Through Interpersonal Conversation: Evidence from Three Field Experiments. *American Political Science Review*, v. 114, n. 2, p. 410-425, 2020.

GRAY, Kurt; WEGNER, Daniel. The Sting of Intentional Pain. *Psychological Science*, v. 19, n. 12, p. 1.260-1.262, 2008.

Real Time with Bill Maher, HBO, temporada 19, episódio 31, 22 out. 2021.

THOMPSON, Clive. QAnon Is like a Game – A Most Dangerous Game. *Wired*, 22 set. 2020.

BERKOWITZ, Reed. QAnon Resembles the Games I Design. But for Believers, There Is No Winning. *The Washington Post*, 11 mai. 2021.

Leitura adicional

DOUGLAS, Karen; SUTTON, Robbie; CICHOCKA, Aleksandra. The Psychology of Conspiracy Theories. *Current Directions in Psychological Science*, v. 26, n. 6, p. 538-542, 2017.

LEWANDOWSKY, Stephan; COOK, John. The Conspiracy Theory Handbook. *Skeptical Science*, 2020.

BUTTER, Michael; KNIGHT, Peter (ed.). *Routledge Handbook of Conspiracy Theories*. Londres: Routledge, 2020.

Capítulos 5 e 6

NORMAN, Andy. *Mental Immunity: Infectious Ideas, Mind-Parasites, and the Search for a Better Way to Think*. Nova York: Harper Wave, 2021.

APPEL, Ruth; ROOZENBEEK, Jon; RAYBURN-REEVES, Rebecca; CORBIN, Jonathan; COMPTON, Josh; LINDEN, Sander van der. Psychological Inoculation Improves Resilience Against Misinformation on Social Media. *Science Advances*, v. 8, n. 34, eabo6254, 2022.

Sobre o método socrático: NELSON, Leonard. The Socratic Method. *Thinking: The Journal of Philosophy for Children*, v. 2, n. 2, p. 34-38, 1980.

WASON, Peter. Reasoning About a Rule. *Quarterly Journal of Experimental Psychology*, v. 20, n. 3, p. 273-281, 1968.

JOHNSON-LAIRD, Peter; WASON, Peter (ed.). *Thinking: Readings in Cognitive Science*. Cambridge: Cambridge University Press, 1977.

GALEF, Julia. *Mindset de explorador: por que algumas pessoas veem as coisas claramente e outras não*. Rio de Janeiro: Alta Life, 2023.

MANCINI, Donato Paolo. Cheap Antiparasitic Could Cut Chance of Covid-19 Deaths by Up to 75%. *Financial Times*, 20 jan. 2021.

LEE, Jaimy. "You Will Not Believe What I've Just Found." Inside the Ivermectin Saga: A Hacked Password, Mysterious Websites and Faulty Data. *MarketWatch*, 7 fev. 2022.

CAMPBELL, Troy; KAY, Aaron. Solution Aversion: On the Relation Between Ideology and Motivated Disbelief. *Journal of Personality and Social Psychology*, v. 107, n. 5, p. 809-824, 2014.

LAWSON, Rebecca. The Science of Cycology: Failures to Understand How Everyday Objects Work. *Memory e Cognition*, v. 34, n. 8, p. 1.667-1.675, 2006.

ROZENBLIT, Leonid; KEIL, Frank. The Misunderstood Limits of Folk Science: An Illusion of Explanatory Depth. *Cognitive Science*, v. 26, n. 5, p. 521-562, 2002.

MEYERS, Ethan; GRETTON, Jeremy; BUDGE, Joshua; FUGELSANG, Jonathan; KOEHLER, Derek. Broad Effects of Shallow Understanding: Explaining an Unrelated Phenomenon Exposes the Illusion of Explanatory Depth. *Judgment and Decision Making*, v. 18, e24, 2023.

LYONS, Benjamin; MONTGOMERY, Jacob; GUESS, Andrew; NYHAN, Brendan; REIFLER, Jason. Overconfidence in News Judgments Is Associated with False News Susceptibility. *Proceedings of the National Academy of Sciences of the United States of America*, v. 118, n. 23, e2019527118, 2021.

Leitura adicional

JOHANSSON, Petter; HALL, Lars; SIKSTRÖM, Sverker; OLSSON, Andreas. Failure to Detect Mismatches Between Intention and Outcome in a Simple Decision Task. *Science*, v. 310, n. 5.745, p. 116-119, 2005.

PENNYCOOK, Gordon; CHEYNE, James Allan; KOEHLER, Derek; FUGELSANG, Jonathan. On the Belief That Beliefs Should Change According to Evidence: Implications for Conspiratorial, Moral, Paranormal, Political, Religious, and Science Beliefs. *Judgment and Decision Making*, v. 15, n. 4, p. 476-498, 2020.

PENNYCOOK, Gordon; BINNENDYK, Jabin; RAND, David. Overconfidently Conspiratorial: Conspiracy Believers Are Dispositionally Overconfident and Massively Overestimate How Much Others Agree with Them. Universidade de Regina, 2022 (no prelo).

LIGHT, Nicholas; FERNBACH, Philip; RABB, Nathaniel; GEANA, Mugur; SLOMAN, Steven. Knowledge Overconfidence Is Associated with Anti-Consensus Views on Controversial Scientific Issues. *Science Advances*, v. 8, n. 29, eabo0038, 2022.

Capítulos 7 e 8

CLANCY, Susan; McNALLY, Richard; SCHACTER, Daniel; LENZENWEGER, Mark; PITMAN, Roger. Memory Distortion in People Reporting Abduction by Aliens. *Journal of Abnormal Psychology*, v. 111, n. 3, p. 455-461, 2002.

SLEEP FOUNDATION. Sleep Paralysis: Symptoms, Causes, and Treatment. 2022.

SHERMER, Michael. Patternicity: Finding Meaningful Patterns in Meaningless Noise. *Scientific American*, 1º dez. 2008.

PROOIJEN, Jan-Willem van; DOUGLAS, Karen; INOCENCIO, Clara De. Connecting the Dots: Illusory Pattern Perception Predicts Belief in Conspiracies and the Supernatural. *European Journal of Social Psychology*, v. 48, n. 3, p. 320-335, 2018.

WHITSON, Jennifer; GALINSKY, Adam. Lacking Control Increases Illusory Pattern Perception. *Science*, v. 322, n. 5.898, p. 115-117, 2008.

MALINOWSKI, Bronislaw. *Magia, ciência e religião e outros ensaios*. Petrópolis: Vozes, 2022.

SIMONOV, P. V.; FROLOV, M. V.; EVTUSHENKO, V. F.; SVIRIDOV, E. P. Effect of Emotional Stress on Recognition of Visual Patterns. *Aviation, Space, and Environmental Medicine*, v. 48, n. 9, p. 856-858, 1977.

GMELCH, George. Baseball Magic. *Trans-action*, v. 8, p. 39-41, 1971.

Sobre Trump e o instinto: BLAKE, Aaron. President Trump's Full Washington Post Interview Transcript, Annotated. *The Washington Post*, 27 nov. 2018.

Sobre a Escala Abrangente de Humildade Intelectual: KRUMREI-MANCUSO, Elizabeth; ROUSE, Steven. The Development and Validation of the Comprehensive Intellectual Humility Scale. *Journal of Personality Assessment*, v. 98, n. 2, p. 209-221, 2016.

BOWES, Shauna; COSTELLO, Thomas; MA, Winkie; LILIENFELD, Scott. Looking Under the Tinfoil Hat: Clarifying the Personological and Psychopathological Correlates of Conspiracy Beliefs. *Journal of Personality*, v. 89, n. 3, p. 422-436, 2021.

PORTER, Tenelle; SCHUMANN, Karina. Intellectual Humility and Openness to the Opposing View. *Self and Identity*, v. 17, n. 2, p. 139-162, 2018.

FREDERICK, Shane. Cognitive Reflection and Decision Making. *Journal of Economic Perspectives*, v. 19, n. 4, p. 25-42, 2005.

PENNYCOOK, Gordon; RAND, David. Lazy, Not Biased: Susceptibility to Partisan Fake News Is Better Explained by Lack of Reasoning Than by Motivated Reasoning. *Cognition*, v. 188, p. 39-50, 2019.

TVERSKY, Amos; KAHNEMAN, Daniel. Extensional Versus Intuitive Reasoning: The Conjunction Fallacy in Probability Judgment. *Psychological Review*, v. 90, n. 4, p. 293-315, 1983.

BROTHERTON, Robert; FRENCH, Christopher. Belief in Conspiracy Theories and Susceptibility to the Conjunction Fallacy. *Applied Cognitive Psychology*, v. 28, n. 2, p. 238-248, 2014.

DAGNALL, Neil; DENOVAN, Andrew; DRINKWATER, Kenneth; PARKER, Andrew; CLOUGH, Peter. Urban Legends and Paranormal Beliefs: The Role of Reality Testing and Schizotypy. *Frontiers in Psychology*, v. 8, n. 942, 2017.

STROESSNER, Steven; PLAKS, Jason. Illusory Correlation and Stereotype Formation: Tracing the Arc of Research over a Quarter Century. *In*: MOSKOWITZ, Gordon (ed.). *Cognitive Social Psychology: The Princeton Symposium on the Legacy and Future of Social Cognition*. Mahwah: Lawrence Erlbaum Associates, 2001.

KUNDA, Ziva. *Social Cognition: Making Sense of People*. Cambridge: MIT Press, 1999.

ROESE, Neal; VOHS, Kathlene. Hindsight Bias. *Perspectives on Psychological Science*, v. 7, n. 5, p. 411-426, 2012.

JORDAN, Christian; GIACOMIN, Miranda; KOPP, Leia. Let Go of Your (Inflated) Ego: Caring More About Others Reduces Narcissistic Tendencies. *Social and Personality Psychology Compass*, v. 8, n. 9, p. 511-523, 2014.

Leitura adicional

GOREIS, Andreas; VORACEK, Martin. A Systematic Review and Meta-Analysis of Psychological Research on Conspiracy Beliefs: Field Characteristics, Measurement Instruments, and Associations with Personality Traits. *Frontiers in Psychology*, v. 10, p. 205, 2019.

CICHOCKA, Aleksandra; MARCHLEWSKA, Marta; BIDDLESTONE, Mikey. Why Do Narcissists Find Conspiracy Theories So Appealing? *Current Opinion in Psychology*, v. 47, p. 101.386, 2022.

Capítulos 9 e 10

WILLIAMS, Kipling. Ostracism. *Annual Review of Psychology*, v. 58, p. 425-452, 2007.

EISENBERGER, Naomi; LIEBERMAN, Matthew; WILLIAMS, Kipling. Does Rejection Hurt? An fMRI Study of Social Exclusion. *Science*, v. 302, n. 5.643, p. 290-292, 2003.

McRANEY, David. *Por que acreditamos no que acreditamos: como as opiniões são formadas e como mudá-las*. Rio de Janeiro: HarperCollins Brasil, 2023.

CIALDINI, Robert B. *As armas da persuasão: como influenciar e não se deixar influenciar*. Rio de Janeiro: Sextante, 2013.

NOLAN, Jessica; SCHULTZ, Paul Wesley; CIALDINI, Robert; GOLDSTEIN, Noah; GRISKEVICIUS, Vladas. Normative Social Influence Is Underdetected. *Personality and Social Psychology Bulletin*, v. 34, n. 7, p. 913-923, 2008.

ASCH, Solomon. Studies of Independence and Conformity: A Minority of One Against a Unanimous Majority. *Psychological Monographs: General and Applied*, v. 70, n. 9, p. 1-70, 1956.

TWENGE, Jean; BAUMEISTER, Roy; DeWALL, Nathan; CIAROCCO, Natalie; BARTELS, Michael. Social Exclusion Decreases Prosocial Behavior. *Journal of Personality and Social Psychology*, v. 92, n. 1, p. 56-66, 2007.

POON, Kai-Tak; CHEN, Zhansheng; DeWALL, Nathan. Feeling Entitled to More: Ostracism Increases Dishonest Behavior. *Personality and Social Psychology Bulletin*, v. 39, n. 9, p. 1.227-1.239, 2013.

FESTINGER, Leon; RIECKEN, Henry; SCHACHTER, Stanley. *When Prophecy Fails: A Social and Psychological Study of a Modern Group That Predicted the Destruction of the World*. Nova York: Harper & Row, 1964.

LORENZ, Taylor. Birds Aren't Real, or Are They? Inside a Gen Z Conspiracy Theory. *The New York Times*, 9 dez. 2021.

WILLIAMS, Zoe. "The Lunacy Is Getting More Intense": How Birds Aren't Real Took On the Conspiracy Theorists. *The Guardian*, 14 abr. 2022.

HAIDT, Jonathan. *The Righteous Mind: Why Good People Are Divided by Politics and Religion*. Nova York: Pantheon, 2012.

KINGKADE, Tyler; GOGGIN, Ben; COLLINS, Ben; ZADROZNY, Brandy. How an Urban Myth About Litter Boxes in Schools Became a GOP Talking Point. *NBC News*, 14 out. 2022.

ZAHAVI, Amotz; ZAHAVI, Avishag. *The Handicap Principle: A Missing Piece of Darwin's Puzzle*. Londres: Oxford University Press, 1997.

Sobre Kipling Williams e ostracismo: Purdue Professor Studies the Pain of Ostracism. *Purdue Today*, 13 jan. 2011.

Leitura adicional

SULLIVAN, Daniel; LANDAU, Mark; ROTHSCHILD, Zachary. An Existential Function of Enemyship: Evidence That People Attribute Influence to Personal and Political Enemies to Compensate for Threats to Control. *Journal of Personality and Social Psychology*, v. 98, n. 3, p. 434-449, 2010.

MARIE, Antoine; PETERSEN, Michael Bang. Political Conspiracy Theories as Tools for Mobilization and Signaling. *Current Opinion in Psychology*, v. 48, p. 101.440, 2022.

DOUGLAS, Karen; SUTTON, Robbie. What Are Conspiracy Theories? A Definitional Approach to Their Correlates, Consequences, and Communication. *Annual Review of Psychology*, v. 74, p. 271-298, 2023.

STERNISKO, Anni; CICHOCKA, Aleksandra; BAVEL, Jay Van. The Dark Side of Social Movements: Social Identity, Non-conformity, and the Lure of Conspiracy Theories. *Current Opinion in Psychology*, v. 35, p. 1-6, 2020.

REN, Zhiying; DIMANT, Eugen; SCHWEITZER, Maurice. Beyond Belief: How Social Engagement Motives Influence the Spread of Conspiracy Theories. *Journal of Experimental Social Psychology*, v. 104, n. 3, p. 104.421, 2023.

CONHEÇA OS LIVROS DE DAN ARIELY

A psicologia do dinheiro

Previsivelmente irracional

A (honesta) verdade sobre a desonestidade

Desinformação

Para saber mais sobre os títulos e autores da Editora Sextante,
visite o nosso site e siga as nossas redes sociais.
Além de informações sobre os próximos lançamentos,
você terá acesso a conteúdos exclusivos
e poderá participar de promoções e sorteios.

sextante.com.br